Das Recht des Kindes auf Kenntnis
der eigenen Abstammung unter Berücksichtigung
der Problematik der anonymen Geburt

Europäische Hochschulschriften

Publications Universitaires Européennes
European University Studies

Reihe II
Rechtswissenschaft

Série II Series II
Droit
Law

Bd./Vol. 4352

PETER LANG
Frankfurt am Main · Berlin · Bern · Bruxelles · New York · Oxford · Wien

Felor Badenberg

Das Recht des Kindes auf Kenntnis der eigenen Abstammung unter Berücksichtigung der Problematik der anonymen Geburt

PETER LANG
Europäischer Verlag der Wissenschaften

Bibliografische Information Der Deutschen Bibliothek
Die Deutsche Bibliothek verzeichnet diese Publikation in der Deutschen Nationalbibliografie; detaillierte bibliografische Daten sind im Internet über <http://dnb.ddb.de> abrufbar.

Zugl.: Köln, Univ., Diss., 2005

D 38
ISSN 0531-7312
ISBN 3-631-54778-1

www.peterlang.de

Meinen lieben Eltern
und
meinem Mann

als Dank für die mir entgegengebrachte
Liebe und ihr Verständnis,
die mir die Kraft zur Anfertigung dieser Arbeit gaben

Vorwort

Die vorliegende Arbeit wurde im Januar 2004 abgeschlossen und ist im Wintersemester 2004/2005 von der Juristischen Fakultät der Universität zu Köln als Dissertation angenommen. Es werden die üblichen Abkürzungen nach Kirchner, Abkürzungsverzeichnis der Rechtssprache, 4. Auflage, Berlin 1993 verwendet.
Ein besonderer Dank gebührt meinem verehrten Doktorvater, Herrn *Prof. Dr. Arnulf Schmitt-Kammler*. Er hat die Arbeit angeregt, mir genügend Freiraum zu ihrer Anfertigung gegeben und sie vor allem durch seine stete Bereitschaft zur kritischen Diskussion gefördert. Mein Dank gilt auch Herrn *Prof. Dr. Wolfram Höfling* für sein Interesse und die rasche Erstellung des Zweitgutachtens. Herrn *Dr. Markus Thiel* danke ich herzlich für die Mühen der Korrekturarbeiten und die wertvollen Anregungen.
Danken möchte ich nicht zuletzt vor allem auch meinem Mann *Sebastian Badenberg*. Durch seinen unermüdlichen Zuspruch und sein Verständnis hat er wesentlich dazu beigetragen, dass die Arbeit neben meiner beruflichen Tätigkeit und meinen mütterlichen Pflichten fertig gestellt werden konnte. Ihm an dieser Stelle ganz herzlich zu danken, ist mir daher ein wichtiges Anliegen.

Köln, im November 2005

Felor Badenberg

Inhaltsverzeichnis

Kapitel II

Abstammung und Status im geltenden Recht

Kapitel III

Das Recht des im Wege der anonymen Geburt zur Welt gebrachten Kindes auf Kenntnis der eigenen Abstammung

Problemstellung

Es ist eine Ursehnsucht des Menschen, die Wahrheit über die eigene Herkunft und natürliche Abstammung zu erfahren. Die Frage, ob eine Zukunft ohne Vergangenheit möglich sei, muss von jedem Menschen selbst beantwortet werden. Ist das Fehlen der Vergangenheit ohne Bedeutung oder wird es als schmerzender Verlust von Wahrheit empfunden? Eine Wahrheit, die uns Auskunft geben kann über Vergangenes, Gegenwärtiges und am Ende über uns selbst. In der Gegenwart hat dieses archaische Motiv, dieses Urverlangen des Menschen, Aufklärung über die eigene Herkunft zu gewinnen, durch die stürmischen Fortschritte in der Wissenschaft und medizinischen Technik eine neue Dimension erlangt. Die Juristen hat im Zuge dieser Entwicklung heute verstärkt die Frage zu beschäftigen, ob das geltende Recht diesem Verlangen des Menschen Rechnung tragen kann.

Die vorliegende Arbeit befasst sich mit der Frage, ob und wieweit dem Kind ein verfassungsrechtlich geschütztes Recht auf Kenntnis der eigenen genetischen Abstammung zusteht und wie dieses Recht auf einfachgesetzlicher Ebene umgesetzt ist. Raum für ein Recht des Kindes auf Kenntnis seiner genetischen Abstammung ist nur dann vorhanden, wenn die genetische Abstammung von der rechtlichen Zuordnung des Kindes zu seinen Eltern abweicht, seine rechtlichen Eltern also nicht zugleich auch seine leiblichen Eltern sind. Während diese Problematik zunächst lediglich im Rahmen der Diskussion um die Zulässigkeit der heterologen Insemination[1] erörtert wurde, gelangte sie durch die Rechtsprechung des Bundesverfassungsgerichts auch in den traditionellen Bereichen des Familienrechts zu neuen Dimensionen.

In zwei tragenden Entscheidungen hat das Bundesverfassungsgericht anerkannt, dass jeder Mensch ein Recht auf Klärung seiner biologischen Herkunft habe. In seinem Urteil vom 31. Januar 1989[2] erklärte das Gericht die derzeit bestehenden engen Schranken für eine Ehelichkeitsanfechtung durch das Kind (§§ 1593, 1598 i.V.m. § 1596 I BGB) für verfassungswidrig; dies beeinträchtige das Recht des Kindes auf Kenntnis der eigenen Abstammung als Bestandteil des allgemeinen Persönlichkeitsrechts aus Art. 2 I i.V.m. Art. 1 I GG. Zuvor hatte schon derselbe Senat durch einen Kammerbeschluss vom 18. Januar 1988[3] ein Recht des nichtehelichen Kindes auf Kenntnis seines Vaters aufgrund des Art. 6 V GG sowie aus Art. 2 I GG bejaht und somit die Entscheidung der Instanzgerichte bestätigt, dass ein nichteheliches Kind einen bürgerrechtlichen Anspruch darauf habe, von seiner Mutter den Namen seines Vaters zu erfahren. Ein zweites Mal beanstandete der erste Senat

[1] Während bei der homologen Insemination eine Frau mit dem Samen ihres (Ehe-) Partners zur Erzeugung eines Menschen befruchtet wird, stammt bei der heterologen Insemination der Spendersamen von einem Dritten; vgl. Wohn, Medizinische Reproduktionstechniken, 2001, S. 24, 25; Helms, Feststellung der biologischen Abstammung, 1998, S. 113; Deichfuß, Abstammungsrecht und Biologie, 1991, S. 118.

[2] BVerfGE 79, 256 ff.

[3] BVerfG, NJW 1988, 3010.

des Bundesverfassungsgerichts das bis dahin geltende Recht der Ehelichkeitsanfechtung in seinem Beschluss vom 26. April 1994[4], indem er auch § 1598 Hs. 2 BGB für verfassungswidrig erklärte. Es sei mit dem allgemeinen Persönlichkeitsrecht des Kindes gemäß Art. 2 I i.V.m. Art. 1 I GG und dem daraus folgenden Recht auf Kenntnis der eigenen Abstammung unvereinbar, dass die dort vorgesehene zweijährige Frist unabhängig von der Kenntnis des Kindes mit dem Eintritt der Volljährigkeit zu laufen beginne. In allen Entscheidungen ist die tragende Überlegung, dass ein Mensch ein Recht auf Kenntnis seiner biologischen Herkunft habe.

Mit dem Kindschaftsreformgesetz vom 1. Juli 1998[5] hat der Gesetzgeber daraus die Konsequenz gezogen[6] und Regelungen in das BGB eingefügt, die die Möglichkeiten des Kindes zur Klärung seiner genetischen Abstammung erweitern. Dabei hat das Abstammungsrecht (§§ 1591–1600e BGB) eine völlig neue Fassung erhalten. Die kasuistische Ausgestaltung des Anfechtungsrechts nach dem § 1596 I BGB a.F. wurde aufgegeben und dem volljährigen Kind in § 1600 BGB ein uneingeschränktes Anfechtungsrecht eingeräumt. Nach § 1600b I, III BGB kann das volljährige Kind innerhalb einer Frist von zwei Jahren die Vaterschaft anfechten, wobei bei späterer Kenntniserlangung von den gegen die Vaterschaft sprechenden Umständen die Verjährung erst mit diesem Zeitpunkt zu laufen beginnt. Diese gesetzlichen Neuregelungen verdeutlichen, dass der Gesetzgeber dem Recht auf Kenntnis der eigenen Abstammung einen hohen Wert beimisst.

Auch die rechtspolitische Frage, ob ungewollt schwangere Frauen die Möglichkeit haben sollten, nach der Geburt ihres Kindes unbekannt zu bleiben, hat in jüngster Zeit wiederholt die Medien beschäftigt. Eine anonyme Geburt ist in Deutschland rechtlich nicht zulässig, denn das Personenstandsgesetz unterwirft in § 17 I PStG jede Person, die an einer Entbindung beteiligt oder von der Geburt aus eigener Wissenschaft unterrichtet ist, der Anzeigepflicht gegenüber dem Standesamt. Frauen, die ihr Kind anonym zur Welt bringen und alle Personen, die ihnen bei einer anonymen Geburt beistehen, handeln also rechtswidrig. Eine Frau, die – aus welchen Gründen auch immer – ihr Kind anonym zur Welt bringen will, ist also während der Geburt allein auf sich gestellt, sofern sie nicht Personen findet, die ihr bei der Geburt beistehen. Da diese Personen aber gegenüber dem Standesamt zur Anzeige verpflichtet sind, ist eine Anonymität nicht mehr gewährleistet, weshalb Frauen auf einen solchen Beistand in aller Regel verzichten, mit der Konsequenz, dass die Geburt in den meisten Fällen nicht mehr unter humanen und medizinisch einwandfreien Bedingungen erfolgen kann.

Mit dem Ziel, geheime Geburten, Aussetzungen oder gar Tötungen von Neugeborenen dadurch zu verhindern, dass sich Mütter in einer Konfliktsituation an eine besonders dafür geeignete Schwangerenberatungsstelle wenden, gleichzeitig aber zunächst anonym bleiben können, wurden drei entsprechende Gesetzesentwürfe zur

---

[4] BVerfGE 90, 263 ff.
[5] BGBl. 1997 I, 2942.
[6] BT-Drucksache 13/4899, S. 55: „Umsetzung der Rechtsprechung des BVerfG zum Recht des Kindes auf Kenntnis seiner Abstammung“.

Legalisierung der anonymen Geburt eingebracht[7]. Wegen juristischer Kontroversen über die Rechtmäßigkeit der anonymen Geburt, gemessen am Bürgerlichen Gesetzbuch, Personenstandsgesetz, Verfassungsrecht und nicht zuletzt Völkerrecht, sind die Gesetzesinitiativen vorerst gescheitert.

Die vorliegende Arbeit setzt sich mit diesen Entwürfen auseinander und will Möglichkeiten für eine gesetzliche Neuregelung aufzeigen. Daher ist es angezeigt, zunächst den Wert der Kenntnis der eigenen Abstammung für das Kind zu bestimmen, das Ergebnis dem geltenden Recht gegenüberzustellen und sodann die verfassungsrechtlichen Voraussetzungen einer Gesetzesänderung und somit die Möglichkeit einer sog. anonymen Geburt zu erörtern.

Gang der Untersuchung

Im ersten Kapitel dieser Arbeit soll zunächst untersucht werden, inwieweit sich ein Recht des Kindes auf Kenntnis der genetischen Abstammung als Grundrecht aus der Verfassung ableiten lässt, um so eine Ausgangsbasis für die Erörterung aller zu behandelnden Einzelfragen zu schaffen. In einem Rückblick wird zunächst die Entwicklung des Rechts auf Kenntnis der eigenen Abstammung von der Schaffung des Bürgerlichen Gesetzbuches bis zur Gegenwart dargestellt und mit einer eigenen rechtlichen Einschätzung verbunden.

Anliegen des zweiten Kapitels ist es, die Fallkonstellationen aufzuzeigen, in denen die genetische Abstammung und die rechtliche Zuordnung eines Kindes nicht übereinstimmen und demzufolge dem Recht auf Kenntnis der genetischen Abstammung große Bedeutung zukommt. Im Anschluss daran wird geprüft, inwieweit der Gesetzgeber für diese Fälle den verfassungsrechtlichen Geboten Rechnung getragen hat.

Der abschließende Teil analysiert die Vereinbarkeit bereits bestehender Initiativen für die Einführung der anonymen Geburt mit dem geltenden Recht, nimmt zu den bisherigen Reformvorschlägen Stellung und zeigt, welche Schlussfolgerungen unter Berücksichtigung des verfassungsrechtlich geschützten Rechts auf Kenntnis der eigenen Abstammung zu ziehen sind.

---

[7] Folgende drei Gesetzesentwürfe wurden eingebracht und beraten:
- Entwurf zur Änderung des PStG der CDU/CSU-Fraktion v. 12.10.2000 (BT-Drucksache 14/4425);
- Entwurf eines Gesetzes zur Regelung anonymer Geburten der Fraktion CDU/CSU, der SPD, von BÜNDNIS 90/Die Grünen und der FDP v. 23.04.2002 (BT-Drucksache 14/8856);
- Entwurf eines Gesetzes zur Regelung anonymer Geburten des Landes Baden-Württemberg v. 06.06.2002 (BR-Drucksache 506/02).

Kapitel I

Die Ableitung des Rechts auf Kenntnis der genetischen Abstammung aus der Verfassung

A. Die Entwicklung der Diskussion um das Recht auf Kenntnis der genetischen Abstammung von der Schaffung des Bürgerlichen Gesetzbuches bis zur Gegenwart

Unter Abstammung ist die biologische Herkunft von bestimmten Eltern und somit das Eltern-Kind-Verhältnis zu verstehen[8]. Durch Abstammung wird der Personenstand, mithin die Zugehörigkeit zu einer bestimmten Familie vermittelt. Als Grundlage der Verwandtschaft i.S.d. § 1589 BGB ist die Abstammung entscheidend für eine Vielzahl von Vorschriften, die Verwandtschaftsverhältnissen Rechtswirkungen zukommen lassen[9].

Die Frage, ob und unter welchen Voraussetzungen Kinder einen Anspruch darauf haben, ihre Abstammung zu erfahren, ist keine neue juristische Problematik, sondern hat bereits zu Beginn des 20. Jahrhunderts die rechtswissenschaftlichen Gemüter bewegt[10]. Zum Verständnis der verfassungsrechtlichen Problematik erscheint ein Rückblick auf die historische Entwicklung des Rechts auf Kenntnis der eigenen Abstammung zweckmäßig.

I. Schaffung des Bürgerlichen Gesetzbuches

Bei der Schaffung des Bürgerlichen Gesetzbuches spielte die Frage der Abstammungsklärung nur im Rahmen des Unterhaltsrechts für nichteheliche Kinder eine Rolle. Während bei einem in der Ehezeit geborenen Kind kraft Gesetzes eine rechtliche Beziehung zwischen dem Ehemann der Mutter und dem Kind hergestellt wurde und im Hinblick auf den Unterhalt des Kindes sich daher Fragen nach der Klärung der genetischen Abstammung erübrigten, war die Situation des außerhalb der Ehe geborenen Kindes eine völlig andere.

Bei Inkrafttreten des Bürgerlichen Gesetzbuches bestimmte § 1589 II BGB a.F., dass ein nichteheliches Kind und sein Vater als nicht verwandt gelten, weil nach Ansicht des Gesetzgebers „allein die Erzeugung in der Ehe diejenige sittliche Grundlage gewährt, welche die Voraussetzung familienrechtlicher Pflichten und Rechte bildet“[11]. Mit dieser Regelung stellte der Gesetzgeber klar, dass über die in den §§ 1708 ff. BGB a.F. normierte Unterhaltspflicht hinaus keine Rechtsbeziehungen

---

[8] Hohloch, Familienrecht, § 24, Rdnr. 737; Quantius, FamRZ 1998, 1145 (1146); Schwab, Familienrecht, § 47, Rdnr. 450; Palandt-Diederichsen, Einf v § 1591, Rdnr. 1.

[9] MünchKomm/Seidel, Vor § 1591, Rdnr. 16; Hohloch, Familienrecht, § 24, Rdnr. 737.

[10] Vgl. etwa Goldmann, DJZ 1903, 472 ff.; Seifarth, DR 1904, 571 ff.

[11] Planck, Vorentwürfe Familienrecht 2, S. 1597; Motive Bd. IV, S. 851.

zwischen Vater und Kind bestehen sollten, um nicht die gesellschaftliche Stellung des Vaters zu gefährden; daher hielt man eine gerichtliche, in Rechtskraft erwachsende Feststellung der nichtehelichen Abstammung für unerwünscht. Die Feststellung der väterlichen Abstammung konnte daher nur als Vorfrage im Unterhaltsverfahren geklärt werden.

Aber selbst die Ermittlung der Vaterschaft als Vorfrage im Unterhaltsstreit und damit auch das Unterhaltsverfahren selbst waren im Vorfeld der Beratungen zum Zivilgesetzbuch äußerst kontrovers diskutiert worden[12]. Inhaltlich ging es dabei um die Frage, ob sich das nichteheliche Kind in einem gerichtlichen Verfahren zur Durchsetzung etwaiger Unterhaltsansprüche an seinen von ihm behaupteten Vater wenden könne, oder ob die gerichtliche Durchsetzung von Unterhaltsansprüchen und die damit verbundene Feststellung der Vaterschaft grundsätzlich auszuschließen sei.
Die Gegner der gerichtlichen Vaterschaftsfeststellung argumentierten mit wirtschaftlichen und ordnungspolitischen Überlegungen. Sie befürchteten vor allem eine Gefährdung der allgemeinen Sittlichkeit. Durch die Zulassung einer Paternitäts- und Alimentationsklage – diese Begriffe wurden synonym verwandt[13] – werde eine „skandalöse" Prozessflut entstehen, wodurch eine Gefährdung des allgemeinen Familienfriedens zu erwarten sei[14]. Vor allem prognostizierte man die Schwächung der Widerstandskraft der Frauen gegen den außerehelichen Verkehr, da durch die Zulassung eines solchen Verfahrens der nichtehelichen Mutter die Abwälzung ihrer Unterhaltspflicht gegenüber dem Kind auf den Vater in Aussicht gestellt werde[15]. Mit besonderem Nachdruck wurde als Argument gegen die Erforschung der Vaterschaft der Gesichtspunkt der Ungewissheit angeführt. Bei der Zeugung handele es sich um eine in ein Naturgeheimnis gehüllte Tatsache, deren Beweis nicht erbracht werden könne. Demzufolge könne eine solche Vaterschaft nur aufgrund von Vermutungen bewiesen werden, eine derartige Beweisführung führe aber zu „schreienden Ungerechtigkeiten" und sei daher gesetzlich auch nicht zu schützen[16].
Dem hielt die sich im Gesetzgebungsverfahren durchsetzende Mehrheit jedoch entgegen, dass aus dem Gesetz der Natur und dem Sittengesetz folge, dass durch die Zeugung ein natürliches Band der Verwandtschaft entstehe, der Vater aufgrund dessen für sein Kind verantwortlich sei und ihn daher auch ein familienrechtlicher Unterhaltsanspruch treffe[17]. Die Erforschung der Vaterschaft als anspruchsbegründende Voraussetzung des Unterhaltsanspruchs fördere auch nicht die Unsittlichkeit, da der Unterhaltsanspruch nicht der Mutter, sondern dem Kind zustehe. Der Erwägung, durch die Unzulässigkeit der Erforschung der Vaterschaft werde die Widerstandskraft des weiblichen Geschlechts gegen den Anreiz zur Unzucht gestärkt,

---

[12] Motive, Bd. IV, S. 864 ff.; ausführlich hierzu Zimmermann, Geschichte der Abstammungsfeststellungsklage, 1990, S. 45 ff.
[13] Koch, FamRZ 1990, 569 (570); Zimmermann, Geschichte der Abstammungsfeststellungsklage, S. 43.
[14] Motive, Bd. IV, S. 867.
[15] Motive, Bd. IV, S. 867.
[16] Motive, Bd. IV, S. 866.
[17] Motive, Bd. IV, S. 875.

müsse der Gedanke gegenübergestellt werden, dass dadurch andererseits die Angriffslust des männlichen Geschlechts gesteigert und die Gefahr vermehrt werde, dass „Wollüstlinge" ohne Scheu unbescholtene Mädchen zu verführen suchten[18].

Dementsprechend sah das Bürgerliche Gesetzbuch von Anfang an einen Unterhaltsanspruch nichtehelicher Kinder gegen ihren Vater vor. Dieser Anspruch knüpfte gemäß § 1717 BGB a.F. nicht an die Abstammung, sondern an die Beiwohnung an; es genügte somit die in § 1717 BGB a.F.[19] enthaltene gesetzliche Vermutung für die Vaterschaft. Allerdings umfasste er keine Unterhaltsansprüche des Kindes gegen die Verwandten des Vaters (§§ 1708-1714, 1716 I 1, II BGB a.F.); auch ein Erbrecht nichtehelicher Kinder beim Tod des Vaters war nicht vorgesehen. Die Nichtehelichkeit war kein Status, der mit Wirkung für und gegen jedermann festgestellt werden konnte.

Das Recht zur Ehelichkeitsanfechtung wurde nach § 1594 BGB a.F. allein dem Ehemann zugebilligt, wobei die Anfechtungsfrist ein Jahr nach Kenntnis von der Geburt ablief. Es entsprach dem damaligen Familienbild, dass der Ehemann die ausschließliche Entscheidungsbefugnis darüber besaß, ob ein Kind zu seiner Familie gehören sollte oder nicht[20]. Allerdings wollte man durch eine Beschränkung der Anfechtungsmöglichkeiten auch eine eindeutige und endgültige Klärung des Kindesstatus erreichen, um die Zahl der Anfechtungsprozesse zu vermindern, die stets eine „Gefahr für das Familienglück" darstellten[21]. Auf ein Anfechtungsrecht für das Kind wurde verzichtet, da der Gesetzgeber bei der damaligen gesellschaftlichen Schlechterstellung nichtehelicher Kinder davon ausgehen konnte, dass diese selbst wohl kaum das Bedürfnis verspüren würden, ihren Status aufs Spiel zu setzen[22]. Hinsichtlich eines Anfechtungsrechts der Mutter wurde aufgeführt, dass es ihr nicht gestattet werden dürfe, gegen den Willen des Mannes die Intimsphäre der Eheleute zum Gegenstand eines Gerichtsverfahrens zu machen[23].

Auch in prozessualen Vorschriften schlug sich die besondere Bedeutung nieder, die der Gesetzgeber dem Ehelichenstatus zuschrieb. Gemäß § 644 ZPO a.F. durften die Vorschriften der §§ 640-643 ZPO[24], die die Familienstandsklagen regelten, nicht auf die Feststellung des Vaters eines nichtehelich geborenen Kindes im Unterhaltsprozess

[18] Motive, Bd. IV, S. 872.

[19] Nach § 1717 BGB a.F. galt in Bezug auf die Verpflichtung zur Unterhaltsleistung als Vater, wer der Mutter innerhalb der Empfängniszeit beigewohnt hatte, es sei denn, dass das Kind nach den Umständen offenbar nicht aus dieser Beiwohnung empfangen sein konnte; ausführlich hierzu: Deichfuß, Abstammungsrecht und Biologie, 1991, S. 7 ff.

[20] Motive, Bd. IV, S. 659; Planck, Vorentwürfe Familienrecht 2, S. 1222 ff.

[21] Motive, Bd. IV, S. 659.

[22] Motive, Bd. IV, S. 659.

[23] Motive, Bd. IV, S. 660; Planck, Vorentwürfe Familienrecht 2, S. 1225-1226.

[24] Die Aussage der §§ 640-643 ZPO a.F. lautete, dass in Verfahren, welche die Feststellung des Bestehens oder Nichtbestehens eines Eltern- oder Kindesverhältnisses zwischen den Parteien, Fragen der elterlichen Gewalt oder der Ehelichkeitsanfechtung betrafen, bestimmte Vorschriften aus dem Verfahren über Ehesachen anzuwenden seien. Zu erwähnen ist dabei insbesondere der Amtsermittlungsgrundsatz und die Wirkung der Feststellungsurteile für und gegen alle; vgl. Goldschmidt, Zivilprozessrecht, § 74, S. 190, 191.

angewandt werden. Dies bedeutete, dass im Vaterschaftsprozess die normalen Verfahrensvorschriften galten und dieser somit der Parteimaxime unterworfen war[25]. In einem unter der Herrschaft der Parteien stehenden Prozess bestand die Möglichkeit, im Falle der Säumnis einer Partei ein Versäumnisurteil gemäß §§ 330, 331 ZPO – gegen den säumigen Kläger auf Klageabweisung und gegen den säumigen Beklagten auf Erkenntnis nach dem Klageantrag – zu erwirken[26]. Ferner konnte der als Vater in Anspruch genommene die Vaterschaft i.S.d. §§ 288-290 ZPO gestehen, unabhängig davon, ob er von der Wahrheit der zugestandenen Tatsache überzeugt war[27]. Somit konnte der wahre Erzeuger aufgrund der Möglichkeiten des Geständnisses und des Versäumnisurteils nur eingeschränkt ermittelt werden. Zudem wirkte das Urteil nur zwischen den Parteien, so dass eine gegenüber Dritten wirksame Feststellung nicht möglich war[28].

Zusammenfassend lässt sich für die Zeit bei Schaffung des Bürgerlichen Gesetzbuches sagen, dass es ausschließlich um die Durchsetzung eines Unterhaltsanspruchs für das nichteheliche Kind ging, wenn die Frage diskutiert wurde, ob und inwieweit dem Kind ein Recht auf Klärung der genetischen Abstammung eingeräumt werden sollte. Außerhalb von Unterhaltsfragen bestand an der Klärung der Abstammung kein Interesse, das ein nichteheliches Kind hätte geltend machen können. Dies änderte sich schlagartig mit der Machtübernahme durch den Nationalsozialismus.

II. Einflussnahme des Nationalsozialismus

Nach der Machterlangung durch die NSDAP im Jahre 1933 wurde die Diskussion über die Klärung der genetischen Abstammung wieder aufgenommen. Aufgrund der politischen Veränderungen bestand Reformbedarf, da nach der Ideologie der Nationalsozialisten die Kenntnis der „wahren" blutsmäßigen Abstammung entscheidend war, um „Arier" und „Blutsfremde" trennen zu können[29]. Unter dem Gesichtspunkt der „Reinheit des Blutes" und damit untrennbar verbunden der „Reinheit der Rasse" war die genetische Abstammung ab 1933 auch aus staatlicher Sicht von Bedeutung[30]. Die Feststellung der Vaterschaft als Vorfrage für den Unterhaltsanspruch des nichtehelichen Kindes trat infolge der „rassisch" ausgerichteten Grundhaltung der nationalsozialistischen Ideologie in den Hintergrund.

---

[25] Vgl. Goldschmidt, Zivilprozessrecht, § 74, S. 190.
[26] Goldschmidt, Zivilprozessrecht, § 58, S. 135; Weismann, Zivilprozessrecht I, § 93, S. 396, 397.
[27] Vgl. Goldschmidt, Zivilprozessrecht, § 34, S. 73.
[28] LG Oels, JW 1935, 3125 (3126).
[29] Ausführlich hierzu: Zimmermann, Geschichte der Abstammungsfeststellungsklage, S. 96 ff.; Deichfuß, Abstammungsrecht und Biologie, S. 44 ff.; Rüthers, NJW 1988, 2825 ff.; Helms, Feststellung der biologischen Abstammung, 1998, S. 36 ff.
[30] Ausführlich hierzu: Rüthers, NJW 1988, 2825 ff.

So schreibt Hermann Günther[31] im Jahre 1938:
„Als der Nationalsozialismus das Gedankengut von Blutrasse nicht nur theoretisch wieder auf den ihm gebührenden Platz hob, sondern auch praktische Folgerungen daraus zog, musste ein ungestümes Drängen beginnen, an die Stelle der Normen des BGB, die nirgends mehr passten, wo es um die Abstammung geht, neues Recht zu setzen (...). Die Frage der natürlichen Abstammung einer Person von einer anderen hat die Bedeutung bei unehelichen Kindern so gut wie bei den Kindern, die nach dem Gesetz als ehelich gelten, denn diese Geltung braucht sich nicht mit der Abstammung zu decken. Deshalb kann auch die Feststellungsklage bei ehelichen und unehelichen Kindern in Betracht kommen."

In einem ersten Schritt ließ das Reichsgericht in seiner Entscheidung vom 14. Oktober 1937 – unabhängig von einem Unterhaltsstreit[32] – eine Klage auf isolierte Feststellung der nichtehelichen Vaterschaft im Rahmen des § 256 ZPO zu[33]. Zentrales Problem war die Frage, ob die blutsmäßige Abstammung ein Rechtsverhältnis[34] oder nur eine biologische Tatsache sei. Manche Autoren hatten eine derartige Klage auf Feststellung der nichtehelichen Abstammung bis dahin für ausgeschlossen gehalten, da die biologische Abstammung als solche kein Rechtsverhältnis darstelle und sich außerdem die Beziehung zwischen Vater und nichtehelichem Kind im Wesentlichen auf einen Unterhaltsanspruch beschränke, so dass ein rechtliches Interesse, den Vater außerhalb eines Unterhaltsprozesses festzustellen, in der Regel nicht bestehe[35]. Das Reichsgericht sprach sich nunmehr dafür aus, das Vater-Kind-Verhältnis trotz § 1589 BGB a.F. als ein feststellungsfähiges Rechtsverhältnis anzusehen[36], da es über das Unterhaltsrecht hinaus Rechtswirkungen zeitige. Verwiesen wurde auf das Eheverbot der Blutsverwandtschaft § 1310 III BGB a.F. und auf die Möglichkeit der Legitimation durch nachfolgende Eheschließung § 1718 BGB a.F. und Ehelicherklärung § 1723 BGB a.F.[37].

War es schon problematisch, die Existenz eines Rechtsverhältnisses zu begründen, so war es nicht leichter, das rechtliche Interesse an der Feststellung der tatsächlichen Vaterschaft überzeugend darzutun. Das Reichsgericht war der Ansicht, dass der

---

[31] Günther, JW 1938, 1699 (1700).

[32] Bis dahin hatte die Rechtsprechung bei nichtehelichen Kindern nur im Rahmen eines Unterhaltsstreits die Klage auf Feststellung der Vaterschaft zugelassen: LG Frankfurt, Urteil v. 13.6.1929, JW 1930, 1016 (1016); RG, Urteil v. 15.2.1932, RGZ 135, 219 (222).

[33] RG, Urteil v. 14.10.1937, JW 1938, 245 (246).

[34] Das Reichsgericht geht genauso wie die heutige Rechtsprechung davon aus, dass ein „Rechtsverhältnis" i.S.d. § 256 ZPO jedes „rechtlich geregelte Verhältnis zwischen einer Person und einer anderen sei, das mit Rechtswirkungen auf dem Gebiet des bürgerlichen Rechts ausgestattet ist.", vgl. RG, JW 1938, 245 (245).

[35] Roquette, JW 1935, 1385 (1389); ders., JW 1935, 2476 (2477); Fischer, JW 1936, 237 (238); Natter, AcP 95, 138 ff.; a.A., AG Koblenz, Urteil v. 5.12.1936, JW 1937, 274 (275).

[36] RG, JW 1938, 245 (245); so auch in nachfolgenden Entscheidungen: RG, Urteil v. 19.12.1938, RGZ 159, 58 (60, 61); RG, Urteil v. 15.6.1939, RGZ 160, 293 (294).

[37] RG, JW 1938, 245 (246); RGZ 159, 58 (61); RGZ 160, 293 (297, 298); zustimmend OLG Kiel, Urteil v. 8.12.1938, DR 1939, 667 (667).

Begriff des Feststellungsinteresses „sehr wohlwollend“ auszulegen sei[38]. Es begründete das Feststellungsinteresse daher allgemein mit zusätzlichen Hinweisen auf die „Ariergesetzgebung des Dritten Reiches mit all ihren Einwirkungen[39] auf das Staatsbürgerrecht, das Beamtenrecht, das Wehrverfassungsrecht usw.“[40]. Schließlich genügte für eine negative Feststellungsklage der bloße Wunsch einer Klägerin, „kein jüdischer Mischling“ zu sein, und für eine positive Feststellungsklage das „Anliegen, den Nachweis der arischen Abstammung“ führen zu können[41]. Demzufolge stellte das Reichsgericht klar fest, dass aufgrund der „überragenden Bedeutung der wahren Abstammung“ am Bestehen eines Interesses an der Feststellung der blutsmäßigen Abstammung nicht mehr gezweifelt werden könne[42]. Bei dieser Rechtsprechung konnte eine positive oder negative Feststellungsklage kaum mehr wegen eines fehlenden Interesses an der Feststellung der blutsmäßigen Abstammung abgewiesen werden.

Die nächste bedeutende Entscheidung des Reichsgerichts vom 15. Juni 1939 führte zur Bejahung der Anwendung der §§ 640 - 643 ZPO a.F. auf die Abstammungsfeststellungsklage und damit zum Verstoß gegen § 644 ZPO a.F.[43]. § 644 ZPO a.F. bestimmte, dass die Regeln über die Familienstandsklagen nicht auf einen Rechtsstreit Anwendung finden, der das Bestehen oder Nichtbestehen der nichtehelichen Vaterschaft zum Gegenstand hat. § 640 ZPO a.F. zählte die möglichen Statusklagen auf, ohne die Klage auf Feststellung der biologischen Abstammung zu erwähnen, so dass für Vaterschaftsfeststellungsklagen nur der Parteiprozess gemäß § 256 ZPO übrig blieb[44]. Hieraus ergab sich jedoch die Problematik, dass durch ein lediglich dem Parteibetrieb unterworfenes Feststellungsverfahren die Möglichkeit einer Manipulation der Feststellung der tatsächlichen Abstammung nicht ausgeschlossen werden konnte[45]. Als Beispiel wurde „schreckenerregend“ die Situation angeführt, dass ein „ Arier“ durch Geldzuwendungen dazu bewogen werden könnte, ein Versäumnisurteil gegen sich ergehen zu lassen oder gar das Kind eines

---

[38] RG, JW 1938, 245 (247).

[39] RG, JW 1938, 245 (247); RGZ 159, 59 (62); RGZ 160, 293 (299); zustimmend: OLG Kiel, DR 1939, 667 (667); Günther, JW 1938, 1699 (1700); Revöhl, DR 1939, 668 (668).

[40] Vgl. zur rassenpolitischen Judikatur: Rüthers, NJW 1988, 2825 ff.; der Ariernachweis war z.B. bedeutsam für das Reichsbürgerrecht (vgl. § 2 RBürgerG v. 15.09.1935 und 1. VO zum RBürgerG v. 14.11.1935), die Fähigkeit zur Bekleidung öffentlicher Ämter (vgl. § 1a RBG v. 31.03.1873 i.d.F. des Gesetzes zur Änderung von Vorschriften auf dem Gebiete des allgemeinen Beamten-, Besoldungs- und Versorgungsrechts v. 30.06.1933) und die Verwendung im Wehrdienst (vgl. § 15 WehrG v. 12.05.1935 und 26.06.1936).

[41] RG, JW 1938, 245 (245); OLG Kiel, DR 1939, 667 (667); Günther, JW 1938, 1699 (1701); Revöhl, DR 1939, 668 (668).

[42] RG, JW 1938, 245 (246, 247); RGZ 168, 316 (316).

[43] RG, Urteil v. 15.6.1939, RGZ 160, 293 (296); schon vor dieser Entscheidung des RG haben einige Autoren die Anwendbarkeit der §§ 640-643 ZPO auf die Abstammungsfeststellungsklage befürwortet: Vollhardt, JW 1935, 2475, (2476); v. Scheurl, JW 1936, 235 (236); Krupp, DR 1938, 203, 204.

[44] RGZ 159, 59 (61); OLG Frankfurt, JW 1930, 1016 (1016); OLG Kiel, DR 1939, 667 (667); AG Bremen, JW 1936, 2489 (2489).

[45] Vgl. LG Oels, JW 1935, 3125 (3126); v. Scheurl, JW 1936, 235, (236); Revöhl, DR 1939, 668 (668); Vollhardt, JW 1935, 2475 (2476).

„Juden" als das seinige anzuerkennen. Das nicht „arische" Kind werde dann durch das Urteil in die Lage versetzt, seine vermeintlich arische Abstammung zu beweisen[46]. Für die Ideologie des Nationalsozialismus, bei der die genetische Abstammung nicht zweifelhaft bleiben durfte, erwies sich diese Regelung als unzureichend.

Daher entschied das Reichsgericht, Klagen auf Feststellung des Bestehens oder Nichtbestehens der blutsmäßigen Abstammung contra legem dem Statusverfahren[47] zu unterwerfen. Begründet wurde dies damit, dass § 640 ZPO a.F. keine abschließende Regelung enthalte. Es liege eine Gesetzeslücke vor[48], denn die blutsmäßige Abstammung habe „vor dem Eindringen der nationalsozialistischen Gedanken in die Rechtsordnung (...) keine entscheidende Bedeutung" gehabt. Nun aber berühre die Zugehörigkeit zur Familie „nicht nur die Belange der Familienmitglieder, sondern auch allgemeine Belange"[49]. § 644 ZPO a.F. sei nur auf den Unterhaltsprozess ausgerichtet, nicht aber auf den Vaterschaftsfeststellungsprozess. Nur durch Anwendung der Inquisitionsmaxime und durch Ausschluss der Parteimaxime werde der Weg zu solchen Entscheidungen gebahnt, wie sie die „rassen- und bevölkerungspolitischen Belange des Volkes erfordern"[50]. Aufgrund der überragenden Bedeutung der blutsmäßigen Abstammung, wie sie durch die nationalsozialistische Weltanschauung dem Volke zum Bewusstsein gekommen sei[51], müsse verhindert werden, dass durch ein Zusammenwirken der Parteien ein Urteil ergehe, das mit der biologischen Wahrheit nicht übereinstimme. Durch dieses Vorgehen des Reichsgerichts ist die Vorschrift des § 644 ZPO a.F. neutralisiert worden; fortan konnte jedes nichteheliche Kind die Vaterschaft mit Wirkung für und gegen alle gerichtlich klären lassen. Mit der Entscheidung vom 15. Juni 1939 war der Wandel in der Rechtsprechung vollzogen. Mit zwei Urteilen hatte es das Reichsgericht verstanden, die Abstammungsfeststellungsklage unter Berücksichtigung der §§ 640 - 643 ZPO a.F. als zulässigen Rechtsbehelf zu statuieren[52].

Auch im Recht der ehelichen Abstammung kam es aufgrund der rassenpolitischen Belange der Nationalsozialisten zu Diskussionen im Hinblick auf die Feststellung der genetischen Abstammung, da es als nicht hinnehmbar angesehen wurde, dass eine nichtarische Abstammung verborgen blieb[53]. Zur Vermeidung von Manipulationen der

---

[46] Vollhardt, JW 1935, 2475 (2475); v. Scheurl 1936, 235, (236); OLG Celle, JW 1939, 967 (968).

[47] Im Statusverfahren galt der Amtsermittlungsgrundsatz und das Feststellungsurteil wirkte für und gegen alle; ausführlich hierzu: Zimmermann, Geschichte der Abstammungsfeststellungsklage, S. 58 ff.

[48] RGZ 160, 293 (296, 297); siehe auch v. Scheurl 1936, 235, (236); Vollhardt, JW 1935, 2475 (2476).

[49] RGZ 160, 293 (297); v. Scheurl 1936, 235, (236); Revöhl, DR 1939, 668 (668); Vollhardt, JW 1935, 2475 (2476).

[50] RGZ 160, 293 (296, 298). Am 24. Mai 1941 wurde durch eine Allgemeinverfügung des Reichsjustizministeriums die strikte Anwendbarkeit der Inquisitionsmaxime bei Prozessen mit Klägern jüdischer Abstammung bestimmt; hierzu ausführlich: Zimmermann, Geschichte der Abstammungsfeststellungsklage, S. 156 ff.

[51] RGZ 160, 293 (294); zustimmend: v. Scheurl 1936, 235, (236); Revöhl, DR 1939, 668 (668); Vollhardt, JW 1935, 2475 (2476).

[52] Die Rechtsprechung des Reichsgerichts wird ausführlich von Zimmermann, Geschichte der Abstammungsfeststellungsklage, S. 112 ff. analysiert.

[53] RGZ 148, 193 (195).

Feststellung der genetischen Abstammung war man sich einig, dass die Möglichkeit der Ehelichkeitsanfechtung durch eine behördliche Stelle geschaffen werden müsse[54].

Das Familienrechtsänderungsgesetz von 1938[55] trug schließlich den rassischen Überlegungen Rechnung und führte in § 1595a BGB a.F. ein unbefristetes Anfechtungsrecht des Staatsanwalts ein. Dieses sollte im öffentlichen Interesse[56] und im Interesse des Kindes eine Klarstellung der Abstammungsverhältnisse „aus rassischen und erbbiologischen Gründen" ermöglichen[57]. In der amtlichen Begründung wurde hierzu ausgeführt: „Bei der Bedeutung, die der Rassen- und Sippenzugehörigkeit eines Menschen nach nationalsozialistischer Auffassung zukommt, muss das Interesse an einer möglichst frühzeitigen und endgültigen Feststellung des Familienstandes hinter das öffentliche Interesse an einer Klarstellung der wirklichen Abstammung zurücktreten. Das Anfechtungsrecht soll in solchen Fällen dem Staatsanwalt zustehen, der auch sonst in familienrechtlichen Streitigkeiten das öffentliche Interesse zu vertreten hat."[58]. Damit war das ausschließliche Anfechtungsrecht des Ehemannes beseitigt und ein Verfahren bereitgestellt, das auch im Recht der ehelichen Kinder die Feststellung der genetischen Abstammung gewährleistete.

Zusammenfassend lässt sich sagen, dass in der Zeit der nationalsozialistischen Diktatur rassenpolitische Belange im Vordergrund standen, wenn das Recht des Kindes auf Klärung seiner genetischen Abstammung erörtert wurde. Sowohl materiell- als auch prozessrechtlich versuchte man Voraussetzungen zu schaffen, um in möglichst vielen Fällen die „wahre blutsmäßige Abstammung" aufdecken zu können. Im Vordergrund stand dabei das Interesse der Machthaber, die Menschen nach ihrer Rasse und Abstammung zu unterscheiden, um bestimmte Bevölkerungsgruppen einer Diskriminierung zu unterziehen.

III. Entwicklung nach dem Ende der nationalsozialistischen Herrschaft

Die unter der Herrschaft der Nationalsozialisten entwickelten Verfahren zur Feststellung der genetischen Abstammung mussten in der Nachkriegszeit neu überdacht werden, um eine Distanzierung zu der zuvor herrschenden Ideologie herzustellen. Sowohl die Abstammungsfeststellungsklage, die dem nichtehelichen Kind die Feststellung seines Vaters in einem Statusverfahren mit Wirkung gegenüber jedermann ermöglichte, als auch das Recht der Ehelichkeitsanfechtung wurden zwar als sachgerecht empfunden, mussten jedoch aufgrund der neu eingetretenen Situation neu begründet werden. Daher verwies die Literatur nach dem Inkrafttreten des

[54] Hedemann, ADR III 2, S. 383; Olczewski, ADR III 2, S. 382; Günther, ADR III 2, S. 379.
[55] Familienrechtsänderungsgesetz v. 12.4.1938, RGBl. I, 380.
[56] Amtliche Begründung zum Familienrechtsänderungsgesetz v. 1938, DJ 1938, 619 (620).
[57] Amtliche Begründung zum Familienrechtsänderungsgesetz v. 1938, DJ 1938, 619 (620, 624); vgl. auch Roquette, DR 1938, 314 (315 ff.).
[58] Amtliche Begründung zum Familienrechtsänderungsgesetz v. 1938, DJ 1938, 619 (620).

Grundgesetzes am 23. Mai 1949 auf das Gebot der Gleichstellung von ehelichen und nichtehelichen Kindern i.S.v. Art. 6 V GG und erklärte das Recht auf Kenntnis der eigenen Abstammung zu einem Persönlichkeitsrecht des nichtehelichen Kindes[59].

So schreibt Guggumos bereits vor dem Inkrafttreten des Grundgesetzes im Jahre 1947:

„Das uneheliche Kind bezüglich seiner Vaterschaft auf den gewöhnlichen Amtsgerichtsprozess zu verweisen, bedeutet eine Herabwürdigung seiner Persönlichkeit und eine wesentliche Verschlechterung gegenüber dem ehelichen Kind. Wer keinen Vater oder gar mehrere Väter hat, ist kein ganzer Mensch. Jeder Mensch ohne Unterschied seiner Geburt hat ein naturgebundenes Recht darauf, mit Wirkung für und gegenüber jedermann festgestellt zu wissen, wer sein Vater ist. Wer den Menschen als Persönlichkeit wertet, darf ihm dieses Recht nicht versagen.“[60].

Einen anderen Begründungsansatz versuchte Neumann-Duesberg: Er arbeitete das Recht auf Kenntnis der blutsmäßigen Abstammung weiter heraus, anfänglich noch ohne Rückgriff auf das Grundgesetz, im Wege der Analogie zum Namensrecht des § 12 BGB, da sowohl das Namensrecht, als auch das Recht der Blutzugehörigkeit Individualisierungsmerkmale seien. Da die Rechtsordnung schon den Namen schütze, könne analog nichts anderes für die Blutzugehörigkeit gelten[61]. Später ging er in seiner Begründung weiter und leitete nunmehr das Recht auf Klärung der eigenen Abstammung unmittelbar aus dem inzwischen aus Art. 1 und Art. 2 GG entwickelten Persönlichkeitsrecht ab[62].

Eine ausführliche Ableitung des Rechts auf Kenntnis der eigenen Abstammung aus dem Grundgesetz hat Nipperdey vorgenommen. Er führte aus, das Grundgesetz habe den Schutz und das Recht der Persönlichkeit an den Anfang seiner Bestimmungen gestellt und zur Grundlage der Grundrechte erhoben. Art. 1 I GG erkläre die Würde des Menschen für unantastbar. Sie zu schützen, sei die Verpflichtung aller staatlichen Gewalt; ein Grundsatz, der gemäß Art. 79 III GG unveränderlich sei. Außerdem habe nach Art. 2 I GG jeder das Recht auf die freie Entfaltung seiner Persönlichkeit, soweit er nicht die Rechte anderer verletze und nicht gegen die verfassungsmäßige Ordnung oder das Sittengesetz verstoße. Diese beiden Komponenten, Würde des Menschen und Recht auf freie Entfaltung seiner Persönlichkeit, seien die integrierenden Bestandteile eines allgemeinen Persönlichkeitsrechts, das damit durch die Rechtsordnung als subjektives öffentliches und privates Recht gewährleistet sei[63]. Dieses allgemeine Persönlichkeitsrecht sei in allen aus ihm fließenden Konkretisierungen geschützt. Eines davon sei das Recht auf Kenntnis der blutsmäßigen Abstammung. Sowohl der Erzeuger, als auch das Kind hätten ein Recht auf Klärung ihrer blutsmäßigen

---

[59] Guggumos, NJW 1947/48, S. 59 (60); Neumann-Duesberg, NJW 1950, 14 (15); ders., MDR 1952, 486 (487); Bosch, NJW 1950, 767 (768). Anderer Ansicht Schwab, NJW 1956, 649 (651), der ausführte, die Annahme eines Persönlichkeitsrechts auf Feststellung der Abstammung in einem bestimmten Verfahren stelle eine Überspitzung dieses Grundrechts dar.

[60] Guggumos, NJW 1947/48, S. 59 (60).

[61] Neumann-Duesberg, NJW 1950, 14 (15); ders., MDR 1952, 486 (487).

[62] Neumann-Duesberg, NJW 1957, 1341 (1342).

[63] Enneccerus/Nipperdey, BGB-AT, § 101 I 2.

Zugehörigkeit, weil es sich hierbei um eine für ihre Persönlichkeit wesentliche Frage handele. Aus diesem Persönlichkeitsrecht folge auch unbeschadet sonstiger zivilprozessualer Gründe das Recht, mit Wirkung für und gegen alle im Wege der Statusklage die Feststellung der Abstammung zu verlangen, da nur eine Feststellung im Statusverfahren Gewissheit über die „persönlichkeitsmäßige Zugehörigkeit" zu geben vermöge[64].
Zahlreiche andere Autoren schlossen sich diesen Wertungen an und qualifizierten das Recht auf Kenntnis der eigenen Abstammung als Unterfall des allgemeinen Persönlichkeitsrechts[65].

Diese Lehre vom Recht auf Klärung der eigenen Abstammung schlug sich auch in der Rechtsprechung nieder[66]. So stellte das OLG Oldenburg fest, dass die biologische Vaterschaft als Grundlage eines durch Art. 1 und 2 GG geschützten Persönlichkeitsrechts eigener Art anzusehen sei. Es verstoße gegen die Würde des Menschen und stelle eine Verletzung des Allgemeinen Persönlichkeitsrechts dar, würde man einem Menschen, nur weil er nichtehelich geboren sei, versagen, im Wege der Statusklage mit Wirkung für und gegen alle feststellen zu lassen, welchem Vater er angehört. Erst eine solche Feststellung könne ihm in Zweifelsfällen die Gewissheit geben, wer er eigentlich persönlichkeitsmäßig sei[67]. Dem schloss sich das OLG Stuttgart mit den Worten an, das OLG Oldenburg würdige die biologische Vaterschaft mit Recht als Grundlage eines durch Art. 1 und 2 GG geschützten Persönlichkeitsrechts eigener Art[68].

Die Anwendung der §§ 640-643 ZPO a.F. auf die Abstammungsfeststellungsklage versuchte man auch unabhängig von der Annahme eines Persönlichkeitsrechts mit Art. 6 V GG zu begründen[69]. Unter dem Gebot verfassungskonformer Auslegung fordere Art. 6 V GG die Zulassung der Abstammungsfeststellungsklage als Statusklage[70]. Wenn man ernsthaft die Stellung des unehelichen Kindes verbessern wolle, dürfe man diesem die Statusklage nicht versagen, da zu den im Grundgesetz geforderten „gleichen Bedingungen" auch die Gewissheit über den wirklichen Vater gehöre[71].

Trotz Ablehnung der aus „nationalsozialistischem Geist geborenen Erwägungen"[72] hielt der Bundesgerichtshof mit im Wesentlichen gleicher Argumentation an der Rechtsprechung des Reichsgerichts fest und betonte erstmals in seinem Urteil vom 28. April 1952, dass jedes nichteheliche Kind stets ein rechtliches Interesse an der Feststellung der Abstammung unabhängig von Unterhaltsansprüchen habe[73]. Zu der

---

[64] Enneccerus/Nipperdey, BGB-AT, § 101 II 5.

[65] Krüger, NJW 1954, 1509 (1511); ders., DöV 1959, 948 (948); Neumann-Duesberg, NJW 1957, 1341 (1342), Bosch, NJW 1950, 767 (768)

[66] AG Schweinfurt, Beschluß v. 2.3.1949, NJW 1950, 789 (790); OLG Hamburg, Beschluß v. 9.4.1954, MDR 1954, 242 (242); OLG Oldenburg, Urteil v. 6.10.1955, NJW 1956, 677 (678).

[67] OLG Oldenburg, NJW 1956, 677 (677).

[68] OLG Stuttgart, Beschluß v. 11.5.1956, MDR 1956, 621 (621).

[69] Ziegler, FamRZ 1959, 342 (346); LG Lüneburg, Beschluß v. 26.6.1949, NJW 1950, 789 (789).

[70] Ziegler, FamRZ 1959, 342 (346, 347).

[71] LG Lüneburg, NJW 1950, 789 (789).

[72] BGH, Urteil v. 28.4.1952, Z 5, 385 (397).

[73] BGHZ 5, 385 (390).

Frage, ob das durch eine Klage auf Feststellung der unehelichen Vaterschaft eingeleitete Verfahren ein gewöhnlicher Prozess sei oder ob darauf die Vorschriften der §§ 640 - 644 ZPO a.F. anzuwenden und demgemäß die in einem solchen Verfahren ergehenden Endurteile mit einer allseitigen Rechtskraft i.S.d. § 643 ZPO a.F. ausgestattet seien, erklärte der Senat:

„ (...) wünschenswert, die Vorschriften des Statusverfahrens auch auf die uneheliche Vaterschaftsklage anzuwenden. Die hier zu treffende Entscheidung erfordert wegen ihrer Bedeutung, die sie für die rechtliche Stellung des unehelichen Kindes in der bürgerlichen Gesellschaft über die am Prozess unmittelbar Beteiligten hinaus hat, dass der Prozessgegenstand der Verfügungsbefugnis der Parteien entzogen und dass nicht durch ein im Verfahren abgegebenes Anerkenntnis oder durch die Versäumnis einer Partei ein mit der Wirklichkeit in Widerspruch stehendes Ergebnis herbeigeführt wird"[74].

Diese Entscheidung des Bundesgerichtshofes befasste sich eindeutig mit dem Recht des nichtehelichen Kindes auf Feststellung der Abstammung; zu den ehelichen Kindern hat er keine Stellung genommen.

Das Bundesverfassungsgericht rechtfertigte diese Rechtsfortbildung ausdrücklich mit dem verfassungsrechtlich verankerten Gebot, den nichtehelichen Kindern möglichst gleichwertige rechtliche Bedingungen zu schaffen wie den ehelichen[75]. Es bestehe kein Zweifel daran, dass die Ungewissheit über die Person des Vaters die leibliche und seelische Entwicklung eines Kindes und seine Stellung in der Gesellschaft beeinträchtige[76]. Mit diesem Beschluss hat das Bundesverfassungsgericht die Zulässigkeit der Abstammungsfeststellungsklage als Statusklage[77] bejaht. Diese Rechtsprechung wurde im Jahre 1961 mit einer Änderung der §§ 640, 644 ZPO a.F. vom Gesetzgeber bestätigt.

IV. Bedeutung der Abstammungsklärung seit dem Familienrechtsänderungsgesetz und dem Gesetz über die rechtliche Stellung nichtehelicher Kinder

Sowohl das Familienrechtsänderungsgesetz von 1961[78], als auch das Gesetz über die rechtliche Stellung nichtehelicher Kinder von 1969[79] brachten erhebliche Änderungen hinsichtlich der Abstammungsklärung[80].

---

[74] BGHZ 5, 385 (398).

[75] BVerfG, Beschluß v. 23.10.1958, E 8, 210 (215).

[76] BVerfGE 8, 210 (215).

[77] BVerfGE 8, 210 (221).

[78] Das Familienrechtsänderungsgesetz v. 11.8.1961 (BGBl. I, 1221) trat zum 1. Januar 1962 in Kraft.

[79] Das Gesetz über die rechtliche Stellung nichtehelicher Kinder v. 19.8.1969 (BGBl. I, 1243) trat zum 1. Juli 1970 in Kraft.

[80] Ausführlich hierzu: Zimmermann, Geschichte der Abstammungsfeststellungsklage, S. 202 ff.

1. Familienrechtsänderungsgesetz von 1961

Mit der Neufassung der §§ 640, 644 ZPO a.F.[81] durch das Familienrechtsänderungsgesetz von 1961 wurde die Abstammungsfeststellungsklage als Statusklage vom Gesetzgeber anerkannt. Das bis dahin geltende Ehelichkeitsanfechtungsrecht der Staatsanwaltschaft nach § 1595a BGB a.F. wurde beseitigt, weil staatliche Eingriffe in die Familie nicht mehr durch ein genügendes öffentliches Interesse an der Abstammung gerechtfertigt seien[82]. Stattdessen wurde ein eigenes Anfechtungsrecht des Kindes und ein subsidiäres Anfechtungsrecht der Eltern des Mannes eingeführt (§§ 1596, 1597, 1598 BGB a.F.)[83]. Hiermit hatten eheliche Kinder zum ersten Mal selbst die – wenn auch begrenzte – Möglichkeit, Zweifel an ihrer Abstammung zu klären. Allerdings hatte nach der Konzeption der §§ 1596, 1598 BGB a.F. das Kind im Wesentlichen nur für den Fall des Scheiterns der Ehe seiner Eltern die Möglichkeit der Ehelichkeitsanfechtung. Hinter dieser Regelung stand das Bestreben, den Familienfrieden und damit auch das ungestörte Aufwachsen des Kindes innerhalb kontinuierlicher sozialer Bindungen umfassend zu gewährleisten[84].

2. Gesetz über die rechtliche Stellung nichtehelicher Kinder von 1969

Das Gesetz über die rechtliche Stellung der nichtehelichen Kinder vom 19. August 1969 ordnete die bürgerlich-rechtliche Stellung des nichtehelichen Kindes neu, um den Gesetzgebungsauftrag des Art. 6 V des Grundgesetzes, den unehelichen Kindern die gleichen Bedingungen für ihre leibliche und seelische Entwicklung und ihre Stellung in der Gesellschaft zu schaffen wie den ehelichen Kindern, zu erfüllen[85]. Der Gesetzgeber erklärte die sofort bei der Geburt vorzunehmende Zuordnung des nichtehelichen Kindes zu seinem Vater als öffentliche Aufgabe. Nach dem neu ins BGB aufgenommenen § 1600a BGB a.F. war die Vaterschaft möglichst bald nach der Geburt durch Herbeiführung der freiwilligen Anerkennung oder durch gerichtliche Feststellung mit Wirkung für und gegen alle festzustellen[86]. Weiterhin wurde § 1589 II BGB a.F. gestrichen. Damit wurden verwandtschaftliche Beziehungen des nichtehelichen Kindes zu seinem Vater zum ersten Mal gesetzlich uneingeschränkt anerkannt. Dies hatte in erster Linie erbrechtliche Konsequenzen.

Gleichzeitig wurde die Abstammungsfeststellungsklage als Statusklage nach Voraussetzungen und Anwendungsbereich genau definiert und in der Zivilprozessordnung in den §§ 640 bis 641k geregelt. Als Begründung gab der Gesetzgeber an,

81 vgl. Zimmermann, Geschichte der Abstammungsfeststellungsklage, S. 200 ff.
82 BT-Drucksache III/530 v. 7.8.1958, S. 2, 14.
83 Die entsprechend geänderten Gesetzestexte abgedruckt in: Schnitzerling, Recht des nichtehelichen Kindes ab 1970, S. 9 ff.
84 Lange, NJW 1962, 1697 (1698).
85 Ausführlich hierzu: Deichfuß, Abstammungsrecht und Biologie, S. 59-78.
86 Schnitzerling, Recht des nichtehelichen Kindes ab 1970, S. 12; Beschlüsse des 44. Deutschen Juristentages, FamRZ 1962, 401 (401).

nichteheliche Kinder seien in einer benachteiligten Situation, weil ihre Eltern „nicht in einem dauerhaften und rechtlich geschützten Familienstand zusammenleben“[87]. Diesen sei die Möglichkeit zu geben, ihren wirklichen Vater durch ein gerichtliches Verfahren feststellen zu lassen. Die Feststellung des wahren Vaters sei nicht nur ein Gebot der Gerechtigkeit, sondern werde auch durch das Wohl des Kindes gefordert. Das Kind habe ein schutzwürdiges Interesse daran, dass seine blutsmäßige Abstammung festgestellt werde[88].

3. Entwicklung in der Rechtsprechung

Nach den Reformen von 1961 und 1969 äußerte sich die Rechtsprechung nur vereinzelt zu dem Interesse des Kindes an der Kenntnis seiner genetischen Abstammung.

In einem Urteil des Bundesverfassungsgerichts aus dem Jahre 1973[89] wurde es mit dem Grundgesetz für vereinbar erklärt, dass auch in Kindschaftssachen ein Prozessvertreterverschulden der vertretenen Partei nach § 232 II ZPO a.F. zugerechnet wird. Entscheidendes Argument war, dass das „Bürgerliche Recht im Interesse des Kindes und des Familienfriedens nicht in allen Fällen eine Gewähr dafür gibt, dass die Abstammungsverhältnisse zutreffend klargestellt werden“[90]. Das Gericht betonte zwar den hohen Wert einer Klarstellung der wirklichen Abstammungsverhältnisse, hielt jedoch den Kernbereich des allein herangezogenen Art. 2 I GG (allgemeine Handlungsfreiheit) nicht für verletzt[91]. Eine weitere Prüfung erschien nicht notwendig, da eine Einschränkung der allgemeinen Handlungsfreiheit schon durch die verfassungsmäßige Ordnung zulässig sei und es dem Gesetzgeber nicht verwehrt gewesen sei, sich zu Lasten der Einzelfallgerechtigkeit für die Rechtssicherheit zu entscheiden[92].

Diese Entscheidung ist überwiegend auf Ablehnung gestoßen[93]. Im normalen Zivilprozess könne es hingenommen werden, wenn einer Partei das Verschulden ihres Vertreters an der Versäumung einer Rechtsmittelfrist zugerechnet werde, zumal in den meisten Fällen der Fehler des Rechtsanwalts im Regresswege ausgeglichen werden könne. Anders liege es bei Verfahren in Kindschaftssachen, in denen eine falsche Entscheidung „irreparabel“ sei und das Persönlichkeitsrecht der Parteien berühre[94].

Weiterhin wurde Mitte der 70er Jahre darüber diskutiert, ob und inwieweit die nichteheliche Mutter verpflichtet sei, den Namen des Vaters bekannt zu geben.

[87] BT-Drucksache V/2370 v. 7.12.1967, S. 18.
[88] BT-Drucksache V/2370 v. 7.12.1967, S. 37.
[89] BVerfG, Urteil v. 8.5.1973, E 35, 41 ff.
[90] BVerfGE 35, 41 (48).
[91] BVerfGE 35, 41 (49, 50).
[92] BVerfGE 35, 41 (49).
[93] Siehe Berkemann, FamRZ 1974, 294 (295); Schultz, MDR 1974, 196 (196, 197); Bosch, FamRZ 1993, 308 (308); Schneider, MDR 1990, 596 (597).
[94] Schultz, MDR 1974, 196 (196, 197).

Ausgangspunkt dieser Diskussion war die Sorgerechtsregelung für das Kind. Nach § 1706 BGB a.F. war die nichteheliche Mutter in bestimmten Angelegenheiten, zu denen auch die Feststellung der Vaterschaft gehört, von der Wahrnehmung des Sorgerechts ausgeschlossen. Wegen eines möglichen Interessenkonflikts war für die Vaterschaftsfeststellung daher eine Amtspflegschaft angeordnet. Nach § 1707 II BGB a.F. konnte diese Amtspflegschaft jedoch auf Antrag der Mutter aufgehoben werden, wenn dies dem Wohl des Kindes nicht widersprach.

Der Stand der Diskussion wird in einem Urteil des Bundesgerichtshofs vom 11.11.1981 deutlich, in dem entschieden wurde, dass es in der Regel dem Wohl des Kindes widerspreche, die Amtspflegschaft aufzuheben, wenn die Mutter eines nichtehelichen Kindes den Namen des Vaters verschweigt[95]. In diesem Fall hatte die begüterte Antragsstellerin das Kind in notariellem Testament als Alleinerben eingesetzt und den Namen des Vaters in einem Umschlag hinterlegt, der im Falle ihres Todes geöffnet werden sollte. Der Bundesgerichtshof entschied, dass die Intimsphäre der Mutter grundrechtlich geschützt sei, sie also nicht gezwungen werden dürfe, den Namen des Mannes zu nennen. Das Kind habe aber seinerseits gegenüber dem nichtehelichen Vater Rechte. Zum Aufgabenbereich des Amtspflegers gehöre neben der Durchsetzung der materiellen Interessen und Rechte des Kindes auch die Wahrung der ideellen Interessen des Kindes wie die Feststellung der Abstammung. Ausdrücklich wies das Gericht darauf hin, dass dieses Recht als Bestandteil des allgemeinen Persönlichkeitsrechts durch Art. 1 und 2 GG geschützt sei und die Rechtsprechung schon früh zur Anerkennung der positiven Statusklage des nichtehelichen Kindes bewogen habe[96]. Dieses Kindesinteresse wird im weiteren mit der Gefahr inzestuöser Verbindungen, möglichen Schwierigkeiten in der Persönlichkeitsentwicklung und der Notwendigkeit, im Krankheitsfall seine Erbanlagen zu kennen, begründet[97]. Solange die Mutter diese Aufgabe nicht übernehme, und dies hatte sie durch die Weigerung der Namensnennung nicht getan, sei die Amtspflegschaft nötig[98].

Während bei der Sorgerechtsregelung die nichteheliche Mutter im Falle ihres Schweigens lediglich damit rechnen musste, dass dem Aufhebungsantrag für die Amtspflegschaft nicht stattgegeben wurde, ging es Ende der 80er Jahre darum, ob das nichteheliche Kind selbst einen Anspruch gegen seine Mutter auf Auskunft über die Person des leiblichen Vaters habe. Stets war in Rechtsprechung und Literatur anerkannt, dass ein Auskunftsanspruch des nichtehelichen Kindes gegen seine Mutter auf Nennung des leiblichen Vaters nicht bestehe[99]. Für einen solchen Anspruch fehlte

---

[95] BGH, Urteil v. 11.11.1981, FamRZ 1982, 159 ff.
[96] BGH, FamRZ 1982, 159 (160).
[97] BGH, FamRZ 1982, 159 (160).
[98] BGH, FamRZ 1982, 159 (160).
[99] BGH, Urteil v. 20.10.1958, FamRZ 1959, 16 (17); BGH, FamRZ 1982, 159 (160); BayOLG, Beschluß v. 6.6.1972, FamRZ 1972, 521 (522); LG Köln, Beschluß v. 30.10.1962, FamRZ 1963, 55 (55, 56); Beschlüsse des 44. Deutschen Juristentages, FamRZ 1962, 401 (401); Zusammenstellung der Rechtsprechung und weitere Nachweise zum Streitstand: Kleineke, Recht auf Kenntnis der eigenen Abstammung, 1976, S. 147 ff.; zu der historischen Entwicklung, Frank/Helms, FamRZ 1997, 1258 ff.

de lege lata ein Anhaltspunkt im BGB und de lege ferenda sprach gegen ihn das Recht der Mutter auf Schutz ihrer Intimsphäre. Dementsprechend fasste der 44. Deutsche Juristentag ausdrücklich den Beschluss: „Eine Verpflichtung der Mutter, den Erzeuger des unehelichen Kindes zu benennen, ist nicht vorgesehen.“[100].

Das Amtsgericht[101] und das Landgericht[102] Passau hielten einen solchen Anspruch jedoch für gegeben und zogen zu seiner Begründung § 1618a BGB i.V.m. §§ 1934a BGB a.F. und Art. 6 V GG heran[103]. Die Verfassungsbeschwerde der Mutter, die sich in ihrem Persönlichkeitsrecht verletzt fühlte, wurde vom Bundesverfassungsgericht[104] nicht angenommen. In seinem Nichtannahmebeschluss berief sich das Verfassungsgericht auf Art. 6 V GG und legte dar, dass das nichteheliche Kind nur dann eine Chance habe, dem ehelichen Kind gleichgestellt zu sein, wenn es seinen Vater kenne. Diese Kenntnis sei wichtig, um die seit dem Nichtehelichengesetz verstärkten rechtlichen Beziehungen nutzen zu können. Gegenüber diesen verfassungsrechtlich verbürgten Werten müsse das Persönlichkeitsrecht der Mutter auf Intimsphäre zurücktreten. Mit diesem Beschluss hat das Bundesverfassungsgericht das Recht auf Kenntnis der eigenen Abstammung zumindest für nichteheliche Kinder auf Grund einer Wertentscheidung des Art. 6 V GG gegenüber dem Selbstbestimmungsrecht der Mutter über die Offenbarung persönlicher Lebenssachverhalte, wie etwa der Person ihres Geschlechtspartners, als vorrangig angesehen. Ob und in welchem Zusammenhang ein solches Recht auch ehelichen Kindern zustehen könnte, war allerdings noch ungewiss[105].

4. Diskussion in der Literatur

In der Folge wandte sich die Diskussion den bisher nicht in den Blickpunkt geratenen Spezialproblemen zu. Die Diskussion um rechtliche Regelungen im Bereich der Fortpflanzungsmedizin hat die Frage des Rechts auf Kenntnis der genetischen Abstammung erneut in die rechtliche Erörterung gebracht.

In der ersten eingehenden Untersuchung zu diesem Thema sprach sich Dölle ausdrücklich dafür aus, im Falle einer gesetzlichen Regelung der heterologen Insemination[106] dafür Sorge zu tragen, dass dem Kind gegenüber die Herkunft aus der

---

[100] Beschlüsse des 44. Deutschen Juristentages, FamRZ 1962, 401 (401).

[101] AG Passau, Urteil v. 15.7.1987, FamRZ 1987, 1309 ff.

[102] LG Passau, Urteil v. 26.11.1987, NJW 1988, 144 ff.

[103] Eine eingehende Erörterung dieser Problematik erfolgt im Kapitel 2 C. An dieser Stelle soll lediglich der Diskussionsstand um das Recht auf Kenntnis der genetischen Abstammung aufgezeigt werden.

[104] BVerfG, Beschluß v. 18.1.1988, NJW 1988, 3010.

[105] Aus den herangezogenen Belegen ergibt sich eindeutig, dass das Recht des Kindes auf Kenntnis seiner Abstammung nur im Zusammenhang mit dem Nichtehelichenrecht erörtert wurde. Warum daraus keine Konsequenzen für das Recht der ehelichen Kinder gezogen wurden (obwohl das ehelich geborene Kind bis 1961 keinerlei Möglichkeit hatte, seine Ehelichkeit anzufechten), ist unverständlich.

[106] Vgl. FN 1.

heterologen Insemination verheimlicht werde, um seine ungestörte Entwicklung zu gewährleisten[107]. Für diesen Fall fordert er zugleich, das Ehelichkeitsanfechtungsrecht des Ehemannes auszuschließen, wenn er der heterologen Insemination zugestimmt habe[108]. Da auf diese Weise die Ehelichkeit des Kindes gesichert sei, bestehe unter dem Aspekt der Sicherung von Unterhalt und erbrechtlichen Ansprüchen kein Anlaß für eine Berufung auf ein Recht des Kindes auf Kenntnis seiner Abstammung[109].

Giesen wendet gegen die heterologe Insemination ein:
„Die im Verlangen nach einer Besamung mit anonymem Sperma zum Ausdruck kommende geringschätzige Auffassung von der Auswechselbarkeit des Mannes und der Austausch und Kauf menschlichen Samens verstoßen gegen die Menschenwürde, da sie eine Missachtung der Person des Mannes darstellen. Aber nicht nur, dass der Mann zu einer auswechselbaren Nummer, zu einer vertauschbaren Größe degradiert; nicht nur, dass es die kindsüchtige Frau dem Arzt überlässt zu bestimmen, von wem das Kind abstammen soll. Auch das Verhältnis zum Kind wird auf einer Dauerlüge aufgebaut; es wird systematisch in seinem Recht getroffen, seine Herkunft zu erfahren."[110].

Pasquay hat im Jahre 1968 dieses Problem tiefergehend in seiner Dissertation analysiert. Er folgerte die Rechtswidrigkeit einer Verwendung von Samen anonymer Spender aus der Menschenwürde. Durch den Handel mit Samen werde die Menschenwürde des Samenspenders verletzt. Seine Einwilligung sei unbeachtlich, da die Menschenwürde ein unverzichtbares, höchstpersönliches Gut sei[111]. Zur Rechtsstellung des durch künstliche Insemination erzeugten Kindes führte er aus:
„In jedem Fall ist die Würde des Kindes verletzt, wenn gleichzeitig alles getan wird, die Kenntnis der blutsmäßigen Abstammung unmöglich zu machen. Damit ist das Kind in seinem anerkannten Menschenrecht verletzt, seine Abstammung zu erfahren; denn zum Wesen eines Menschen gehört es, im Strom der Geschichte, in der Generationsfolge, einen festen und auch blutsmäßig bestimmbaren Platz zu haben[112]*. Dieses Recht auf Kenntnis der Abstammung ist Ausfluss des allgemeinen Persönlichkeitsrechtes, das verfassungsrechtlich in Art. 1 Abs. 1 GG verbürgt ist."*[113].

Zu erwähnen ist insbesondere die Monographie von Kleineke aus dem Jahre 1976, in der dieser erstmalig umfassend das Recht des Kindes auf Kenntnis seiner Abstammung behandelt hat. Die Frage nach den Ursprüngen des eigenen Daseins, das Interesse an der Aufhellung der eigenen Herkunft versteht Kleineke als ein für die Persönlichkeitsfindung des Menschen wertvolles Wissen, welches in Art. 1 I und Art. 2 I GG verfassungsrechtlich verankert sei[114]. Art. 6 V GG sei als Verstärkung des

---

[107] Dölle, in FS Rabel, S. 187 (240, 244).
[108] Dölle, in FS Rabel, S. 187 (244).
[109] Dölle, in FS Rabel, S. 187 (245).
[110] Giesen, Künstliche Insemination als ethisches und rechtliches Problem, 1962, S. 174; ders. FamRZ 1965, 248 (249, 250).
[111] Pasquay, Künstliche Insemination, S. 152.
[112] Pasquay, Künstliche Insemination, S. 155.
[113] Pasquay, Künstliche Insemination, S. 156; vgl. auch Guggumos, NJW 1947/48, 59 (60).
[114] Kleineke, Recht auf Kenntnis der eigenen Abstammung, S. 50, 51.

Schutzes des Rechts auf Kenntnis der eigenen Abstammung bei nichtehelichen Kindern zu verstehen[115]. Zur Zulässigkeit der heterologen Insemination führte er aus, dass diese „aufgrund der Anonymität des Spermators wegen Verstoßes gegen die in Art. 1 I und 2 I des Grundgesetzes zum Ausdruck kommende objektive Wertordnung verfassungsunrecht und objektiv rechtswidrig sei“[116].

V. Zusammenfassung Teil A

Das Recht des Kindes auf Kenntnis der genetischen Abstammung ist seit der Schaffung des Bürgerlichen Gesetzbuches immer wieder erörtert worden. Der Hintergrund dieser Diskussion hat sich jedoch im Laufe der Zeit wesentlich verändert. Bei der Entstehung des Bürgerlichen Gesetzbuches beurteilte der Gesetzgeber die Frage der Abstammungsklärung allein unter privatwirtschaftlichem Aspekt. Es wurde nicht von einem Recht des Kindes auf Kenntnis der genetischen Abstammung gesprochen; die Feststellung der Vaterschaft war allein für die Durchsetzung etwaiger Unterhaltsansprüche von nichtehelichen Kindern als Vorfrage der sog. Paternitätsklage von Bedeutung.

Ein über die Unterhaltsfragen hinausgehendes allgemeines Interesse an der Ermittlung des Vaters entstand erst in der Zeit des Nationalsozialismus. Dort wurde aufgrund der rassischen Belange der Nationalsozialisten sowohl dem unehelichen, als auch dem ehelichen Kind ein über den Unterhaltsanspruch hinausgehendes Interesse an der Feststellung der Vaterschaft eingeräumt. Mit der schlagartigen Steigerung der Bedeutung der Abstammung seit 1933 setzte sich die Abstammungsfeststellungsklage allgemein durch.

In bewusster Abkehr von der Ideologie der Nationalsozialisten war es in der Nachkriegszeit Aufgabe des Verfassungsgebers, die Persönlichkeit des Menschen und auch das Recht auf Kenntnis der genetischen Abstammung anzuerkennen und zu schützen. Im Falle der nichtehelichen Abstammung wurde diesen Aspekten durch die Aufrechterhaltung der Abstammungsfeststellungsklage Rechnung getragen. Allerdings wurden sodann die rassischen Argumente zur Rechtfertigung dieser Klage im Nichtehelichenrecht durch das Persönlichkeitsrecht des Kindes ersetzt. Anders als in der Zeit des Nationalsozialismus wurde die Frage, ob ein eheliches Kind die Abstammungsfeststellungsklage erheben dürfte, nicht diskutiert.

Auch nach der Einführung des Familienrechtsänderungsgesetzes von 1961 und dem Gesetz zur rechtlichen Stellung nichtehelicher Kinder von 1969 fand die Diskussion um das Recht des Kindes auf Kenntnis der genetischen Abstammung keinen Abschluss. Im Recht der nichtehelichen Abstammung wurde über eine Auskunftspflicht der Mutter zur Nennung des Vaters des nichtehelichen Kindes diskutiert; die genetische Abstammung und das Wissen darum wurden

[115] Kleineke, Recht auf Kenntnis der eigenen Abstammung, S. 51.
[116] Kleineke, Recht auf Kenntnis der eigenen Abstammung, S. 299.

verfassungsrechtlich erörtert. Ausgehend von diesem Hintergrund wurde zudem versucht, die mit der künstlichen Befruchtung verbundenen Probleme zu lösen.

Der historische Rückblick auf die Diskussion um das Recht auf Kenntnis der genetischen Abstammung zeigt, dass diese Thematik nicht nur eine Erscheinung der modernen Zeit darstellt. Vielmehr ist die Erörterung dieser Problematik als Spiegelbild der Einzelbedürfnisse der Menschen zu bewerten, denen der Gesetzgeber unter Berücksichtigung aller Interessen verpflichtet ist.

B. Die Notwendigkeit eines verfassungsrechtlichen Schutzes für das Recht des Kindes an der Kenntnis der genetischen Abstammung

Aufgrund der im vorangegangenen Abschnitt sichtbar gewordenen Bedeutung der Kenntnis der genetischen Abstammung stellt sich die Frage, ob und inwieweit das Interesse des Kindes an der Kenntnis der genetischen Abstammung als ein von der Verfassung geschütztes Recht bewertet werden kann. Im Folgenden werden die Begründungsansätze für einen solchen verfassungsrechtlichen Schutz der Abstammungskenntnis aufgezeigt und einander gegenübergestellt.

I. Menschenwürde (Art. 1 I GG)

Nach den grauenhaften Verbrechen des nationalsozialistischen Regimes, die die Würde des Menschen unter Berufung auf staatliche Ziele auf das schwerste verletzten, hat der Verfassungsgeber den Schutz der Menschenwürde an den Anfang des Grundgesetzes gestellt[117]. Die Menschenwürdegarantie des Art. 1 I GG fungiert somit als tragendes Konstitutionsprinzip[118], als wichtigste Wertentscheidung des Grundgesetzes[119], die auch im Wege der Verfassungsänderung (Art. 79 III GG) nicht berührt werden darf.

1. Grundrechtsqualität des Art. 1 I GG

Wegen der Schwierigkeit, dem Begriff der Menschenwürde juristisch greifbare Konturen zu verleihen[120] und der in Art. 1 III GG statuierten Bindung der öffentlichen Gewalt an die „nachfolgenden Grundrechte" wird zum Teil die Grundrechtsqualität der Menschenwürdegarantie in Art. 1 I GG verneint[121].

An der Anerkennung der Menschenwürdegarantie als verbindliche Grundrechtsbestimmung sollte gerade bei Art. 1 I GG, der am Anfang des Grundrechtskatalogs[122] und systematisch im Zentrum der Grundrechtsgarantien steht, kein Zweifel bestehen. Schon in der Formulierung des Art. 1 I GG steht die Zuordnung des Schutz-

---

[117] Jarass, in Jarass/Pieroth, GG-Kommentar, Art. 1, Rdnr. 1; Manssen, Staatsrecht II, § 9, Rdnr. 177.
[118] BVerfG, Beschluß v. 20.10.1992, E 87, 209 (228); Häberle, in Isensee/Kirchhof, HbStR I, § 20, Rdnr. 7, 56; Höfling, in Sachs, GG-Kommentar, Art. 1, Rdnr. 5; Jarass, in Jarass/Pieroth, GG-Kommentar, Art. 1, Rdnr. 2; Vitzthum, JZ 1985,201 (202).
[119] Vitzthum, JZ 1985, 201 (202); Jarass, in Jarass/Pieroth, GG-Kommentar, Art. 1, Rdnr. 2; Hoerster, JuS 1983, 93 (94).
[120] Nach Ansicht des BVerfG ist der Begriff der Menschenwürde ein unbestimmter Rechtsbegriff, dessen Inhalt nicht absolut, sondern immer nur in Ansehnung des konkreten Falles bestimmt werden kann; BVerfG, Beschluß v. 15.12.1970, E 30, 1 (25).
[121] Dürig, AöR 81, 117 (120); ders., NJW 1954, 1394 (1394); Dreier-Dreier, GG-Kommentar, Art. 1, Rdnr. 69 ff. m.w.N.
[122] Vgl. die „Überschrift von Abschnitt I im GG: Die Grundrechte".

gegenstandes „Würde“ zu ihrem Träger, dem „Menschen“, ganz vorne[123]. Sie geht damit der erst im zweiten Satz ausdrücklich ausgesprochenen Verpflichtung aller staatlichen Gewalt zur Achtung und zum Schutze dieser Würde voraus. Es fehlt jede Grundlage für die Annahme, die Würde des Menschen könnte aus einem anderen Grunde als um seiner selbst willen geschützt sein[124]. Ferner wäre es widersinnig, wenn diese Verpflichtung die Grundrechtsträger nur im Wege des Reflexes begünstigte, ihnen aber keine subjektive Rechtsposition vermittelte[125]. Schließlich legt der besondere Rang der Menschenwürdegarantie in der Grundrechtsordnung und ihre zentrale Funktion für den Schutz des Einzelnen als selbstbestimmte Person den Grundrechtscharakter nahe[126]. Da der Mensch in der Würdegarantie als Subjekt geschützt ist, läuft der Zweck der Norm folgerichtig auf eine subjektiv-rechtliche Gewährleistung hinaus[127]. Daher überzeugt die Deutung der Menschenwürde als Grundrecht[128]. Die Wirkungsrichtung des Menschenwürdeschutzes ist in Art. 1 I GG zum einen durch die Unantastbarkeit, zum anderen durch die Verpflichtung aller staatlichen Gewalt, sie zu achten und zu schützen, definiert[129]. Nicht nur die abwehrrechtliche Funktion der Menschenwürdegarantie, sondern auch ihre Schutzdimension ist als subjektiv-rechtliche Gewährleistung zu verstehen[130].

2. Inhalt der Menschenwürdegarantie

Die Reichhaltigkeit und Vielfalt der Vorstellungen über die Menschenwürde in Vergangenheit und Gegenwart[131] schließen es aus, den unbestimmten Rechtsbegriff „Würde“ zufriedenstellend zu definieren[132]. Angesichts der Schwierigkeiten, dem Begriff der Menschenwürde greifbare Konturen zu verleihen, wird verbreitet auf eine Definition des Schutzgegenstandes „Menschenwürde“ verzichtet und stattdessen eine Perspektive gewählt, die den Schutzgegenstand der Menschenwürde von ihrer

---

[123] Sachs, Verfassungsrecht II, B 1, Rdnr. 5.

[124] Sachs, Verfassungsrecht II, B 1, Rdnr. 5.

[125] Ipsen, Staatsrecht II, § 4, Rdnr. 219; Sachs bezeichnet es als „Perversion einer solchen Garantie“, wollte man dem Einzelnen den Schutz seiner Würde nur als bloßen Rechtsreflex zukommen lassen, Verfassungsrecht, B1, Rdnr. 5.

[126] Herdegen, in Maunz/Dürig, GG-Kommentar, Art. 1, Rdnr. 26; Sachs, Verfassungsrecht II, B 1, Rdnr. 5.

[127] Starck, in v. Mangolt/Klein/Starck, Bonner GG, Art. 1, Rdnr. 26.

[128] Höfling, in Sachs, GG-Kommentar, Art. 1, Rdnr. 3 ff.; Herdegen, in Maunz/Dürig, GG Kommentar, Art. 1, Rdnr. 26; Starck, in v. Mangolt/Klein/Starck, Bonner GG, Art. 1, Rdnr. 28; Pieroth/Schlink, Staatsrecht II, § 7, Rdnr. 350.

[129] Höfling, in Sachs, GG-Kommentar, Art. 1, Rdnr. 38; Antoni, in Seifert/Hömig, GG-Kommentar, Art. 1, Rdnr. 8; Sachs, Verfassungsrecht II, B 1, Rdnr. 6.

[130] Höfling, in Sachs, GG-Kommentar, Art. 1, Rdnr. 38.

[131] Eingehend hierzu Häberle, in Isensee/Kirchhof, HbStR I, § 20, Rdnr. 5 ff.

[132] Kunig, in v. Münch/Kunig, GG-Kommentar, Art. 1, Rdnr. 22; ähnlich Häberle, in Isensee/Kirchhof, HbStR I, § 20, Rdnr. 46 m.w.N.; Pieroth/Schlink, Grundrechte, § 7, Rdnr. 353.

Beeinträchtigung her zu erfassen sucht[133]. Hervorzuheben ist die von Günter Dürig entwickelte[134] und vom Bundesverfassungsgericht in seiner Judikatur angewandte[135] Objektformel. Danach ist die Menschenwürde dann betroffen, wenn ein Mensch zum bloßen Objekt staatlichen Handelns gemacht wird[136]. Das Bundesverfassungsgericht nimmt dazu allerdings an, die Behandlung des Menschen berühre die Menschenwürde nur, wenn sie Ausdruck der Verachtung des Wertes des Menschen als Person sei[137]. Art. 1 I GG schütze die Würde des Menschen, wie er sich in seiner Individualität selbst begreife und seiner selbst bewusst werde[138].

3. Herleitung des Kenntnisrechts aus der Menschenwürde

Ein „absolutes Recht jedes Menschen auf Kenntnis seiner natürlichen Abstammung"[139] gibt es dann, wenn die Möglichkeit der Erlangung dieser Kenntnis in der Menschenwürdegarantie enthalten ist. Von einigen Autoren[140] wird das Recht auf Kenntnis der eigenen Abstammung der Menschenwürdegarantie des Art. 1 I GG entnommen. „In dasjenige, was das Menschensein eines einzelnen Menschen ausmacht, kann niemand eingreifen."[141]. Zum Wesen eines Menschen gehöre, was ihn von anderen Menschen unterscheide, seine unverwechselbare Individualität[142]. Aufgrund der verschiedenen genetischen Strukturen werde schon mit der Zeugung des Menschen seine unverwechselbare Individualität begründet. Damit der Mensch sich aber in seinem geschichtlichen Dasein verstehen und sich damit auch der Herkunft seiner genetischen Beschaffenheit bewusst werden könne, sei das Wissen um die genetische Abstammung von elementarer Bedeutung[143]. Werden dem Menschen daher Informationen über seine Abstammung vorenthalten, so werde dadurch in seine Wesenheit eingegriffen, die durch Art. 1 I GG geschützt sei[144].

Dieser Auffassung ist in dem Maße zuzustimmen, wie sie davon ausgeht, dass die Individualität zum Wesen des Menschen gehöre und das Wissen um die genetische Abstammung für das Selbstverständnis des Einzelnen von herausragender Bedeutung ist. Allein die Heranziehung des Art. 1 I GG zum Schutze der Abstammungskenntnis

---

[133] Sachs, Verfassungsrecht, B 1, Rdnr. 10.
[134] Dürig, JR 1952, 259 ff.; Dürig, AöR 81, 117 (127).
[135] BVerfG, Beschluß v. 16.7.1969, E 27, 1 (16); BVerfG, Urteil v. 15.12.1970, E 30, 1 (26); BVerfG, Beschluß v. 17.1.1979, E 50, 166 (175).
[136] Dürig, AöR 81, 117 (127).
[137] BVerfGE 30, 1 (26).
[138] BVerfG, Beschluß v. 11.10.1978, E 49, 286 (298).
[139] Mansees, NJW 1988, 2984 (2984).
[140] Holzhauer, FamRZ 1986, 1162 (1162); Laufs, JZ 1986, 769 (770); Mansees, NJW 1988, 2984 (2985).
[141] Mansees, NJW 1988, 2984 (2985).
[142] Mansees, NJW 1988, 2984 (2985).
[143] Mansees, NJW 1988, 2984 (2985); Laufs, JZ 1986, 769 (770).
[144] Mansees, NJW 1988, 2984 (2985).

stößt auf Bedenken[145]. Nach ständiger Rechtsprechung des Bundesverfassungsgerichts stellt die Menschenwürde das höchste Rechtsgut und den Mittelpunkt des grundgesetzlichen Wertsystems dar[146]. Der Rückgriff auf diese Fundamentalnorm ist wegen ihrer überragenden Bedeutung jedoch nur dann angebracht, wenn die auf Art. 1 GG beruhenden besonderen Grundrechte des hinter Art. 1 GG folgenden Grundrechtskatalogs keinen hinreichenden Schutz gewährleisten[147]. Denn Art. 1 I GG will nur die elementarsten Belange des Menschen schützen und Eingriffe in das von allen Unbezweifelte und Unbestrittene abwehren. Eine „inflationäre Verwendung"[148] des Menschenwürdearguments könnte daher zur Abwertung und Abnutzung des Art. 1 I GG als „tragendes Konstitutionsprinzip" führen[149].

Ferner ist die Menschenwürdegarantie des Art. 1 I GG keinerlei Begrenzungen unterworfen[150]. Weder Grundrechtsbestimmungen zugunsten anderer Menschen, noch solche zum Schutze sonstiger Verfassungsgüter können Eingriffe in die Menschenwürde rechtfertigen[151], weshalb bei der Berufung auf diese Grundnorm unserer Verfassung daher wohl auch im vorliegenden Sachzusammenhang eher Zurückhaltung geboten ist. Dass das Recht auf Kenntnis der eigenen Abstammung in bestimmten Fällen anderen verfassungsrechtlich garantierten Rechtsgütern zu weichen hat, dürfte außer Frage stehen[152]. Zur Begründung und Absicherung des Rechts auf Kenntnis der eigenen Abstammung ist ein Rückgriff auf Art. 1 I GG daher abzulehnen[153].

II. Allgemeines Persönlichkeitsrecht (Art. 2 I i.V.m. Art. 1 I GG)

Das allgemeine Persönlichkeitsrecht gewährleistet einen umfassenden Schutz der Persönlichkeit des Einzelnen, indem es als „unbenanntes" Freiheitsrecht solche Lücken im Persönlichkeitsschutz ausfüllt, die zwischen den speziellen Freiheits-

[145] Enders, NJW 1989, 881 (881, 882); Giesen, JZ 1989, 364 (367); Schmid-Didczuhn, JR 1989, 228 (229).
[146] BVerfGE 7, 198 (205); BVerfGE 35, 202 (225); BVerfGE 45, 187 (227); BVerfGE 48, 127 (163).
[147] Vitzthum, ZRP 1987, 33 (36); Giesen, JZ 1989, 364 (367).
[148] Vitzthum, ZRP 1987, 33 (33).
[149] Vitzthum, ZRP 1987, 33 (33); ders. JZ 1985, 201 (203); Dürig warnt davor, das Prinzip der Menschenwürde als „kleine Münze" zu behandeln, AöR 81, 117 (117).
[150] Höfling, in Sachs, GG-Kommentar, Art. 1, Rdnr. 11; Jarass, in Jarass/Pieroth, GG-Kommentar, Art. 1, Rdnr. 11; Pieroth/Schlink, Grundrechte, § 7, Rdnr. 365; Sachs, Verfassungsrecht, B 1, Rdnr. 30.
[151] Sachs, Verfassungsrecht, B 1, Rdnr. 30; Manseen, Staatsrecht II, Rdnr. 188.
[152] Vgl. BVerfG, das beim Auskunftsanspruch des Kindes gegen seine Mutter auf Nennung des leiblichen Vaters eine Abwägung zwischen dem Recht des Kindes auf Kenntnis seiner Abstammung und dem Persönlichkeitsrecht der Mutter vornimmt, NJW 1988, 3010 (3010); ähnlich LG Magdeburg, Beschluß v. 16.7.2001, StAZ 2003, 216 (217); ausführlich hierzu Kapitel II C.
[153] So auch Reinke, Recht des Kindes auf Kenntnis seiner genetischen Herkunft, S. 107; v. Sethe, Durchsetzbarkeit des Rechts auf Kenntnis der eigenen Abstammung, 1994, S. 72; Donhauser, Recht des Kindes auf Kenntnis der genetischen Abstammung, S. 55.

rechten[154] und den besonderen Persönlichkeitsrechten[155] bestehen[156]. Es wird in ständiger Rechtsprechung des Bundesverfassungsgerichts[157] verfassungsrechtlich aus Art. 2 I i.V.m. Art. 1 I GG abgeleitet und durch diese Normen gewährleistet. Zivilrechtlich ist es als sonstiges Recht im Sinne des § 823 I BGB anerkannt und entfaltet so seine Wirkung auch im Privatrecht[158].

1. Begründungsansatz aus dem allgemeinen Persönlichkeitsrecht

Das allgemeine Persönlichkeitsrecht wird als umfassendes subjektives Recht auf Achtung und Entfaltung der menschlichen Person verstanden[159]. Es schützt die engere persönliche Lebenssphäre, die Erhaltung ihrer Grundbedingungen[160] und sichert jedem einzelnen einen autonomen Bereich privater Lebensgestaltung[161].

Grundlage des allgemeinen Persönlichkeitsrechts ist primär Art. 2 I GG, beeinflusst durch das Grundrecht der Menschenwürde gemäß Art. 1 I GG, das einen uneinschränkbaren Kern dieses Rechts fixiert[162]. Dogmatisch dient das Gebot der Menschenwürde – das allen Grundrechten zugrunde liegt[163] – als verstärkendes Auslegungsprinzip für die gesamte Verfassung und insbesondere für die Erarbeitung des Schutzbereiches der einzelnen Grundrechte[164]. Das „tragende Konstitutionsprinzip" der Verfassung verstärkt die Gewährleistung des Art. 2 I GG zu einem umfassenden Schutz der Persönlichkeit des Menschen[165] und damit auch dessen konstitutive und kennzeichnende Merkmale[166]. Nach Auffassung des Bundesverfassungsgerichts[167] und einigen Stimmen in der Literatur[168] zählen hierzu vor allem

---

[154] Z.B. Gewissensfreiheit (Art. 4 I GG), Meinungsfreiheit (Art. 5 I 1 GG).

[155] Z.B. Namensrecht (§ 12 BGB) und Recht am eigenen Bild (§ 22 KunstUrhG); vgl. Jarass, NJW 1989, 857 (858 ff.); Brandner, JZ 1983, 689 (690).

[156] BVerfG, Beschluß v. 14.2.1973, E 34, 269 (281); BVerfG, Beschluß v. 3.6.1980, E 54, 148 (153).

[157] BVerfG, Beschluß v. 15.1.1970, E 27, 344 (351); BVerfGE 34, 269 (269); BVerfG, Urteil v. 5.6.1973, E 35, 202 (220); BVerfGE 54, 148 (153); BVerfG, Urteil v. 31.1.1989, E 79, 256 (268); so auch BGH, Urteil v. 25.5.1954, Z 13, 334 (338); BGH, Urteil v. 2.4.1957, Z 24, 72 (76); BGH, Urteil v. 14.2.1958, Z 26, 349 (354).

[158] Brandner, JZ 1983, 689 (689); Jarass, NJW 1989, 857 (858).

[159] Hubmann, Persönlichkeitsrecht, S. 249; Gottwald, in FS Hubmann, S. 111 (111); Brandner, JZ 1983, 689 (690); Jarass, in Jarass/Pieroth, GG-Kommentar, Art. 2, Rdnr. 30.

[160] BVerfGE 54, 148 (153); Jarass, in Jarass/Pieroth, GG-Kommentar, Art. 2, Rdnr. 30.

[161] Jarass, in Jarass/Pieroth, GG-Kommentar, Art. 2, Rdnr. 30.

[162] Jarass, in Jarass/Pieroth, GG-Kommentar, Art. 2, Rdnr. 29; Jarass, NJW 1989, 857 (857); BVerfG, Beschluß v. 3.6.1987, E, 75, 369 (380).

[163] Häberle, in Isensee/Kirchhof, HbStR I, § 20, Rdnr. 58.

[164] Häberle, in Isensee/Kirchhof, HbStR I, § 20, Rdnr. 11; Vitzthum, ZRP 1987, 33 (35); Fechner, JZ 1986, 653 (653); Sachs, Verfassungsrecht, B 1, Rdnr. 4.

[165] BVerfGE 34, 269 (281); BVerfGE 54, 148 (154); Murswiek, in Sachs, GG-Kommentar, Art. 2, Rdnr. 62; Brandner, JZ 1983, 689 (689).

[166] BVerfGE 34, 269 (281); BVerfGE 54, 148 (154).

[167] BVerfGE 35, 202 (220).

die Entwicklung und Wahrung der Individualität. Die Abstammung gehöre als Individualisierungsmerkmal, das Wissen um sie als ein Stück Selbsterkenntnis zur Persönlichkeit eines Menschen, die ein Recht auf Originalität, Eigensein und Individualität habe[169]. Zur Begründung wird aufgeführt:
Wer keinen oder mehrere Väter habe, sei kein ganzer Mensch[170]. Der Einzelne müsse in der Generationsfolge einen festen, blutsmäßig bestimmbaren Platz haben. Wer sich entgegen seinem Wunsche nicht an seinem leiblichen Vater erkennen könne, sei an der Entfaltung seiner Persönlichkeit gehindert[171]. Nur wer auf seine Abstammung zurückblicken könne, könne zu seiner Identität finden[172].Auf der Suche nach sich selbst dürfe die Herkunft nicht ein Rätsel bleiben[173].

Kleineke hat zum Beleg seiner These, dass Name und Abstammung zur Persönlichkeit des Menschen gehören, in erster Linie auf die Zeit des Nationalsozialismus verwiesen, in der versucht wurde, durch Namensänderung und Unterdrückung der wahren Abstammung Menschen ihrer ursprünglichen Persönlichkeit zu berauben[174].

2. Wissen um die Abstammung als Element der Persönlichkeit

Das Grundgesetz geht davon aus, dass der Mensch als geistig-sittliches Wesen darauf angelegt ist, in Freiheit und Selbstbewusstsein sich selbst zu finden und zu bestimmen[175]. Zu dem, was die Persönlichkeit des Menschen ausmacht und ihn befähigt, sich selbst zu bestimmen und sich seiner selbst bewusst zu werden, gehört aber auch die Herkunft eines Menschen und sein Wissen darum. So hat auch das Bundesverfassungsgericht betont, dass die Kenntnis über die Person eines Elternteils die Entwicklung eines Menschen beeinflussen kann[176]. Der Wunsch eines Kindes nach Kenntnis seiner Herkunft bezieht sich nicht so sehr auf das Wissen, einem bestimmten Familienverband anzugehören, sondern vielmehr darauf, die leibliche Mutter und den leiblichen Vater zu kennen[177]. Um einerseits zu einer persönlichen Identität zu gelangen und andererseits sich sozial zu plazieren, ist das Wissen um die eigene

---

[168] Guggumos, NJW 1947/48, 59 (60); Becker, ZBlJR 1979, 238 (243); Kleineke, Recht auf Kenntnis der eigenen Abstammung, S. 50, 51; Pasquay, Künstliche Insemination, S. 156.
[169] Hubmann, Persönlichkeitsrecht, S. 86; Murswiek, in Sachs, GG-Kommentar, Art. 2, Rdnr. 75a.
[170] Guggumos, NJW 1947/48, 59 (60).
[171] Pasquay, Künstliche Insemination, S. 156.
[172] Becker, ZBlJR 1979, 238 (243).
[173] Gernhuber, FamRZ 1973, 229 (237).
[174] Kleineke, Recht auf Kenntnis der eigenen Abstammung, S. 44 ff.
[175] Vgl. BGH, Beschluß v. 22.3.1961, Z 35, 1 (8).
[176] BVerfG, Beschluß v. 23.10.1958, E 8, 210 (215).
[177] Vgl. eine Studie im Rahmen einer Untersuchung über den „Adoptionserfolg“: Die überwiegende Zahl der Jugendlichen äußerten großes Interesse an mehr Informationen über die Herkunftsfamilie. Im Vordergrund stand der Wunsch nach mehr Wissen über die Gründe für die Freigabeentscheidung, aber auch über das Aussehen, die berufliche und gesellschaftliche Position der Eltern und deren jetziges Leben; Swientek, Wiederentdeckung der Schande, S. 177 ff.

Abstammung unentbehrlich, damit Kontinuität zwischen Vergangenheit und Gegenwart hergestellt, sowie ein Gefühl der genetischen Zugehörigkeit gewonnen wird. Demzufolge wird in die Persönlichkeit eines Menschen, die gemäß Art. 2 I i.V.m. Art. 1 I GG verfassungsrechtlichen Schutz genießt, eingegriffen, wenn ihm die Möglichkeit genommen wird, die Wurzeln des eigenen „Ich" zurückzuverfolgen[178].

Die dogmatische Anknüpfung eines verfassungsrechtlich verankerten Rechts auf Kenntnis der genetischen Abstammung an Art. 2 I i.V.m. Art. 1 I GG erscheint auch sachgerechter als die ausschließliche Argumentation mit der Menschenwürdegarantie, weil damit der Möglichkeit Rechnung getragen wird, Interessenkollisionen hinreichend zu berücksichtigen. Als Resultat ist daher festzuhalten, dass die deutsche Verfassung im Rahmen des umfassenden Persönlichkeitsschutzes gemäß Art. 2 I i.V.m. Art. 1 I GG auch ein Recht auf Kenntnis der blutsmäßigen Abstammung garantiert.

3. Grenzen des Rechts auf Kenntnis der eigenen Abstammung

Ebenso wie das allgemeine Persönlichkeitsrecht ist das Recht auf Kenntnis der eigenen Abstammung nicht grenzenlos gewährleistet. Vielmehr findet es als Bestandteil des allgemeinen Persönlichkeitsrechts seine Schranken in den Rechten Dritter, sowie der verfassungsmäßigen Ordnung und dem Sittengesetz, Art. 2 I, 2. Hs. GG. Denn nach dem Menschenbild des Grundgesetzes ist der Einzelne kein isoliertes Individuum, das seine Rechte uneingeschränkt ausüben könnte[179]. Er ist vielmehr ein Subjekt mit Sozialbezug und deshalb seinen Mitmenschen gegenüber zur Rücksicht verpflichtet[180].

So kann das Recht auf Kenntnis der genetischen Abstammung durch individuelle Rechtspositionen, wie etwa durch die aus Art. 1 und 2 GG folgenden Persönlichkeitsrechte anderer Beteiligter (beispielsweise die Intimsphäre der Mutter), den allgemeinen Gleichheitsgrundsatz[181] und insbesondere auch durch die in Art. 6 I GG garantierten Institute von Ehe und Familie[182] begrenzt werden. Für den konkreten Einzelfall, in dem sich verschiedene verfassungsrechtlich garantierte Rechtspositionen gegenüberstehen, ist durch Abwägung und Bewertung der kollidierenden Verfassungspositionen unter Berücksichtigung des Verhältnismäßigkeitsprinzips zu ermitteln, welcher Position der Vorrang einzuräumen ist[183]. Dem Recht auf Kenntnis der eigenen Abstammung kann also ein jeweils unterschiedlicher Stellenwert

---

[178] Die Aussage einer Adoptierten, die ihre Eltern noch nicht gefunden hat: „ Da, wo andere die Gewissheit ihrer Herkunft und ihrer Abstammung in sich tragen, ist bei mir ein dunkles Loch. Ich komme nirgendwo her und bin nur das, was ich im Verlauf meines Lebens geworden bin."; und die Aussage einer, die ihre leiblichen Eltern kennengelernt hat: „Ich war plötzlich kein Niemand mehr. Ich war plötzlich wer!", Swientek, Wiederentdeckung der Schande, S. 178 ff.

[179] Giesen, FamRZ 1965, 248 (249).

[180] BVerfG, Urteil v. 20.7.1954, E 4, 7 (15); BVerfGE 35, 202 (220).

[181] BVerfG, Beschluß v. 4.12.1974, E 38, 241 (253).

[182] Vgl. BVerfG, Urteil v. 31.1.1989, E 79, 256 (270).

[183] BVerfGE 35, 202 (221).

beizumessen sein. So kann beispielsweise unter bestimmten Voraussetzungen und in bestimmten Grenzen dem Recht eines Kindes, in einer intakten Familie aufzuwachsen, der Vorrang gegenüber der Klärung der genetischen Abstammungsverhältnisse einzuräumen sein[184]. Der Staat muss gemäß dem ihm in Art. 6 II 2 GG erteilten Auftrag darüber wachen, dass die Entwicklung des Kindes nicht mehr als unvermeidlich Schaden nimmt[185]. Bei der Abwägung der kollidierenden Interessen hat der Gesetzgeber jedoch weiter zu beachten, dass gemäß Art. 2 I i.V.m. Art. 1 I GG dem Recht auf Kenntnis der genetischen Abstammung besonderes Gewicht zukommt. Es muss daher nur dann zurücktreten, wenn sonst andere verfassungsrechtlich geschützte Rechtspositionen von hohem Wert ernsthaft gefährdet würden.

Ob und inwieweit der Gesetzgeber dieser verfassungsrechtlichen Bewertung des Rechts auf Kenntnis der genetischen Abstammung auf einfachgesetzlicher Ebene Rechnung getragen hat, wird noch zu zeigen sein[186].

III. Gleichstellungsgebot (Art. 6 V GG)

Vereinzelt wird auch Art. 6 V GG in Verbindung mit dem allgemeinen Persönlichkeitsrecht zur Begründung des Rechts auf Kenntnis der eigenen Abstammung bemüht[187]. Gemäß Art. 6 V GG sind den nichtehelichen Kindern durch die Gesetzgebung die gleichen Bedingungen für die leibliche und seelische Entwicklung und ihre Stellung in der Gesellschaft zu schaffen wie den ehelichen Kindern. Nach dem Bundesverfassungsgericht gehört zu den „gleichen Bedingungen“ des Art. 6 V GG auch die Gewissheit über die genetische Abstammung[188]. In seiner Entscheidung vom 29. Januar 1969 hat es darauf hingewiesen, dass Art. 6 V GG zu jenem Normbereich der Verfassung gehöre, der die innerhalb der sozialen Gemeinschaft sich frei entfaltende menschliche Persönlichkeit und ihre Würde in den Mittelpunkt des Wertsystems der Verfassung und des gesamten Rechtes stelle[189]. Dieser Hinweis auf die menschliche Persönlichkeit und ihre Würde verdeutlicht die Verbindung zum allgemeinen Persönlichkeitsrecht, als dessen Unterfall das Recht auf Kenntnis der eigenen Abstammung abgeleitet worden ist. Im Hinblick auf die Bedeutung des Art. 6 V GG im Zusammenhang mit der Abstammungskenntnis wird somit das grundrechtlich geschützte Recht für das nichteheliche Kind auf Kenntnis seiner Abstammung in besonderer Weise hervorgehoben[190]. Dieses Ergebnis wird

---

[184] Vgl. BVerfGE 38, 241 (251 ff.).
[185] BVerfGE 38, 251 (255).
[186] Diese Problematik ist Gegenstand des 2. Kapitels.
[187] Kleineke, Recht auf Kenntnis der eigenen Abstammung, S. 25.
[188] BVerfG, Beschluß v. 23.10.1958, E 8, 210 (214).
[189] BVerfG, Urteil v. 29.1.1969, E, 25, 167 (179).
[190] So auch Kleineke, Recht auf Kenntnis der eigenen Abstammung, S. 25 ff.; Donhauser, Recht des Kindes auf Kenntnis der genetischen Abstammung, 1996, S. 57.

auch vom Bundesverfassungsgericht selbst bestätigt[191], indem es das Recht auf Kenntnis der Abstammung aus Art. 2 I i.V.m. Art. 1 I GG ableitet und Art. 6 V GG lediglich bei der Abwägung der sich gegenüberstehenden Interessen einsetzt, um damit den Interessen des nichtehelichen Kindes den Vorzug einzuräumen.

IV. Verneinung eines verfassungsrechtlich geschützten Rechts auf Kenntnis der genetischen Abstammung

Die verfassungsrechtliche Anerkennung des Rechts auf Kenntnis der eigenen Abstammung ist vereinzelt auf Widerspruch gestoßen[192].

1. Wertloses und belastendes Wissen

Gegen die verfassungsrechtliche Anerkennung eines solchen Rechts wird eingewandt, dass der Wert der Kenntnis der eigenen leiblichen Abstammung auf biologisch-genetischer Ebene wegen der Besonderheiten des Vererbungsgeschehens äußerst gering, „so gut wie gleich null“ sei[193]. Wegen dieser Besonderheiten des Vererbungsgeschehens (insbesondere wegen der nicht bekannten Größen der Auswahl, Dominanz und Kombination des im Einzelfall weitergegebenen Erbgutes) könne ein Mensch aus einer noch so genauen Kenntnis seiner Erzeuger „keine in irgendeiner Form zuverlässigen Rückschlüsse auf seine eigenen natürlichen Veranlagungen (...) ziehen“[194]. Ein Recht auf Abstammungskenntnis sei daher für dessen Inhaber als wertlos zu deklarieren[195].

Als weiteres Argument gegen einen verfassungsrechtlichen Schutz der Abstammungserkenntnis wird ins Feld geführt, dass eine solche Kenntnis keine Stütze, sondern eher eine Belastung darstelle, wenn die leiblichen Vorfahren nicht identifikationswürdig seien, wie dies insbesondere für die ihr Kind zur Adoption freigebende Mutter angenommen wird[196]. Die Eignung solcher Eltern als Identifikationsvorbild für Kinder sei sehr zweifelhaft, da diese naturgemäß zuvor in der Erziehung und Betreuung versagt hätten, worin auch der Grund für die Weggabe des Kindes gelegen habe. Daher gelte auch hier um des Kindeswohles willen die

---

[191] BVerfG, Urteil v. 18.1.1988, NJW 1988, 3010 (3010); ausführliche Darstellung hierzu erfolgt im 2. Kapitel, C I 1.

[192] Deichfuß, Abstammungsrecht und Biologie, S. 124; ders., NJW 1988, 113 ff.; Hassenstein, FamRZ 1988, 120 ff.; Koch, FamRZ 1990, 569 ff.; Frank, FamRZ 1988, 113 ff.; ders., in GS Arens, S. 65 ff.; Gottwald, in FS Hubmann, S. 111 ff.; Ramm, JZ 1989, 861 ff.; Baumann, in FS Kaufmann, S. 537 ff.

[193] Koch, FamRZ 1990, 569 (573); Hassenstein, FamRZ 1988, 120 (121).

[194] Hassenstein, FamRZ 1988, 120 (121); gleiche Begründung bei Koch, FamRZ 1990, 569 (573).

[195] Hassenstein, FamRZ 1988, 120 (122).

[196] Hassenstein, FamRZ 1988. 120 (122); Frank, FamRZ 1988, 113 (119-120).

Forderung, der „faktischen Familie einen höheren Rang als der bloßen blutsmäßigen Beziehung" einzuräumen[197].

2. Einwand der mangelnden Realisierbarkeit

Vereinzelt wird zur Begründung für die Ablehnung eines Rechts auf Kenntnis der natürlichen Abstammung aufgeführt, dass es Fälle gebe, in denen aufgrund schicksalhafter Umstände die genetische Abstammung nicht mehr festgestellt werden könnte und ein solches Recht daher in der Lebenswirklichkeit oftmals leerlaufen würde[198].

3. Gesetzliche Durchbrechungen

Einige Stimmen in der Literatur lehnen die Verankerung des Rechts auf Kenntnis der Abstammung mit der Begründung ab, auf einfachgesetzlicher Ebene sei dieses Recht nur eingeschränkt und bruchstückhaft verwirklicht worden[199]. Begründet wird dies damit, dass das Gesetz die Nichtkenntnis der Abstammung in den Adoptionsvorschriften bewusst in Kauf nehme, da die Zulassung der Inkognito-Adoption gemäß § 1747 II BGB die Feststellung der genetischen Abstammung erschwere[200].

4. Stellungnahme

Ungeachtet dessen, dass auch aus medizinisch-genetischen Gründen ein erhebliches Interesse an der Kenntnis der biologischen Abstammung bestehen kann, geht es nach dem verfassungsrechtlichen Verständnis vom Wert der Persönlichkeit des Menschen bei der für die Persönlichkeitsbildung maßgeblichen Identitätssuche um einen seelisch-geistigen Prozeß. Es geht nicht allein um die genetische Konstruktion, sondern vielmehr um ein Stück Selbsterkenntnis und das Bewusstsein der eigenen geschichtlichen Existenz für das bessere Verständnis der eigenen Natur. Eine solche Erkenntnis als „wertlos" zu bezeichnen, erscheint daher sehr fragwürdig.

Ein Recht auf Persönlichkeitsfindung durch Kenntnis der leiblichen Vorfahren kann auch nicht deshalb verneint werden, weil die leiblichen Vorfahren nicht „identifikationswürdig" seien, das Wissen also insoweit keine Stütze, sondern eher eine Belastung sein könnte. Dieser Auffassung ist zwar insoweit zuzustimmen, dass die persönliche Kenntnis der leiblichen Vorfahren, sowie der Grund für die Weggabe

---

197 Hassenstein, FamRZ 1988. 120 (123); Frank, FamRZ 1988, 113 (119).

198 Deichfuß, NJW 1988, 113 (114); Frank, FamRZ 1988, 113 (114); Deutsch, MDR 1985, 177 (180).

199 Deichfuß, NJW 1988, 113 (114, 115); Frank, FamRZ 1988, 113 (114 ff.); Gottwald, in FS Hubmann, S. 111 (113 ff.); Baumann, in FS Kaufmann, S. 537 (539).

200 Deichfuß, NJW 1988, 113 (114); Baumann, in FS Kaufmann, S. 537 (539).

des eigenen Kindes in einigen Fällen zu seelischen Belastungen führen können. Diese Belastungen bestehen aber weiter und werden vielleicht erhöht, wenn das Kind weiß, dass seine sozialen Eltern nicht zugleich auch seine leiblichen Eltern sind, letztere aber nicht identifiziert werden können. Ferner ist zu bedenken, dass es auch auf dem Weg zur Suche nach der eigenen „Wahrheit" wichtig sein kann, negative Erfahrungen zu machen, diese zu verarbeiten und daraus zu lernen[201]. Im Übrigen kann die Ausübung jedes Rechts im Einzelfalle zu Belastungen führen; deshalb die Rechtsposition als solche zu leugnen, wäre widersinnig.

Es gab zu allen Zeiten Kinder, die ihre leiblichen Eltern nie kennengelernt haben und auch ohne dieses Wissen ihre Persönlichkeit bilden konnten. Dennoch verspüren diese Menschen den Mangel und wollen ihre Abstammung erfahren[202]. Dass bestimmte Rechtspositionen in der Realität manchmal nicht verwirklicht werden können, ist ein bekanntes Phänomen. Man kann daraus jedoch keinesfalls den Schluss ziehen, dass die Rechtsordnung ein Recht von vornherein nicht gewähren wolle. Als Gegenargument zu dem Vorbringen, dass es Fälle gebe, in denen die Abstammung unaufklärbar bleibe, wendet das Bundesverfassungsgericht zutreffend ein, dass das allgemeine Persönlichkeitsrecht kein Recht auf Verschaffung von Kenntnissen der eigenen Abstammung verleihe. Vielmehr schütze das verfassungsrechtlich verankerte Recht auf Kenntnis der eigenen Abstammung vor der Vertuschung von bei ordnungsgemäßer Dokumentation festzuhaltenden und auch erlangbaren Informationen durch andere[203].

Auch der Einwand, der Gesetzgeber habe in § 1747 II 2 BGB die Inkognito-Adoption zugelassen, wodurch der Kontakt des Kindes mit den leiblichen Eltern erschwert sei, vermag nicht die Ablehnung eines Rechts des Kindes auf Kenntnis der Abstammung zu rechtfertigen. Durch § 61 II 1 PStG wird gewährleistet, dass das adoptierte Kind im Alter von 16 Jahren Einsicht in den Geburtseintrag nehmen kann, in dem die biologischen Eltern vermerkt sind. Diese Regelung kann daher zu Recht als Konkretisierung des Rechts auf Kenntnis der genetischen Abstammung betrachtet werden[204]. Auch der Hinweis auf die Regelung des § 1596 I BGB [205] und die darin normierten engen Voraussetzungen für die Anfechtung der Ehelichkeit durch das Kind und die Argumentation, das Gesetz billige die rechtliche Zuordnung des Kindes zu einem Mann, der nicht sein biologischer Vater ist[206], können nicht überzeugen. Aus

[201] Schmidt-Didczuhn, JR 1989, 228 (230).

[202] Kleineke hat auf die Trennung von Familien durch die NS-Organisation Lebensborn e.V. und von Familien der Verschwörer des 20. Juli 1944 hingewiesen und festgestellt, dass viele dieser Kinder noch heute auf der Suche nach ihren leiblichen Eltern seien: Kleineke, Recht auf Kenntnis der eigenen Abstammung, S. 44 ff.; vgl. auch Swientek, Wiederentdeckung der Schande, S. 170 ff.

[203] BVerfG, Urteil v. 31.1.1989, E 79, 256 (269); ausführliche Darstellung dieser Entscheidung folgt im nächsten Abschnitt (S. 33 ff.).

[204] Kleineke, Recht auf Kenntnis der eigenen Abstammung, S. 260 ff.; zustimmend, Reinke, Recht des Kindes auf Kenntnis seiner genetischen Herkunft, S. 105.

[205] Damit ist § 1596 BGB in der damals geltenden Fassung, also vor der Kindschaftsrechtsreform v. 16.12.1997 gemeint.

[206] Deichfuß, NJW 1988, 113 (114); Frank, FamRZ 1988, 113 (114); Gottwald, in FS Hubmann, 111(116).

den Regelungen der §§ 1593 ff. BGB a.F. konnte allenfalls der Schluss gezogen werden, dass es kein uneingeschränktes und absolutes Recht auf Kenntnis der eigenen Abstammung gebe. Bei einer Ableitung des Kenntnisrechts aus dem allgemeinen Persönlichkeitsrecht wird dies aber aufgrund der Schranken in Art. 2 I, 2. HS GG auch nicht verlangt. Daher spricht der Umstand, dass auf einfachgesetzlicher Ebene das Recht auf Kenntnis der eigenen Abstammung nur eingeschränkt verwirklicht ist, nicht gegen die verfassungsrechtliche Verankerung dieses Rechts.

V. Bundesverfassungsgerichtsurteil vom 31. Januar 1989 und dessen Kritik in der Literatur

Es war nur eine Frage der Zeit, wann auch das höchste Gericht der Bundesrepublik Deutschland zum Problemkreis des Rechts auf Kenntnis der genetischen Abstammung konkret Stellung nehmen würde. In seiner Entscheidung vom 31.1.1989 stellte das Bundesverfassungsgericht zum ersten Mal die völlig eigenständige verfassungsrechtliche Bedeutung des Rechts auf Kenntnis der eigenen Abstammung heraus[207].

1. Inhalt der Entscheidung

Dem Urteil lag ein Vorlagebeschluss des Amtsgerichts Hamburg nach Art. 100 I GG, § 80 I BVerfGG zugrunde[208], in dem die Beschränkung der Ehelichkeitsanfechtung für das Kind auf die gesetzlichen Tatbestände des § 1596 I BGB[209] als Verstoß gegen Art. 1, 2 und Art. 3 GG angesehen wurde. Das Bundesverfassungsgericht hat im Vorfeld der Entscheidung einen Fragenkatalog ausgearbeitet[210] und verschiedene Institutionen und Organisationen[211] um Stellungnahme gebeten. Alle Stellungnahmen[212] sprachen sich für ein Recht auf Kenntnis der eigenen Abstammung, abgeleitet aus dem allgemeinen Persönlichkeitsrecht, aus. Uneinheitlich sind die Meinungen zu den daraus für die Möglichkeit der Ehelichkeitsanfechtung des Kindes zu ziehenden Schlussfolgerungen.

Zentraler Punkt der Entscheidung war nach der Entwicklung des Rechts auf Kenntnis der eigenen Abstammung in Literatur und Rechtsprechung trotz der

207 BVerfGE 79, 256 ff.

208 AG Hamburg, DAVorm 1987, 545 ff.

209 Die in dieser Entscheidung maßgeblichen Vorschriften sind durch die Kindschaftsrechtsreform v. 16.12.1997 geändert worden. Die Ausführungen des BVerfG beziehen sich auf die vor diesem Datum geltende Rechtslage.

210 Abdruck des Fragenkataloges bei Giesen, JZ 1989, 364 (366).

211 Hierzu zählen neben dem Bundesminister der Justiz die Deutsche Bischofskonferenz, die Evangelische Kirche in Deutschland, der Deutsche Richterbund, der Deutsche Juristinnenbund, der Deutsche Anwaltsverein, der Deutsche Familiengerichtstag, die wissenschaftliche Vereinigung für Familienrecht und (nur zu Punkt II des Fragenkataloges) der Deutsche Kinderschutzbund e.V.

212 Zusammenfassung der Stellungnahmen in BVerfGE 79, 256 (259-263).

vorhandenen Gegenstimmen nur noch, mit welcher Begründung das Gericht das Recht auf Kenntnis der eigenen Abstammung anerkennen und wie es Schutzbereich und Schranken bestimmen würde.

Der Tenor der Entscheidung lautet:
„Das allgemeine Persönlichkeitsrecht (Art. 2 I i.V.m. Art. 1 I GG) umfasst auch das Recht des Kindes auf Kenntnis der eigenen Abstammung."

Das Bundesverfassungsgericht erkannte zunächst ausdrücklich ein Recht auf Kenntnis der eigenen Abstammung an und leitete dieses Recht aus dem allgemeinen Persönlichkeitsrecht nach Art. 2 I i.V.m. Art. 1 I GG ab[213]. In seiner ausführlichen Begründung hierzu führte das Gericht aus, dass das allgemeine Persönlichkeitsrecht dem Schutz derjenigen konstituierenden Elemente der Persönlichkeit diene, die nicht durch spezielle Freiheitsrechte geschützt seien und die engere persönliche Lebenssphäre, sowie die Erhaltung ihrer Grundbedingungen gewährleisten sollten[214]. Das Recht auf freie Entfaltung der Persönlichkeit und die Menschenwürde sicherten jedem Einzelnen einen autonomen Bereich privater Lebensgestaltung, in dem er seine Individualität entwickeln und wahren könne. Die Entwicklung und die Wahrung der Individualität sei mit der Kenntnis der für sie konstitutiven Faktoren eng verbunden[215]. Zu diesen Faktoren gehöre auch die Abstammung, die nicht nur die genetische Ausstattung festlege, sondern unabhängig davon im Bewusstsein des Einzelnen eine Schlüsselstellung für die Individualitätsfindung und sein Selbstverständnis einnehme[216]. Daher umfasse das Persönlichkeitsrecht auch die Kenntnis der eigenen Abstammung.

Im Anschluss an dieses Prüfungsergebnis und vor der Prüfung des tatsächlichen Schutzbereichseingriffs und der Schrankenprüfung wählt das Bundesverfassungsgericht eine Formulierung, die von vielen als wichtigste Aussage über das Recht auf Kenntnis der eigenen Abstammung bezeichnet worden ist[217]. Art. 2 I i.V.m. Art. 1 I GG verleihe kein Recht auf Verschaffung von Kenntnissen über die eigene Abstammung, sondern könne nur vor der Vorenthaltung erlangbarer Informationen schützen[218]. Im Textzusammenhang folgt diese Feststellung als Gegenargument zu dem Vorbringen, es gebe Fälle, in denen die Abstammung unaufklärbar bleibe und die Persönlichkeitsentfaltung ohne diese Kenntnis erfolgen müsse[219].

Wie das Recht auf freie Entfaltung der Persönlichkeit finde das Recht auf Kenntnis der eigenen Abstammung seine Schranken in der verfassungsmäßigen Ordnung; die gerichtliche Klärung der eigenen Abstammung sei daher nur aufgrund gesetzlicher

---

[213] BVerfGE 79, 256 (268).
[214] BVerfGE 79, 256 (268).
[215] BVerfGE 79, 256 (268).
[216] BVerfGE 79, 256 (268).
[217] Enders, NJW 1989, 881 (882); Giesen, JZ 1989, 364 (368); Schmidt-Didczuhn, JR 1989, 228 (231); Reinke, Recht des Kindes auf Kenntnis seiner genetischen Herkunft, S. 118.
[218] BVerfGE 79, 256 (269).
[219] BVerfGE 79, 256 (269); vgl. oben, S. 31.

Ausgestaltung möglich[220]. Die gesetzliche Ausgestaltung des Verfahrens zur Klärung der eigenen Abstammung verletze Art. 2 I i.V.m. Art. 1 I GG erst dann, wenn der Gesetzgeber dabei einen verfassungswidrigen Zweck verfolge oder den Grundsatz der Verhältnismäßigkeit verletze. Als verfassungsrechtlich legitimer Zweck, der eine Einschränkung rechtfertige, kämen die Ehe und der Familienfrieden in Frage. Dieser Zweck finde seinen verfassungsrechtlichen Rückhalt in Art. 6 I GG, der Ehe und Familie unter den besonderen Schutz des Staates stelle und es dem Gesetzgeber verbiete, Regelungen zu treffen, die geeignet seien, Ehe und Familie zu schädigen oder zu benachteiligen[221]. Der Eingriff in das Persönlichkeitsrecht des Kindes entspreche dann dem Übermaßverbot, wenn er zur Erhaltung der Ehe und zur Wahrung des Familienfriedens beitrage, sein Ziel nicht mit weniger fühlbaren Beschränkungen des Persönlichkeitsrechts erreichen könne und bei Abwägung der Gesetzgebungszwecke und des eingeschränkten Grundrechts auch zumutbar erscheine.

Nach Ansicht des Bundesverfassungsgerichts sind die Einschränkungen der Anfechtungsmöglichkeiten des Kindes zur Erreichung ihres Zwecks hinreichend geeignet und auch erforderlich, da bezogen auf den begrenzten Bereich, in dem diese Vorschriften ihrem Zwecke dienten, dieser nicht durch mildere, aber gleich wirksame Mittel erreicht werden könne[222]. Bei der Prüfung der Zumutbarkeit des § 1596 I Nr. 2 BGB könne das gesetzgeberische Anliegen, Störungen des Familienfriedens und der Ehe der Mutter zu vermeiden, erheblich sein. Der Gesetzgeber könne ohne Verstoß gegen Art. 2 I i.V.m. Art. 1 I GG wegen des von ihm angestrebten Zweckes grundsätzlich das Anfechtungsrecht des volljährigen Kindes von der Erfüllung der Voraussetzungen des § 1596 I Nr. 2 BGB abhängig machen. Da aber nach geltendem Familienrecht die Feststellung der genetischen Vaterschaft erst nach erfolgreicher Ehelichkeitsanfechtung zulässig sei, fehle die verfassungsrechtliche Rechtfertigung für eine derartige Beschränkung, wenn eine Gefährdung der Ehe oder des Familienfriedens nicht zu erwarten sei und deshalb der Schutz von Ehe und Familie den Ausschluss des Anfechtungsrechts selbst bei Berücksichtigung eines abstrakten Gefährdungsprinzips nicht rechtfertige[223].

Der Gesetzgeber sei zwar von Verfassungs wegen nicht gehalten, das Anfechtungsrecht des volljährigen Kindes ohne jede Begrenzung zuzulassen. Die Regelungen in §§ 1593, 1598 i.V.m. § 1596 I Nr. 2 BGB ließen aber keine Möglichkeit offen, diejenigen Fälle verfassungskonform zu lösen, in denen der Ausschluss der gerichtlichen Klärung der Abstammung nicht mehr mit Art. 2 I GG vereinbar sei. Dabei folge die Verfassungswidrigkeit der bestehenden Rechtslage daraus, dass der Weg zur Klärung der eigenen Abstammung nur über die Ehelichkeitsanfechtung führe und diese wiederum auf wenige Ausnahmetatbestände beschränkt sei, §§ 1593, 1600a BGB[224].

---

[220] BVerfGE 79, 256 (269).
[221] BVerfGE 79, 256 (270).
[222] BVerfGE 79, 256 (270, 271).
[223] BVerfGE 79, 256 (271).
[224] BVerfGE 79, 256 (274).

Soweit §§ 1593, 1598 i.V.m. § 1596 I Nr. 1-5 BGB dem volljährigen Kind, von den gesetzlichen Anfechtungstatbeständen abgesehen, die gerichtliche Klärung seiner Abstammung verwehrten, liege eine Beschränkung dieses Persönlichkeitsrechtes vor, da eine Gefährdung von Ehe und Familie ausgeschlossen sei, wenn beide Elternteile der Ehelichkeitsanfechtung durch das volljährige Kind zugestimmt hätten[225].

Das Gericht weist darauf hin, dass es Sache des Gesetzgebers sei, der verfassungsrechtlichen Beanstandung Rechnung zu tragen. Es spricht die Möglichkeit an, durch eine Erweiterung der Gründe für eine zulässige Anfechtung dem Anspruch des nicht von dem Ehemann der Mutter stammenden Kindes auf Kenntnis seines leiblichen Vaters zu entsprechen oder aber – bei Aufrechterhaltung der §§ 1598, 1596 I BGB – dem Kind daneben andere, von §1593 BGB bisher ausgeschlossene Klagemöglichkeiten einzuräumen[226].

2. Stellungnahmen in der Literatur zum Urteil

Mit dieser Entscheidung des Bundesverfassungsgerichts vom 31.1.1989 wurde das Recht auf Kenntnis der eigenen Abstammung als eine selbstständige Ausprägung des allgemeinen Persönlichkeitsrechts verfassungsrechtlich anerkannt. Von einigen Autoren ist diese Rechtsprechung enthusiastisch begrüßt worden[227], bei anderen dagegen ist dieses „neu erfundene"[228] Persönlichkeitsrecht auf scharfe Kritik gestoßen[229].

Ramm wandte sich gegen die vom Bundesverfassungsgericht gegebene Begründung für das Recht auf Kenntnis der eigenen Abstammung. Das Gericht habe Erkenntnissen der Biologie über die Erbanlagen des Menschen nicht genügend Beachtung geschenkt und auch nicht auf eindeutige Erkenntnisse sozialwissenschaftlicher Disziplinen zurückgegriffen. Im Ergebnis werde damit private Neugier rechtlich anerkannt und über die konkreten Persönlichkeitsrechte der Mutter gestellt[230]. Zudem sei das Urteil auch nicht mit unserer individualistisch-freiheitlichen Ordnung vereinbar, zu der die Irrelevanz der Abstammung als ein Stück sozialer Friedensordnung gehöre[231]. Daher sei das Recht auf Kenntnis der eigenen Abstammung als fragwürdige, überkommene Abstammungsideologie zu beurteilen[232].

---

[225] BVerfGE 79, 256 (272).
[226] BVerfGE 79, 256 (274).
[227] Schmidt-Didczuhn, JR 1989, 228 ff.; Starck, JZ 1989, 338 (338); Münder, RdJB 1989, 459 (459); Giesen, JZ 1989, 364 (366), der allerdings die „Verhältnismäßigkeitsprüfung des BVerfG" kritisiert; Reinke, Recht des Kindes auf Kenntnis seiner genetischen Herkunft, S. 122.
[228] Ramm, NJW 1989, 1594 (1595).
[229] Ramm, NJW 1989, 1594 ff.; Koch, FamRZ 1990, 569 ff.; Smid, JR 1990, 221 ff.; Deichfuß, Abstammungsrecht und Biologie, S. 114 ff.
[230] Ramm, NJW 1989, 1594 (1596); ähnlich Koch, FamRZ 1990, 569 (573).
[231] Ramm, NJW 1989, 1594 (1595).
[232] Ramm, JZ 1989, 861 (870).

Smid wies darauf hin, dass die Bezeichnung „Kenntniserlangung“ unzutreffend sei, da es der Klägerin im konkreten Fall nicht um Kenntniserlangung, sondern um gerichtliche Bestätigung ihres schon vorhandenen Wissens und somit um eine Statuskorrektur gegangen sei[233]. Ferner würdige das Verfassungsgericht nicht hinreichend, dass mit Ausnahme von wirklichen Einzelfällen, in dem die Ehegatten mit dem Vorgehen des Kindes einverstanden seien, weil sie sich davon finanzielle Vorteile erhofften, mit Status- und Abstammungsverfahren stets eine Gefährdung des Friedens der bislang intakten Familie verbunden sei. Das Gericht sei zwar der Auffassung, dass eine solche Klage keine Störung verursache, wenn sie im Einvernehmen mit der Mutter und dem Scheinvater erhoben werde. Ob dies aber wirklich der Fall sei, lasse sich erst im Prozess feststellen und dann „ist das Kind schon in den Brunnen gefallen“[234].

Giesen, der das Gutachten der Deutschen Bischofskonferenz zum Urteil des Bundesverfassungsgerichts erstellt hat, setzt mit seiner Kritik vor allem bei der Verhältnismäßigkeitsprüfung an[235]. Das Gericht habe bei seiner Entscheidung Fallgestaltungen vorgeführt, die eher die Ausnahme als die Regel in der Praxis der Ehelichkeitsanfechtung durch das Kind darstellen dürften[236]. Es sei daher problematisch, wegen derartiger Fallgestaltungen einen bewährten Normenverbund (§§ 1593, 1598 i.V.m. § 1596 I BGB) mit verfassungsrechtlich grundsätzlich unbedenklicher Zielsetzung für gesetzeswidrig zu erklären[237]. Giesen sieht vor allem die ethisch-sittliche Verantwortung im Eltern-Kind-Verhältnis und zeigt auf, dass „die aus Eltern und Kindern bestehende Familie vom Grundwert der familiären Solidarität geprägt ist, die trotz Anerkennung der individuellen Rechte und Interessen der einzelnen Familienmitglieder, an diese Ansprüche stellt und gegebenenfalls auch von diesen einzufordern ist“[238]. Durch die starke Betonung der Einzelrechte und -interessen bestehe die Gefahr der Auflösung der Familie als erziehungs- und sozialisationsleistende Institution[239]. Durch dieses Urteil des Bundesverfassungsgerichts werde eine solche Entwicklung begünstigt. Daher müsse der Gesetzgeber im Wege der praktischen Konkordanz einen Ausgleich zwischen den Schutzpflichterfordernissen für Ehe und Familie aus Art. 6 I GG und dem Recht des Kindes auf Kenntnis seiner Abstammung vornehmen, der keinen Aspekt unangemessen betone oder vernachlässige[240].

Uneingeschränkte Zustimmung findet das Urteil bei Stark und Münder[241]. So meint Münder, das Bundesverfassungsgericht unterscheide hinreichend zwischen der

---

[233] Smid, JR 1990, 221 (221); so auch die Kritik von Reinke, Recht des Kindes auf Kenntnis seiner genetischen Herkunft, S. 132.
[234] Smid, JR 1990, 221 (223); ebenso Ramm, NJW 1989, 1594 (1596).
[235] Giesen, JZ 1989, 364 (373).
[236] Giesen, JZ 1989, 364 (373).
[237] Giesen, JZ 1989, 364 (373); so auch Ramm, NJW 1989, 1594 (1595).
[238] Giesen, JZ 1989, 364 (372).
[239] Giesen, JZ 1989, 364 (373).
[240] Giesen, JZ 1989, 364 (374).
[241] Starck, JZ 1989, 338 (338); Münder, RdJB 1989, 459 (459-460).

Lebenslage eines minderjährigen und der eines volljährigen Kindes. Es habe „zukunftsweisend“ klargestellt, dass die Formel vom Kindeswohl untauglich sei, den Ausschluss der Feststellung der genetischen Vaterschaft bei volljährigen Kindern zu rechtfertigen. Bei volljährigen Kindern müsse das „Kindeswohl“ durch den „Kindeswillen“ ersetzt werden. Ferner sei nicht nachvollziehbar, inwiefern es dem Kindeswohl diene, das Kind – gar noch bei Zweifeln – im unklaren über seine Abstammung zu lassen und so Prozesse, die für seine Entwicklung wichtig seien, zu erschweren[242]. Das Bundesverfassungsgericht mache deutlich, dass im Bewusstsein des Kindes gerade für die Identitätsfindung und die Phase der Identitätsbildung der Aspekt der genetischen Abstammung einen erheblichen Stellenwert haben kann, dem die Rechtsordnung Rechnung tragen müsse.[243].

Starck betont, die in dem Urteil zum Ausdruck gebrachte Auffassung über das Recht auf Kenntnis der Abstammung enthalte über die konkreten Fallkonstellationen hinaus verfassungsrechtliche Leitlinien für den Zivilgesetzgeber[244]. Im Hinblick auf die Zulässigkeit der heterologen Insemination müsse der Staat die Ärzte verpflichten, den Namen des Spenders auf zuverlässige Weise zu dokumentieren, damit das Kind nach Erreichen der Volljährigkeit seine Abstammung feststellen lassen könne. Nur durch solch eine Dokumentationspflicht schütze der Staat vor der Vorenthaltung erlangbarer Informationen über die Abstammung[245].

Abschließend kann zur Kritik der Literatur festgestellt werden, dass, abgesehen von den wenigen Stimmen, die sich grundsätzlich gegen das Recht auf Kenntnis der eigenen Abstammung wenden[246], die Anerkennung dieses Rechts und die Einordnung in das allgemeine Persönlichkeitsrecht, sowie die Einschränkung auf den Schutz vor Vorenthaltung erlangbarer Informationen begrüßt wird[247]. Kritik setzt erst ein, soweit es im konkreten Falle um die Güterabwägung bei der zur Entscheidung stehenden Ehelichkeitsanfechtung und damit um die Auswirkung des Rechts auf Kenntnis der eigenen Abstammung auf die bestehende Gesetzeslage[248] geht.

---

[242] Münder, RdJB 1989, 459 (459).

[243] Münder, RdJB 1989, 459 (460).

[244] Starck, JZ 1989, 338 (338).

[245] Starck, JZ 1989, 338 (339).

[246] Ramm, NJW 1989, 1594 (1595); Smid, JR 1990, 221 (225); Deichfuß, NJW 1988, 113 (113 ff.); Deutsch, MDR 1985, 177 (181); Frank, FamRZ 1988, 113 (115, 120); ders., in GS Arens, S. 65 (84, 85); Hassenstein, FamRZ 1988, 120 (122); Koch, FamRZ 1990, 569 (570).

[247] Schmidt-Didczuhn, JR 1989, 228 (229); Giesen, JZ 1989, 364 (367); Enders spricht sogar davon, dass sich das Urteil insoweit „als Meilenstein in der Geschichte höchstrichterlicher Entscheidungen zum allgemeinen Persönlichkeitsrecht erweist.“: Enders, NJW 1989, 881 (881); Donhauser, Recht des Kindes auf Kenntnis der genetischen Abstammung, S. 61; Reinke, Recht des Kindes auf Kenntnis seiner genetischen Herkunft, S. 122.

[248] Die in dieser Entscheidung maßgeblichen Vorschriften sind durch die Kindschaftsrechtsreform v. 16.12.1997 (BGBl. I, 2942) geändert worden. Die Ausführungen beziehen sich auf die vor diesem Datum geltende Rechtslage.

3. Eigene Stellungnahme

Die Anerkennung und Ableitung des Rechts auf Kenntnis der genetischen Abstammung aus dem Recht auf freie Entfaltung der Persönlichkeit (Art. 2 I i.V.m. Art. 1 I GG) ist sehr zu begrüßen. Die Persönlichkeit eines Menschen wird wesentlich durch seine Fähigkeit bestimmt, sich seiner selbst bewusst zu werden und die eigene Identität zu finden und zu bestimmen. Die Herkunft eines Menschen und sein Wissen darum sind daher von wesentlicher Bedeutung auf dem Wege der Identitätssuche und -findung. Das Wissen um die genetische Abstammung gehört als ein Stück Selbsterkenntnis zur Persönlichkeit eines Menschen. Diesen Wert für die Persönlichkeitsentwicklung und Identitätsfindung hat das Bundesverfassungsgericht erfreulicherweise in seiner Entscheidung hervorgehoben. Da nur der Mensch zu einem voraus- und zurückschauenden geschichtlichen Dasein fähig ist, wird in seine Persönlichkeit eingegriffen, wenn ihm gesetzlich die Möglichkeit genommen wird, die Wurzeln des „eigenen Ich" zurückzuverfolgen.

Mit der Aussage, das allgemeine Persönlichkeitsrecht verleihe kein Recht auf Verschaffung von Kenntnissen über die Abstammung, sondern schütze nur davor, dass erlangbare Informationen vorenthalten würden[249], hat das Gericht deutlich aufgezeigt, dass eine unmittelbare Drittwirkung dieses Rechts gegen die Mutter oder gegen den leiblichen Vater nicht abgeleitet werden kann[250]. Vielmehr richtet sich der verfassungsrechtliche Anspruch des Kindes auf Schutz vor der Vorenthaltung erlangbarer Informationen über die genetische Abstammung gegen den Staat[251]. In erster Linie ist der Gesetzgeber aufgerufen, das vom Grundgesetz unter Schutz gestellt Recht auf Kenntnis der eigenen Abstammung in die gesetzgeberische Abwägung einzustellen und entsprechend seiner Bedeutung im Einzelfall zu bewerten. Die Aussage des Bundesverfassungsgerichts kann dementsprechend als eine Art verfassungsrechtliche Vorgabe an die Rechtsordnung gedeutet werden, durch gesetzliche Vorschriften dafür Sorge zu tragen, dass – im Rahmen der schutzwürdigen Belange anderer – niemandem ermittelbare, festhaltbare und deshalb erlangbare Informationen über seine Herkunft und Identität vorenthalten werden.

Die in der Literatur anzutreffende Auffassung, ein verfassungsrechtlich geschütztes Recht auf Kenntnis der eigenen Abstammung sei zu verneinen[252], wurde in der höchstrichterlichen Rechtsprechung nunmehr abgelehnt. Diejenigen, die ein solches Recht allein aus der Menschenwürde ableiteten[253], wurden vom Bundesverfassungsgericht zwar nicht im Ergebnis, wohl aber in der Begründung korrigiert. Dies ist

---

[249] BVerfGE 79, 256 (269).

[250] Der Anspruch des Kindes gegen seine Mutter auf Nennung des leiblichen Vaters wird in der Rechtsprechung aus § 1618a BGB abgeleitet; BVerfGE Urteil v. 18.1.1988, NJW 1988, 3010 (3010); hierzu näher im Kapitel 2 C.

[251] Giesen, JZ 1989, 364 (368); Starck, JZ 1989, 338 (338).

[252] Insbesondere Deichfuß, NJW 1988, 113 (113 ff.); Deutsch, MDR 1985, 177 (181); Frank, FamRZ 1988, 113 (115, 120); ders., in GS Arens, S. 65 (84, 85); Hassenstein, FamRZ 1988, 120 (122); Koch, FamRZ 1990, 569 (570); Gottwald, in FS Hubmann, S. 111 (112).

[253] Z.B. Mansees, NJW 1988, 2984 (2985).

bedeutsam, da das Menschenwürdeprinzip absolut und uneinschränkbar ist, das allgemeine Persönlichkeitsrecht hingegen nicht schrankenlos gewährt wird.

C. Das Recht auf Kenntnis der eigenen Abstammung in internationalen Vereinbarungen

Für die deutsche Rechtsentwicklung kann über das Recht auf Kenntnis der eigenen Abstammung gemäß Art. 2 I i.V.m. Art. 1 I GG hinaus die Gewährleistung eines solchen Rechts in internationalen Vereinbarungen von Interesse sein, soweit sich in diesen Vereinbarungen eine auch für das deutsche Recht verbindliche Anerkennung findet. In diesem Zusammenhang sind insbesondere die Europäische Menschenrechtskonvention und die VN-Konvention über die Rechte des Kindes zu erwähnen.

I. Europäische Menschenrechtskonvention

Die „Europäische Konvention zum Schutze der Menschenrechte und Grundfreiheiten“[254] (EMRK) ist ein regionaler Menschenrechtspakt, dessen Hauptforderung eine europäische Union mit einer gemeinsamen Menschenrechtscharta als „Verfassung Europas“ ist[255].

In Art. 8 EMRK[256] sind der Schutz des Privat- und Familienlebens in einem kombinierten Schutzbereich zusammengebunden[257]. In dem Fall „Marckx“[258] hat der Europäische Gerichtshof für Menschenrechte den Sinn und die Tragweite der Worte „Achtung des Privat- und Familienlebens“ eingehend erläutert. Art. 8 EMRK, der zwischen einer ehelichen und einer nichtehelichen Familie keinen Unterschied mache, gewährleiste das Recht auf Achtung des Familienlebens und setze daher eine bestehende Familie voraus. Hieraus resultiere für die Vertragsstaaten die positive Verpflichtung, bei der Normierung familienrechtlicher Verhältnisse so zu verfahren, dass den Betroffenen die Führung eines normalen Familienlebens ermöglicht wird[259].

In dem Fall „Gaskin“ hat der europäische Gerichtshof für Menschenrechte Art. 8 EMRK in der Weise interpretiert, dass jedermann das Recht zur Einsichtnahme in Akten, die höchstpersönliche Informationen über die eigene Kindheit und Entwicklung enthalten, gegeben sein solle, wenn der Anspruchsteller diese Information nicht von

[254] Die Europäische Konvention zum Schutze der Menschenrechte und Grundfreiheiten wurde am 4.11.1950 in Rom von der Bundesrepublik Deutschland unterzeichnet und ist gemäß Bekanntmachung v. 15.12.1953 (BGBl. 1954 II, S. 14) am 3.9.1953 in Kraft getreten. Die Ratifizierung durch die Bundesrepublik Deutschland erfolgte am 5.12.1952.

[255] Staebe, JA 1996, 75 (75).

[256] Art. 8 I EMRK: „Jede Person hat das Recht auf Achtung ihres Privat- und Familienlebens, ihrer Wohnung und ihrer Korrespondenz.“.

[257] Bögers, FuR 1990, 141 (143); Huber, NJW 1985, 1247 (1248).

[258] EGMR, Urteil v. 13.6. 1979: NJW 1979, 2449 ff.: Der EGMR hat sich in diesem Fall zu der Regelung des belgischen Rechts geäußert, die erst durch eine Anerkennung durch die Mutter verwandtschaftliche Beziehungen zwischen der Mutter und ihrem nichtehelichen Kind entstehen ließ. Nach Ansicht des europäischen Gerichtshofes verletzt diese Regelung die Rechte des Kindes und seiner Mutter aus Art. 8 allein und i.V.m. Art. 14 EMRK.

[259] EGMR, NJW 1979, 2449 (2450).

den eigenen Eltern erhalten könne. Der Entscheidung lag das Ersuchen eines britischen Staatsbürgers zugrunde, der in verschiedenen Pflegefamilien aufgewachsen war und in seine staatlich geführten Akten Einsicht nehmen wollte[260]. Für diese Entscheidung war ausschlaggebend, dass das Gericht die Akten als Ersatz dafür ansah, dass Kinder, die in Fürsorgeerziehung oder verschiedenen Pflegestellen aufwachsen, sich nicht auf die Erinnerung der Eltern stützen können. Da diese Informationen das private und familiäre Leben beträfen, falle der Anspruch in den Schutzbereich von Art. 8 EMRK. Allerdings könne das Recht auf Akteneinsicht im Rahmen von Art. 8 II EMRK eingeschränkt werden. Im zu entscheidenden Falle war maßgeblich, dass die englische Regelung keinerlei Spielraum für eine Abwägung der beteiligten Interessen zuließ[261]. Aus dieser Entscheidung kann gefolgert werden: Hat das Kind Anspruch auf Einsicht in die staatlichen Akten, die seine Kindheit betreffen und auf die es wegen Fürsorgeerziehung nicht anderweitig zugreifen kann, muss es in entsprechenden Fällen auch Einsicht in die vorhandenen staatlichen Akten erhalten können, die Informationen über seine Abstammung und insbesondere über die Identität seiner leiblichen Eltern enthalten. Auch diese Informationen betreffen das private und familiäre Leben und können im Einzelfall ein Recht auf Kenntnis der eigenen Abstammung aus Art. 8 EMRK begründen.

Jüngst hat sich der europäische Gerichtshof erneut zu diesen Fragen geäußert und die Bedeutung und Tragweite der Abstammungserkenntnis für das Kind als ein von der Konvention geschütztes Recht qualifiziert[262]. Art. 8 EMRK sei dahingehend zu verstehen, dass jedermann das Recht auf Identität und Entwicklung seiner Person habe, wozu auch der Erhalt nötiger Informationen über die Identität der Erzeuger gehöre. Die Geburt und ihre Umstände seien Teil des Privatlebens eines Kindes und später des Erwachsenen, das von Art. 8 EMRK geschützt werde[263]. Mit dieser Entscheidung[264] hat der Gerichtshof der langjährigen Diskussion, ob das Recht auf Achtung des Privat- und Familienlebens gemäß Art. 8 EMRK dahingehend zu interpretieren sei, dass es auch das Recht auf Kenntnis der eigenen Abstammung umfasse[265], endgültig ein Ende bereitet.

---

260 EGMR, Gaskin/Vereinigtes Königreich, Urteil v. 7.7.1989, FJR 1990, 201 ff.

261 EGMR, FJR 1990, 201 (205).

262 EGMR, Urteil v. 13.2.2003, NJW 2003, 2145 ff.

263 EGMR, NJW 2003, 2145 (2147).

264 Gegenstand dieser Entscheidung ist die Vereinbarkeit der französischen Regelung über die anonyme Geburt mit Art. 8 der EMRK. Diese Problematik wird im Rahmen des 3. Kapitels ausführlich erörtert.

265 So vor allem: Scheiwe, ZRP 2001, 368 (372); Alfred Wolf, in einer Pressekonferenz vom 14.5.2002 (www.oneworldweb.de/tdh/presse/babyklappe_wolf.html.); Swientek, Wiederentdeckung der Schande, S. 172; kritisch demgegenüber Heyers, JR 2003, 45 (46, FN 9): die Problematik des Rechts auf Kenntnis der eigenen Abstammung sei zum Zeitpunkt des Entstehens der EMRK 1950 unbekannt gewesen und daher sei die Ableitung dieses Rechts aus Art. 8 EMRK abzulehnen; so auch Schwarz, StAZ 2003, 33 (36); Hepting, FamRZ 2001, 1573 (1577).

Die Bedeutung der europäischen Menschenrechtskonvention kann nicht ohne Beantwortung der umstrittenen Frage[266] beurteilt werden, welchen Rang die Konvention in der deutschen Rechtsordnung erhalten hat. Als Norm eines völkerrechtlichen Vertrages ist die europäische Menschenrechtskonvention grundsätzlich nicht unmittelbar anwendbar[267]. Durch das zur Ratifizierung eines völkerrechtlichen Vertrages erforderliche Zustimmungsgesetz nach Art. 59 II GG wurde der Vertragsinhalt der Konvention in innerstaatliches Recht transformiert[268]. Daraus folgt, dass die europäische Menschenrechtskonvention nicht nur ein völkerrechtlicher Vertrag, sondern Bestandteil der deutschen Rechtsordnung geworden ist. Nach der überwiegenden Auffassung kommt der europäischen Menschenrechtskonvention nur der Rang eines einfachen Bundesgesetzes zu[269]. Zugleich aber sind nach Auffassung des Bundesverfassungsgerichts bei Auslegung des Grundgesetzes auch Inhalt und Entwicklungsstand der europäischen Menschenrechtskonvention in Betracht zu ziehen, sofern dies nicht zu einer Einschränkung oder Minderung des Grundrechtsschutzes nach dem Grundgesetz führe[270]. Deshalb diene insoweit die Rechtsprechung des europäischen Gerichtshofes als Auslegungshilfe für die Bestimmung von Inhalt und Reichweite von Grundrechten[271]. Auch Gesetze seien im Einklang mit den völkerrechtlichen Verpflichtungen der Bundesrepublik Deutschland auszulegen und anzuwenden, selbst wenn sie zeitlich später erlassen worden seien als ein geltender völkerrechtlicher Vertrag. Es sei nicht anzunehmen, dass der Gesetzgeber von völkerrechtlichen Verpflichtungen der Bundesrepublik abweichen oder deren Verletzung ermöglichen wolle[272]. Unter diesem Aspekt hat die Konventionsauslegung durch den europäischen Gerichtshof für Menschenrechte mittelbare Auswirkungen auf das innerstaatliche Recht[273]. Die Rechtsprechung des Gerichtshofes kann aber auch schon auf einer früheren Stufe Orientierung geben; für eigene Gesetzesvorhaben eines Staates, bei denen zweifelhaft ist, ob sie mit der Menschenrechtskonvention vereinbar sind[274].

---

266 Zum Diskussionsstand: Stabe, JA 1996, 75 (78 ff.); Bleckmann, EuGRZ 1994, 149 ff.; Börgers, FuR 1990, 141 ff.

267 Staebe, JA 1996, 75 (79); Börgers, FuR 1990, 141 (141).

268 Maier, NJW 2000, 1166 (1167); Börgers, FuR 1990, 141 (141); Staebe, JA 1996, 75 (79).

269 So auch BVerfG, Beschluß v. 26.3.1987, E 74, 358 (370); Herdegen, Europarecht, § 3, Rdnr. 37; Grabenwarter, Europäische Menschenrechtskonvention, § 3, Rdnr. 6; Maier, NJW 2000, 1166 (1168); Limbach, NJW 2001, 2913 (2915); a.A. Bleckmann, der der EMRK als Völkergewohnheitsrecht Verfassungsrang zuspricht, EuGRZ 1994, 149 (153).

270 BVerfGE 74, 358 (370).

271 BVerfGE 74, 358 (370); bestätigt durch BVerfG, Beschluß v. 29.5.1990, E 82, 106 (115); zustimmend Limbach, NJW 2001, 2913 (2915).

272 BVerfGE 74, 358 (370).

273 Benda, NJW 2003, 2138 (2139).

274 Zur Vereinbarkeit der anonymen Geburt mit der EMRK, vgl. 3. Kapitel III 1.

II. Kinderkonvention der Vereinten Nationen

Das Übereinkommen über die Rechte des Kindes[275] bildet einen wichtigen Fall von Normsetzungsaktivitäten der Vereinten Nationen auf dem Gebiet der Menschenrechte mit besonderer Zielrichtung auf die Bedürfnisse des Kindes[276]. Die Konvention der Vereinten Nationen über die Rechte des Kindes (VN-Konvention) hat für die Staaten, die sie ratifiziert haben, bindende Wirkung und zwingt diese zur Anpassung ihres nationalen Rechts[277]. Die Bundesrepublik hat das Übereinkommen mit Wirkung vom 5. April 1992 ratifiziert. Dass die Kinderkonvention nicht als unmittelbar anwendbares Recht anzusehen ist, ist aus Art. 4 des Abkommens zu entnehmen, in dem es heißt, die Vertragsstaaten treffen alle geeigneten Gesetzgebungs-, Verwaltungs- und sonstige Maßnahmen zur Verwirklichung der in diesem Übereinkommen anerkannten Rechte[278]. Ferner hat die Bundesregierung anlässlich der Hinterlegung der deutschen Ratifikationsurkunde eine umfangreiche Erklärung abgegeben, in der sie betont, dass „das Übereinkommen innerstaatlich keine unmittelbare Anwendung findet"[279]. Insoweit begründet die VN-Kinderkonvention für die Vertragsstaaten „nur" die völkerrechtliche Pflicht, entsprechende Maßnahmen zur Rechtsanpassung zu ergreifen[280].

Art. 7 der VN-Konvention[281] verbürgt jedem Kind – soweit möglich – das Recht, seine Eltern zu kennen und von ihnen betreut zu werden. Letzteres entspricht dem im Grundgesetz normierten Grundsatz, dass die Eltern das Recht und die Pflicht zur Erziehung haben (Art. 6 I GG) sowie auch der Regelung des § 1666a BGB, dass Hilfen für die Familie, die den Verbleib des Kindes in seiner Familie ermöglichen können, Vorrang haben vor Hilfsmaßnahmen für das Kind, die mit einer Trennung von der Familie verbunden sind.

Fraglich ist jedoch, ob unter „Eltern" i.S. der VN-Konvention die sozialen oder aber die biologischen Eltern zu verstehen sind. Dabei sind vor allem das Ziel und der Zweck dieser Konvention zu berücksichtigen. In der Erkenntnis, dass das Kind zum Zwecke der vollen und harmonischen Entfaltung seiner Persönlichkeit in einer Familie aufwachsen sollte, in der Erwägung, dass Kinder im Geiste des Friedens, der Würde, der Toleranz, der Freiheit und der Gleichheit erzogen werden sollten und mit dem Ziele einer Verbesserung der Lebensbedingungen der Kinder in allen Ländern, haben

---

[275] Die VN-Kinderrechtskonvention wurde am 26.1.1989 von der BRD unterzeichnet und ist am 5.4.1992 in Kraft getreten (BGBl. II, 121). Der vollständige Wortlaut des Übereinkommens ist abgedruckt in: FuR 1992, 199 ff.

[276] Stöcker, FamRZ 1992, 245 (245).

[277] Baer, NJW 1993, 2209 (2209); Bartsch, NJW 1994, 1321 (1323).

[278] Zimmermann, IPRax 1996, 167 (173).

[279] Die Erklärung der Bundesregierung ist abgedruckt in FamRZ 1992, 266 ff.

[280] Bartsch, NJW 1994, 1321 (1323); Baer, NJW 1993, 2209 (2210).

[281] Art. 7 I VN-Konvention lautet: „Das Kind ist unverzüglich nach seiner Geburt in ein Register einzutragen und hat das Recht auf einen Namen von Geburt an, das Recht, eine Staatsangehörigkeit zu erwerben, und soweit möglich das Recht, seine Eltern zu kennen und von ihnen betreut zu werden.".

die Vertragsstaaten dieses Übereinkommen vereinbart[282]. Die Konvention soll dazu beitragen, den Schutz der Kinder weiter zu verbessern und das Denken der Menschen mehr auf die Belange der Kinder zu richten[283].

Daher bringt meines Erachtens die VN-Konvention deutlich zum Ausdruck, dass allen Kindern, gleich ob ehelich, nichtehelich, adoptiert, mit Hilfe der Fortpflanzungsmedizin gezeugt oder im Wege der anonymen Geburt auf die Welt gebracht, das Recht zustehen soll, ihre Eltern, vor allem auch die biologischen Eltern[284], zu kennen. Der Passus „soweit möglich" ist als ein Gesetzesvorbehalt zu verstehen, nach dem eine Einschränkung nur in den Fällen statthaft ist, in denen eine Kenntniserlangung aufgrund tatsächlicher Verhältnisse (z.B. wenn die Mutter keine Kenntnis vom Vater hat oder das Kind ausgesetzt wurde) nicht möglich ist[285]. Dort jedoch, wo die Möglichkeit besteht, dieses in Art. 7 I VN-Konvention verbriefte Recht des Kindes zu gewährleisten, besteht die staatliche Verpflichtung hierzu.

---

[282] Siehe die amtliche Übersetzung der Präambel des VN-Übereinkommens über die Rechte des Kindes bei: Baer, FuR 1990, 192 (199).
[283] BT-Drucksache 12/1535, S. 6.
[284] Anderer Auffassung Pawlowski, in FS Henckel, 633 (634, FN 6), der unter „Eltern" nur die sozialen Eltern subsumiert.
[285] Kritisch hierzu: Helms, Feststellung der biologischen Abstammung, S. 148 ff.

Zusammenfassung Kapitel 1

Das Recht auf Kenntnis der genetischen Abstammung ist auf Verfassungsebene durch Art. 2 I i.V.m. Art. 1 I GG geschützt. Unter genetischer Abstammung sind nicht allein wissenschaftliche Ergebnisse einer Analyse von Erbanlagen zu verstehen; vielmehr bietet die Kenntnis der genetischen Abstammung dem Einzelnen wichtige Anknüpfungspunkte für das Verständnis und die Entfaltung der eigenen Individualität.

Mit der Entscheidung des Bundesverfassungsgerichts vom 31. Januar 1989 und der Verankerung des Rechts auf Kenntnis der genetischen Abstammung im allgemeinen Persönlichkeitsschutz ist der Bedeutung dieses Rechts konsequent Rechnung getragen worden. Dieses Recht wird jedoch nur im Rahmen einer vom Gesetzgeber entsprechend den verfassungsrechtlichen Grundentscheidungen vorzunehmenden Interessenabwägung gewährleistet.

In erster Linie richtet sich der verfassungsrechtliche Schutz dieses Rechts gegen staatliche Eingriffe, so dass hieraus kein zivilrechtlicher Anspruch des Kindes auf Bekanntgabe seiner genetischen Eltern gefolgert werden kann. Dennoch findet der verfassungsrechtliche Schutz auf dem Wege über die Generalklauseln Eingang in das Zivilrecht, so dass bei der Auslegung zivilrechtlicher Normen auch das Recht auf Kenntnis der genetischen Abstammung zu berücksichtigen ist.

Kapitel II

Abstammung und Status im geltenden Recht

Das Recht auf Kenntnis der eigenen Abstammung wird dann relevant, wenn die Kindesabstammung ungeklärt ist. Die Abstammung von der Mutter ist in der Regel[286] nie unklar. Was die Abstammung des Kindes vom Vater angeht, so kann es sein, dass das Kind keinen Vater im Rechtssinne hat. In anderen Fällen, in denen das Kind einem Manne als Vater zugeordnet ist, braucht diese rechtliche Zuordnung nicht der genetischen Abstammung zu entsprechen. Nur bei einer genetisch falschen Zuordnung oder begründeten Zweifeln an der Richtigkeit der Zuordnung, sowie bei einer gänzlich fehlenden Zuordnung kann ein Informationsbedürfnis des Kindes bestehen.

In dem ersten Abschnitt dieses Kapitels (A) werden die Mechanismen der primären Mutter/Vater-Kind-Zuordnung dargestellt. Dabei geht es vor allem um die Frage, inwieweit das Abstammungsrecht eine Gewähr dafür bietet, dass der rechtliche Status des Kindes mit seiner genetischen Abstammung übereinstimmt und ob das Abstammungsrecht dem verfassungsrechtlich geschützten Recht des Kindes auf Kenntnis der Abstammung nach Art. 2 I i.V.m. Art. 1 I GG Rechnung tragen kann. In einem zweiten Abschnitt (B) wird unter Berücksichtigung der verfassungsrechtlichen Bedeutung der Abstammungskenntnis für das Kind untersucht, unter welchen Voraussetzungen der Status des Kindes geändert werden kann, wenn er mit der genetischen Herkunft nicht übereinstimmt.

A. Abstammungsfeststellung mit Statusfolgen

Mit dem Gesetz über die rechtliche Stellung nichtehelicher Kinder von 1969[287] und dem am 1. Januar 1980 in Kraft getretenen Gesetz zur Neuregelung des Rechts der elterlichen Sorge[288] wurde das Kindschaftsrecht zwar jeweils grundlegend geändert, zur Ruhe gekommen ist dieses Rechtsgebiet dadurch jedoch nicht. Schon im Jahre 1982 erklärte das Bundesverfassungsgericht den Ausschluss der gemeinsamen Sorge geschiedener Eltern für verfassungswidrig[289].

---

[286] Der Normalfall menschlicher Vermehrung ist die natürliche Fortpflanzung, die ohne Eingriffe von außen vor sich geht. Beteiligt sind nur der Vater (als Samenspender) und die Mutter (als Eispenderin) des zu zeugenden Kindes.

[287] Siehe Kapitel 1 A IV 2.

[288] Das Gesetz zur Neuregelung der elterlichen Sorge v. 18.7.1979 (BGBl. I, 1061) wurde zum Zwecke der Befreiung des Kindes aus seiner Stellung als „Objekt elterlicher Fremdbestimmung" unter Berücksichtigung des „Gedankens zunehmender Selbstverantwortlichkeit der Heranwachsenden" realisiert; ausführlich hierzu: Diederichsen, NJW 1980, 1 ff.; Bosch, NJW 1987, 2617 (2621) m.w.N.

[289] In seiner Entscheidung vom 3.11.1982 hat das BVerfG die Regelung des § 1671 IV 1 BGB a.F. für verfassungswidrig erklärt, wonach das Sorgerecht nach der Scheidung einem Elternteil allein zu übertragen war. Nach Ansicht des Gerichts verletzt der Ausschluss des gemeinsamen Sorgerechts das

Auch das Recht des volljährigen Kindes, seine Ehelichkeit anzufechten, hat das Bundesverfassungsgericht im Jahre 1989 von übermäßiger Rücksichtnahme auf die Ehe seiner Eltern und den Familienfrieden befreit[290]. So entschloss sich der Gesetzgeber zu einer umfassenden Reform mit dem vorrangigen Ziel der Gleichstellung aller Kinder. Dies sollte vor allem durch die Aufgabe der Unterscheidung zwischen ehelicher und nichtehelicher Abstammung, sowie die Streichung der entsprechenden Formulierungen im Gesetzestext erreicht werden[291]. Diese Reform wurde durch verschiedene Gesetze[292] verwirklicht[293]. Gegenstand der Untersuchung wird hier ausschließlich das Kindschaftsrechtsreformgesetz [294] sein, da dieses die Vorschriften des Abstammungsrechts gemäß §§ 1591-1600o BGB a.F. in die jetzt geltende Fassung §§ 1591-1600e BGB gebracht hat.

I. Ausrichtung des Abstammungsrechts am Reformziel

Der amtlichen Begründung zufolge waren vor allem zwei Entscheidungen des Bundesverfassungsgerichts[295] Auslöser zur Neugestaltung des Abstammungsrechts[296]. In beiden Fällen ging es um das Recht des Kindes auf Kenntnis der eigenen Abstammung, welches durch die nach damaligem Recht nur begrenzten Möglichkeiten des Kindes zur Anfechtung der Ehelichkeit verletzt wurde. Diesem Umstand wurde durch eine Erweiterung der Anfechtungsmöglichkeiten des Kindes Rechnung getragen.

Zur Förderung des Kindeswohls und der Verstärkung der Rechtsposition der Eltern[297] wurde der jahrhundertealte Statusunterschied zwischen ehelichen und nichtehelichen Kindern in Erfüllung des in Art. 6 V GG enthaltenen Gleichstellungsauftrags[298] endgültig abgeschafft. So gibt es keine ehelichen oder unehelichen Kinder mehr, sondern nur noch „Kinder, deren Eltern miteinander

---

in Art. 6 II 1 GG geschützte Elternrecht, wenn die geschiedenen Eltern willens und fähig sind, die Elternverantwortung zum Wohle des Kindes weiterhin gemeinsam zu tragen, BVerfGE 61, 358 ff.

[290] BVerfGE 79, 256 ff.; siehe Kapitel 1 B V.

[291] Vgl. die amtliche Begründung in BT-Drucksache 13/4899, S. 1 und 29.

[292] Gesetz zur Abschaffung der Amtspflegschaft und zur Neuordnung des Rechts der Beistandschaft v. 4.12.1997 (BGBl. I, 2846); Gesetz zur Reform des Kindschaftsrechts v. 16.12.1997 (BGBl. I, 2942); Gesetz zur erbrechtlichen Gleichstellung nichtehelicher Kinder v. 16.12.1997 (BGBl. I, 2968) und Kindesunterhaltsgesetz v. 6.4.1998 (BGBl. I, 666).

[293] Zu Einzelheiten: Niepmann, MDR 1998, 565 ff.; Schwab/Wagenitz, FamRZ 1997, 1377 ff.; Weber, NJW 1998, 3083 ff.; Knittel, ZfJ 1997, 355 ff.; Diederichsen, NJW 1998, 1977 ff.; Muscheler/Beisenherz, JR 1999, 356 ff.; zu den Entwicklungstendenzen des Familienrechts im Ausland: Battes/Korenke, FuR 1996, 196 ff.

[294] Das KindRG v. 16.12.1997 ist zum 1. Juli 1998 in Kraft getreten.

[295] Urteil v. 31.1.1989 (BVerfGE 79, 256 ff.) und Beschluss v. 26.4.1994 (BVerfGE 90, 263 ff.).

[296] BT-Drucksache 13/4899, S. 25, 29.

[297] BT-Drucksache 13/4899, S. 1.

[298] So die amtliche Begründung in BT-Drucksache 13/4899, S. 29.

verheiratet“ oder „nicht miteinander verheiratet“ sind[299]. Dennoch wird die Differenzierung nach dem Familienstatus zum Zeitpunkt der Geburt nicht gänzlich aufgegeben, da sich die abstammungsrechtliche Situation an der Tatsache orientiert, ob die Mutter verheiratet ist, vgl. § 1592 Nr. 1 BGB. Nicht zuletzt sollte durch die Reform, vor allem im Interesse des Kindes, die abstammungsrechtliche Zuordnung zu Vater und Mutter durch eindeutige Formulierungen auch im Hinblick auf die moderne Fortpflanzungsmedizin klargestellt werden[300].
Ob die Reform tatsächlich zu der angestrebten Stärkung der Rechte des Kindes geführt hat, wird noch zu prüfen sein.

Das Kinderrechteverbesserungsgesetz vom 9. April 2002[301] ist eine Fortentwicklung des Kindschaftsrechtsreformgesetzes mit dem Ziel einer Stärkung der Rechte und der Rechtsstellung der Kinder. Es betrifft ganz unterschiedliche Bereiche, die nicht thematisch oder durch einen konkreten Anlass miteinander verknüpft sind. Die im Rahmen des Kinderrechteverbesserungsgesetzes geschaffenen Neuerungen im Abstammungsrecht werden im Folgenden mitberücksichtigt.

II. Spannungsfeld zwischen rechtlicher Zuordnung und genetischer Abstammung

Ausgangspunkt für ein Recht auf Kenntnis der eigenen Abstammung ist die Tatsache, dass genetische und rechtliche Elternschaft auseinanderfallen können. Die Rechtsordnung orientiert sich im Abstammungsrecht grundsätzlich an der genetischen Herkunft. Das Kind soll dem Mann und der Frau zugeordnet werden, aus deren Keimzellen sich sein Leben gebildet hat. Doch ist dies nur die allgemeine Zielrichtung, von der die gesetzlichen Regelungen im Detail abweichen können. Um das Abstammungsrecht zu verstehen, muss man daher die genetische Beziehung von der rechtlichen Zuordnung unterscheiden. Es kann durchaus vorkommen, dass ein Mann ein Kind zeugt, das rechtlich einem anderen zugeordnet wird[302]. Aus Gründen der Rechtssicherheit und des Familienfriedens toleriert das Gesetz solche Abweichungen in gewissem Umfang mit Rücksicht auf den Willen und die Interessen der Beteiligten.

Im Gefolge der modernen Fortpflanzungsmedizin besteht auch die Möglichkeit, dass einer Frau eine befruchtete, fremde Eizelle eingepflanzt und von ihr ausgetragen wird. Damit fallen genetische (Herkunft der Eizelle) und rechtliche Mutterschaft i.S.d.

[299] Gaul, FamRZ 1997, 1441 (1451); Kritik an dieser Bezeichnung übt Schumann, FamRZ 2000, 389 (389); ebenso Diederichsen, NJW 1998, 1977 (1980, in FN 41); Niepmann, MDR 1998, 565 (565, in Fn. 2); Wieser, NJW 1998, 2023 (2023), der davon ausgeht, dass der Begriff des „nichtehelichen Kindes“ in der Rechtswirklichkeit weiter leben wird.
[300] BT-Drucksache 13/4899, S. 82, 83.
[301] Das KindRVerbG (BGBl. I, 1239 – abgedruckt in FamRZ 2002, 803) ist am 12.4.2002 in Kraft getreten; ausführlich hierzu: Wanitzek, FamRZ 2003, 730 ff.; Roth, JZ 2002, 651 ff.; von Sachsen-Gessaphe, NJW 2002, 1853 ff.
[302] Beispiel: Das von einer Ehefrau geborene Kind stammt nicht von ihrem Ehemann, sondern von ihrem Liebhaber; aber die eheliche Abstammung wird nicht angefochten, es gilt die Regelung des § 1592 Nr. 1 BGB.

§ 1591 BGB (Austragung des Kindes) auseinander, sog. „gespaltene Mutterschaft"[303]. Die Abstammung im rechtlichen Sinne ist zwar auf die „genetische" ausgerichtet, aber von ihr zu unterscheiden, weil das Ziel der Deckungsgleichheit nicht vollkommen erreicht werden kann.

Wichtig ist es daher, die Aussagen des Gesetzes über Mutterschaft und Vaterschaft richtig (im rechtlichen Sinne) zu verstehen. Das Auseinanderfallen von genetischer und rechtlicher Zuordnung verlangt nach der Möglichkeit von Korrekturen. Als Instrument hierfür dient die Einzelfallklärung durch gerichtliche Feststellung in Form der Anfechtung der Vaterschaft, § 1599 I BGB. Während eine genetisch unzutreffende Verlautbarung der Vaterschaft einer Korrektur durch die Vaterschaftsanfechtung zugänglich ist, ist die Möglichkeit der Korrektur mit dem Ziel der Deckungsgleichheit bei der gesetzlichen Mutterschaft nicht vorgesehen. Zwar kann auch dafür die Wahrscheinlichkeit angeführt werden, dass im Regelfall die Gebärende die genetische Mutter sein wird; aber die genetisch unzutreffend rechtlich fixierte Mutterschaft kann nicht richtiggestellt werden. Damit besteht ein Widerspruch zum Grundsatz der auf der genetischen Abstammung beruhenden Verwandtschaft, womit die Einheitlichkeit im System des Abstammungsrechtes verlorengeht[304].

III. Mutterschaft

Das Bürgerliche Gesetzbuch enthielt bis zum Inkrafttreten des Kindschaftsrechtsreformgesetzes keine Regelung darüber, wer die Mutter eines Kindes sei. Das Gesetz ging von dem Grundsatz aus, dass die genetische Mutter mit der gebärenden Frau identisch sei und die Mutter somit immer feststehe (mater semper certa est)[305]. Die moderne Fortpflanzungsmedizin[306] ermöglicht jedoch, dass die das Kind gebärende Mutter nicht die genetische Mutter des Kindes ist (sog. gespaltene Mutterschaft)[307]. Dabei handelt es sich um die Fälle der Eispende[308], der

[303] Lüderitz, Familienrecht, § 22, Rdnr. 628; MünchKomm/Seidel, § 1592, Rdnr. 41; Schlüter, Familienrecht, § 20, Rdnr. 268; diese Problematik wird im nächsten Abschnitt näher erläutert.

[304] Seidel bezeichnet diesen Aspekt als „Systembruch der Reform", MünchKomm/Seidel, Vor § 1591, Rdnr. 22; Rauscher, Familienrecht, § 29 I, Rdnr. 764; Muscheler/Bloch, FPR 2002, 339 (340); Mutschler spricht in diesem Zusammenhang von der Unvollständigkeit des Entwurfs für das KindRG, FamRZ 1996, 1381 (1385).

[305] Vgl. Muscheler/Beisenherz, JR 1999, 407 (411); MünchKomm/Seidel, § 1591, Rdnr. 1.

[306] Da dieses Problem nicht Gegenstand der Arbeit ist, sei verwiesen auf die umfassende Abhandlung dieses Themas bei: Wohn, Medizinische Reproduktionstechniken und das neue Abstammungsrecht.

[307] Kein Fall der „gespaltenen Mutterschaft" ist die Ersatzmutterschaft, in der eine Frau ein genetisch eigenes Kind austrägt und es nach der Geburt zum Zwecke der Adoption an die Wunscheltern herausgibt. Die Ersatzmutterschaft ist nach § 1 I EmbryonenSchutzG verboten. Hierzu: Wohn, Medizinische Reproduktionstechniken, S. 31 ff.

[308] Ist eine Frau steril, weil bei ihr keine Eizellen gewonnen werden können, aber zur Austragung einer Schwangerschaft fähig, wird eine gespendete Eizelle mit dem Samen des Ehemannes oder des Partners der Wunschmutter befruchtet und ihr anschließend zum Austragen eingepflanzt; vgl. MünchKomm/Seidel, § 1592, Rdnr. 41; Wohn, Medizinische Reproduktionstechniken, S. 97.

Embryonenspende[309] und der Leihmutterschaft[310]. In Deutschland ist die Vermittlung von Leihmüttern nach § 13c Adoptionsvermittlungsgesetz[311] und die Übertragung einer unbefruchteten fremden Eizelle oder eines Embryos nach § 1 I Embryonenschutzgesetz[312] verboten. Trotz dieser Strafsanktion muss aber die Frage nach den familienrechtlichen Folgen einer Implantation geklärt werden, denn es ist nicht auszuschließen, dass in Deutschland eine verbotene Einpflanzung vorgenommen wird oder deutsche Gerichte über die familienrechtlichen Folgen einer im Ausland erlaubterweise durchgeführten Einpflanzung zu befinden haben.

Vor der gesetzlichen Normierung der Mutterschaft war umstritten, wer in diesen Fällen als Mutter anzusehen sei. Zum Teil wurde ausschließlich auf die genetische Mutterschaft abgestellt[313]; die Gegenansicht vertrat – der heutigen Regelung des § 1591 BGB entsprechend – die Auffassung, dass Mutter im Rechtssinne immer die gebärende Frau sei[314]. Der Gesetzgeber hat sich in § 1591 BGB für die gebärende Frau entschieden. Nur sie habe während der Schwangerschaft, sowie während und unmittelbar nach der Geburt eine körperliche und psychosoziale Beziehung zu dem Kind[315]. Die Zuordnung des Kindes zur gebärenden Frau ermögliche eine sofortige, sichere Bestimmung der Mutterschaft und damit auch der rechtlichen Verantwortung für das Kind[316], das besonders in dieser Phase seines Lebens dringend auf die Hilfe der Frau angewiesen sei, die es gebiert, selbst wenn die Fürsorge Dritter zur Stelle sei[317]. Ferner hielt es der Gesetzgeber für geboten, die Mutterschaft der Gebärenden unanfechtbar auszugestalten[318]. Hierdurch soll der verbotenen Leihmutterschaft ein Riegel vorgeschoben werden, indem der „Erzeugerin“ jegliches Recht am Kind

---

309 Zur Embryonenspende kommt es dann, wenn der Frau keine eigenen befruchtungsfähigen Eizellen zur Verfügung stehen und der Ehemann steril ist. In der Regel erfolgt dann eine extrakorporale Befruchtung der gespendeten Eizelle mit dem Sperma eines Samenspenders. Erst im Anschluss daran wird der Embryo in die Gebärmutter der „Wunschmutter“ eingepflanzt, vgl. MünchKomm/Seidel, § 1592, Rdnr. 41; Wohn, Medizinische Reproduktionstechniken, S. 97 ff.; Deutsch, MDR 1985, 177 (181); Laufs, JZ 1986, 769 (769); Schlüter, Familienrecht, § 20, Rdnr. 268.

310 Ist die Ehefrau zwar fruchtbar, aber nicht gebärfähig, steht ihr zur Erfüllung ihres Kinderwunsches der Weg der Leihmutterschaft offen. Im Rahmen dieses Verfahrens wird ihre Eizelle mit dem Samen ihres Ehemannes befruchtet und dann einer anderen Frau zum Austragen der Schwangerschaft eingepflanzt. Vgl. hierzu: Wohn, Medizinische Reproduktionstechniken, S. 117 ff.; Schlegel, FuR 1996, 116 (116); Coester-Waltjen, NJW 1982, 2528 ff.; Brohm JuS 1998, 197 (202).

311 Adoptionsvermittlungsgesetz vom 27.11.1989 (BGBl. I, 2014).

312 Embryonenschutzgesetz vom 13.12.1990 (BGBl. I, 2746).

313 Bilsdorf, MDR 1984, 803 (806); Ostendorf, JZ 1984, 595 (595).

314 Harder, JuS 1986, 505 (508); Holzhauer, FamRZ 1986, 1162 (1166); Kollhosser, JA 1985, 553 (555); Laufs, JZ 1986, 769 (776); MünchKomm/Mutscheler, § 1589, Rdnr. 1 (Band 8, Familienrecht II, 3. Auflage, München 1992).

315 BT-Drucksache 13/4899, S. 82; zustimmend: Gaul, FamRZ 1997, 1441 (1463); Helms, FuR 1996, 178 (187); Muscheler/Beisenherz, JR 1999, 407 (411).

316 MünchKomm/Seidel, § 1591, Rdnr. 2; Gaul, FamRZ 1997, 1441 (1463).

317 MünchKomm/Seidel, § 1591, Rdnr. 1168.

318 BT-Drucksache 13/4899, S. 82; hierzu ausführlicher Seidl, FPR 2002, 402 ff.

versagt wird[319]. Durch die jetzige gesetzliche Regelung kann die rechtliche Zuordnung des Kindes nicht zum Streitobjekt verschiedener Frauen werden.

IV. Vaterschaft

Vaterschaft im Sinne des Bürgerlichen Gesetzbuches entspricht nicht zwingend genetischer Vaterschaft, sondern ergibt sich kraft gesetzlich normierter Vermutung nach § 1592 BGB[320]. Hiernach liegt eine Vaterschaft im Rechtssinne nur dann vor, wenn der Erzeuger im maßgebenden Zeitraum mit der Mutter verheiratet war[321] oder seine Vaterschaft anerkannt hat[322] oder gerichtlich als Vater festgestellt worden ist[323].

1. Vaterschaft kraft Ehe (§ 1592 Nr. 1 BGB)

a) Bestehende Ehe

Nach der Regelung des § 1592 Nr. 1 BGB ist Vater eines Kindes der Mann, der zum Zeitpunkt der Geburt mit der Mutter verheiratet ist[324], mag das Kind auch vor der Ehe gezeugt sein[325]. Dies entspricht der früheren Vorstellung, dass allein der Ehemann Erzeuger des Kindes sein kann („pater is est, quem nuptiae demonstrant")[326]. Die Zuordnung anhand der Ehe mit der Mutter gilt gemäß §§ 1593 S. 1 i.V.m. 1592 Nr. 1 BGB auch für den Fall, dass das Kind bis zu dreihundert Tage nach Auflösung der Ehe durch Tod des Ehemannes geboren wird[327]. Denn anders als bei der Scheidung oder Aufhebung der Ehe liegen bei Tod des Ehemannes keine Anhaltspunkte für ein Zerwürfnis der Eltern vor, welche die Vaterschaft unwahrscheinlich erscheinen

---

[319] So die amtliche Begründung in BT-Drucksache 13/4899, S. 82.

[320] Hohloch, Familienrecht, § 24, Rdnr. 745; Muscheler/Beisenherz, JR 1999, 356 (357); Wieser differenziert zwischen den einzelnen Zurechnungstatbeständen des § 1592: Seiner Ansicht nach meint Nr. 1 den Vater im rechtlichen Sinn, während Nr. 2 und Nr. 3 die „biologische Vaterschaft vermuten", NJW 1998, 2023 (2023).

[321] Eingehend hierzu Rauscher, FPR 2002, 352 ff.

[322] Ausführlich hierzu Rauscher, FPR 2002, 359 ff.

[323] Ausführlich hierzu Kirchmeier, FPR 2002, 370 ff.

[324] Die Geburt innerhalb einer nichtehelichen Lebensgemeinschaft reicht für eine Vaterschaftsvermutung nicht aus; hier fehlt das Stabilitätsmoment der Ehe, bloße häusliche Gemeinschaft ist kein Äquivalent, BT-Drucksache 13/4899, S. 52; zustimmend: MünchKomm/Seidel, § 1592, Rdnr. 5; Lüderitz, Familienrecht, § 22, Rdnr. 635; Gaul, FamRZ 1997, 1441 (1446); Kirchmeier, FamRZ 1998, 1281 (1282).

[325] Maßgebend ist der Zeitpunkt der Geburt, vgl. MünchKomm/Seidel, § 1592, Rdnr.18; Schwab, Familienrecht, § 49, Rdnr. 454; Palandt-Diederichsen, § 1592, Rdnr. 3.

[326] Vgl. Schwenzer, FamRZ 1985, 1 (2).

[327] Steht fest, dass das Kind mehr als dreihundert Tage vor seiner Geburt empfangen wurde, dann ist dieser erweiterte Zeitraum maßgebend (§ 1593 S. 2 BGB).

lassen[328]. Schließt die Mutter jedoch nach dem Tod ihres verstorbenen Ehegatten und vor Geburt ihres Kindes innerhalb der Frist von 300 Tagen eine neue Ehe, so wird das Kind gemäß § 1593 S. 3 BGB dem neuen Ehemann zugerechnet[329].

b) Scheidung oder Aufhebung der Ehe

Wird das Kind nach Scheidung oder Aufhebung der Ehe[330] geboren, so wird es dem früheren Ehemann nicht kraft Ehe zugerechnet, und zwar auch dann nicht, wenn es noch während der bestehenden Ehe gezeugt wurde[331]. Für ein Kind, das kurze Zeit vor der Ehescheidung gezeugt wurde, ist nach Auffassung des Gesetzgebers die Vaterschaft des Ehemannes unwahrscheinlich. Natürlich kann der Ehemann auch in solchen Fällen der Vater sein, doch erfolgt dann die Vaterschaftszurechnung nach § 1592 Nr. 2 oder Nr. 3 BGB. Entscheidend ist allein der Zeitpunkt der Rechtskraft des Scheidungs- oder Aufhebungsurteils[332].

Eine Besonderheit gilt für den Fall, dass das Kind vor Rechtskraft des Scheidungsurteils geboren wird, im Zeitpunkt der Geburt jedoch ein Scheidungsantrag anhängig war. In diesem Fall entfällt die Vaterschaft des Ehemannes nach § 1599 II BGB, sofern ein Dritter die Vaterschaft innerhalb eines Jahres nach Rechtskraft des dem Scheidungsantrag stattgebenen Urteils anerkennt.

2. Vaterschaft kraft Anerkennung (§ 1592 Nr. 2 BGB)

Ist die Mutter zum Zeitpunkt der Geburt des Kindes nicht verheiratet, so kann ihr Partner als Wunschvater die Vaterschaft gemäß § 1592 Nr. 2 BGB anerkennen.

---

328 Vgl. die amtliche Begründung in BT-Drucksache 13/4899, S. 83; MünchKomm/Seidel, § 1593, Rdnr. 2; Helms, FuR 1996, 178 (183).

329 Ohne die Regelung des § 1593 S. 3 BGB hätte es zu einer Kollision von Vaterschaften kraft Ehe kommen können, wenn die Mutter nach dem Tod ihres ersten Ehemannes innerhalb der gesetzlichen Empfängniszeit und vor Geburt des Kindes erneut geheiratet hätte. Zur Vermeidung doppelter Vaterschaft löst das Gesetz diesen Konflikt der Lebenserfahrung entsprechend durch den Vorrang des neuen Ehemannes, § 1593 S. 3 BGB. Wird jedoch rechtskräftig festgestellt, dass der zweite Ehemann nicht der Kindesvater ist, gilt der Verstorbene als Vater des Kindes, § 1593 S. 4 BGB.

330 Die nachträgliche gerichtliche Auflösung der Ehe durch Scheidung gemäß § 1564 S. 2 BGB oder durch Aufhebung gemäß § 1313 S. 2 BGB geschieht mit Wirkung ex nunc, vgl. MünchKomm/Seidel, § 1592, Rdnr. 19.

331 MünchKomm/Seidel, § 1592, Rdnr. 19; Schwab, Familienrecht, § 49, Rdnr. 455; Muscheler/Beisenherz, JR 1999, 356 (358).

332 Schwab, Familienrecht, § 49, Rdnr. 455; Hk-BGB/Kemper, § 1599, Rdnr. 4.

a) Wirksamkeitserfordernisse

Die Anerkennung der Vaterschaft ist ein einseitiges, bedingungsfeindliches[333], form- und zustimmungsbedürftiges Rechtsgeschäft[334]; der Mann gibt dafür die Erklärung[335] ab, er wolle das Kind als von ihm gezeugt gelten lassen[336]. Neben der Erklärung des Vaters bedarf die Anerkennung gemäß § 1595 I BGB der Zustimmung der Mutter. Die Zustimmung des Kindes ist gemäß § 1595 II BGB nur dann erforderlich, wenn der Mutter die elterliche Sorge nicht zusteht[337]. Die Anerkennung kann gemäß § 1594 II BGB keine Wirksamkeit entfalten, sofern die Vaterschaft eines anderen Mannes, etwa kraft Ehe oder seinerseits kraft Anerkennung besteht. Ferner bedürfen Anerkennung und Zustimmungserklärung der öffentlichen Beurkundung, § 1597 I BGB[338]; Bevollmächtigung ist gemäß § 1596 IV BGB ausgeschlossen[339].

Für die Abgabe der Zustimmungserklärung ist keine Frist vorgesehen. Der Anerkennende soll gleichwohl nicht länger als ein Jahr[340] an seine Erklärung gebunden sein, wenn sie bis dahin, insbesondere mangels Vorliegen der erforderlichen Zustimmung nach § 1595 bzw. § 1596 BGB, noch nicht wirksam geworden ist. In diesem Fall kann der Mann nach § 1597 III 1 BGB den Schwebezustand dadurch beenden, dass er seine Anerkennung widerruft[341]. Sobald die Anerkennung wirksam widerrufen ist[342], geht eine dann noch erfolgende Zustimmungserklärung ins Leere.

---

[333] Gemäß § 1594 III BGB ist eine Anerkennung unter einer Bedingung oder Zeitbestimmung unwirksam.

[334] MünchKomm/Wellenhofer-Klein, § 1594, Rdnr. 6.

[335] Lüderitz, Familienrecht, § 22, Rdnr. 636; Hohloch, Familienrecht, § 24, Rdnr. 751.

[336] BGH, Beschluß v. 19.3.1975, Z 64, 129 (129, 130).

[337] Dies betrifft den Fall, dass das Kind volljährig ist, BT-Drucksache 13/4899, S. 85.

[338] Die Beurkundung kann durch einen Notar § 20 I BNotG, den Standesbeamten § 29a I PStG, die Rechtspfleger beim Amtsgericht § 62 I Nr. 1 BeurkG, § 3 Nr. 1f RPflG oder die Urkundsperson beim Jugendamt § 59 I 1 Nr. 1 SGB VIII erfolgen.

[339] Im Falle der Geschäftsunfähigkeit handelt für den anerkennenden Mann sein gesetzlicher Vertreter mit Genehmigung des Vormundschaftsgerichts, § 1596 I 3 BGB. Ist der Anerkennende beschränkt geschäftsfähig, so kann er wegen der Höchstpersönlichkeit der Angelegenheit nur selbst anerkennen, bedarf aber der Zustimmung seines gesetzlichen Vertreters, § 1596 I 1, 2 BGB. Für die zustimmungsberechtigte Mutter gelten nach § 1596 I 4 BGB die Sätze 1-3 entsprechend. Vor dem KindRVerbG beschränkte sich die Verweisung des § 1596 I 4 BGB a.F. nur auf S. 1 und S. 2 (beschränkte Geschäftsfähigkeit), nicht aber auf S. 3 (Geschäftsunfähigkeit); demzufolge war die Möglichkeit der Vaterschaftsanerkennung im Falle der Geschäftsunfähigkeit der Mutter ausgeschlossen.

[340] Entscheidend für den Beginn der Frist ist der Zeitpunkt der öffentlichen Beurkundung nach § 1597 I BGB; MünchKomm/Wellenhofer-Klein, § 1597, Rdnr. 11.

[341] Positiv hierzu äußern sich: Helms, FuR 1996, 178 (180); Schwab/Wagenitz, FamRZ 1997, 1377 (1378); kritisch dagegen: Mutschler, FamRZ 1994, 65 (68).

[342] An den Widerruf sind dieselben Anforderungen zu stellen wie an die ursprüngliche Erklärung; die §§ 1597 I, II, 1594 III, 1596 I, III, IV BGB gelten nach § 1597 III 2 BGB entsprechend. Nach der durch das KindRVerbG erfolgten Neufassung des § 59 I 1 Nr. 1 SGB VIII ist auch die Beurkundung des Widerrufs der Vaterschaftsanfechtung durch das Jugendamt möglich. Somit gelten für alle Erklärungen im Zusammenhang mit der Vaterschaftsanfechtung (Anerkennung, Zustimmung, Widerruf) die gleichen Möglichkeiten öffentlicher Beurkundung, vgl. FN 338.

Für das Kind bleibt die gerichtliche Feststellung oder die Anerkennung eines anderen Mannes als Vater möglich, da die erste Anerkennung ohne die erforderliche Zustimmung keine Wirksamkeit und somit auch keine Sperrwirkung i.S.d. § 1594 II BGB entfaltet.

b) Wirkung

Die Anerkennung begründet – selbst wenn sie wissentlich falsch erfolgt[343] – für und gegen alle den Rechtsschein der Vaterschaft i.S.d. § 1592 Nr. 2 BGB und bestätigt das zwischen einem Kind und seinem Vater vom Zeitpunkt der Geburt an[344] bestehende echte Verwandtschaftsverhältnis i.S.v. § 1589 S. 1 BGB[345].

3. Gerichtliche Feststellung der Vaterschaft (§ 1592 Nr. 3 BGB)

Besteht keine Vaterschaft kraft Ehe oder Anerkennung oder wurde eine solche Vaterschaftszurechnung erfolgreich angefochten[346], so ist die Vaterschaft durch gerichtliche Entscheidung festzustellen[347], §§ 1592 Nr. 3, 1600d BGB.

a) Klageberechtigung

Berechtigt, die Feststellung der Vaterschaft zu betreiben, sind gemäß § 1600e I 1 BGB der Mann gegen das Kind sowie die Mutter[348] oder das Kind gegen den Mann.
Als gesetzliche Vertreterin des Kindes gemäß §§ 1629 I 3, 1626a II BGB ist die Mutter verpflichtet, die Klärung der Vaterschaft und die rechtliche Zuordnung des Kindes zum Vater zu betreiben[349]. Diese Pflicht zu betonen besteht besonderer Anlass, seit die gesetzliche Amtspflegschaft für nichteheliche Mütter (§§ 1709, 1706 BGB

343 Auch wenn die Anerkennung „unrichtig" ist, d.h. wenn eine Abstammung behauptet wird, die nach Kenntnis des Erklärenden ausgeschlossen ist, wird deren Wirksamkeit hiervon (zunächst) nicht berührt. In einem solchen Falle besteht nur die Möglichkeit der Anfechtung nach § 1600 BGB, vgl. OLG Köln, Urteil v. 25.10.2001, NJW 2002, 901 (902).
344 Somit können alle möglichen Ansprüche (z.B. Unterhalts- und Erbschaftsansprüche) rückwirkend geltend gemacht werden; MünchKomm/Wellenhofer-Klein, § 1594, Rdnr. 18 ff.
345 MünchKomm/Wellenhofer-Klein, § 1594, Rdnr. 17; Palandt-Diederichsen, § 1594, Rdnr. 4.
346 Auf die Möglichkeit der Statusänderung des Kindes durch Anfechtung wird im nächsten Abschnitt dieser Arbeit näher eingegangen.
347 Das Verfahren zur gerichtlichen Feststellung der Vaterschaft ist eine Kindschaftssache i.S.v. § 640 II Nr. 1 ZPO, für die das Familiengericht zuständig ist, § 1600e I BGB, § 23b I 2, Nr. 12 GVG, § 621 I Nr. 10 ZPO. Das Vaterschaftsfeststellungsverfahren unterliegt nach §§ 640 I, 616 I ZPO dem Untersuchungssatz.
348 Um die Rechte der Mutter zu stärken, hat der Gesetzgeber die Klagebefugnis der Mutter durch das KindRG neu eingeführt; vgl. BT-Drucksache 13/4899, S. 89.
349 Hohloch, Familienrecht, § 24, Rdnr. 758; Schwab, Familienrecht, § 49, Rdnr. 481.

a.F.) abgeschafft[350] und durch eine bloß freiwillige Beistandschaft[351] mit den Aufgabenkreisen der Vaterschaftsfeststellung und der Geltendmachung von Unterhaltsansprüchen ersetzt ist[352]. Beachtung verdient die Tatsache, dass das minderjährige Kind eine Vaterschaftsfeststellungsklage nur durch seine nicht verheiratete Mutter als seine gesetzliche Vertreterin erheben kann, weil ihr, im Normalfall als Inhaberin der alleinigen elterlichen Sorge gemäß § 1626a II BGB, die Vertretungsmacht nach § 1629 I 3 BGB zusteht. Demnach legt der Gesetzgeber die Betreibung der Vaterschaftsfeststellung und die Begründung der Vater-Kind-Beziehung weitgehend in ihre Hand. Daher besteht zu Recht die Befürchtung, dass die Abstammung und die Vaterschaft ungeklärt bleiben, sofern die Mutter die Klärung der Vaterschaft, aus welchen Gründen auch immer, nicht zu betreiben wagt, und der Vater seinerseits die gerichtliche Feststellung nicht begehrt[353].

Die daraus resultierenden Schwierigkeiten aufgrund widerstreitender Interessen von Mutter und Kind sollten nach Ansicht Mutschlers[354] und Richters[355] durch das Modell einer sog. „zweiten Welle" gelöst werden. Danach sollte der Standesbeamte verpflichtet werden, das Jugendamt einzuschalten, wenn die Mutter nach einem gewissen Zeitablauf immer noch untätig hinsichtlich der Preisgabe des Vaters geblieben ist. Vaterlosigkeit bringe Nachteile für das Kind, da es zum Vater weder soziale, noch unterhaltsrechtliche oder erbrechtliche Beziehungen aufbauen könne. Trotz dieser überzeugenden Darlegungen[356] wurde der Vorschlag vom Gesetzgeber abgelehnt[357].

b) Vaterschaftsfeststellung

Ziel des gerichtlichen Feststellungsverfahrens ist die Ermittlung der biologischen Vaterschaft eines Mannes[358]. Diese kann auf zwei verschiedenen Wegen geschehen[359].

---

[350] Durch Art. 1 Nr. 3 des Beistandsgesetzes vom 4.12.1997 (BGBl. I, 2864) wurde die gesetzliche Amtspflegschaft aufgehoben. Nach früherem Recht war das Jugendamt als gesetzlicher Pfleger gehalten, die Feststellung der Vaterschaft zu betreiben und die Unterhaltsansprüche des Kindes geltend zu machen.

[351] Gemäß § 1712 I BGB tritt die Beistandschaft nur auf schriftlichen Antrag eines Elternteils ein und endet u.a., wenn der Antragssteller dies schriftlich verlangt, § 1715 I 1 BGB.

[352] Der Antrag kann gemäß § 1712 II BGB auch auf eine einzelne Aufgabe beschränkt werden.

[353] Mutschler, FamRZ 1997, 1381 (1384); Richter, FamRZ 1994, 5 (7).

[354] Mutschler, FamRZ 1997, 1381 (1384).

[355] Richter, FamRZ 1994, 5 (8).

[356] Zustimmend, Helms, Feststellung der biologischen Abstammung, S. 84, 85.

[357] Vgl. BT-Drucksache 13/892, S. 25 ff.; zustimmend, Muscheler/Beisenherz, JR 1999, 356 (361).

[358] Palandt-Diederichsen, § 1600d, Rdnr. 1; Muscheler/Beisenherz, JR 1999, 356 (361).

[359] Kirchmeier, FPR 2002, 370 (370); BGH, Urteil v. 1.10.1975, FamRZ 1976, 24 (25); Hohloch, Familienrecht, § 24, Rdnr. 762; Palandt-Diederichsen, § 1600d, Rdnr. 9.

Dabei hat der direkte Nachweis der Abstammung Vorrang vor dem mittelbaren Vaterschaftsbeweis mit Hilfe der Vaterschaftsvermutung[360].

Der Gesetzgeber des Kindschaftsrechtsreformgesetzes stellt in seiner amtlichen Begründung zu § 1600d II BGB[361] fest, dass eine „Vaterschaftsvermutung in der Mehrzahl der Fälle, in denen ein Gutachten eingeholt wird, entbehrlich sein" werde, eben weil der positive Vaterschaftsbeweis gelingen wird. Nur wenn „keine hinreichenden gutachtlichen Ergebnisse gewonnen werden können"[362], soll weiterhin die Vermutung greifen, um das Kind nicht trotz bewiesener Beiwohnung „rechtlich vaterlos" zu lassen. Da sich die naturwissenschaftlichen Methoden der Vaterschaftsfeststellung verfeinert haben und sich die Vaterschaft eines Mannes demnach in der Regel entweder ausschließen oder aber mit einer so hohen Wahrscheinlichkeit feststellen lässt, dass keine vernünftigen Zweifel mehr bestehen, hat die bloße Vaterschaftsvermutung stark an Bedeutung verloren[363].

aa) Direkter Nachweis der Abstammung

Im Abstammungsprozess hat das Gericht den Sachverhalt von Amts wegen zu erforschen, § 640 I i.V.m. § 616 I ZPO. Dies geschieht unter Beiziehung von medizinisch-naturwissenschaftlichen Sachverständigen, deren Gutachten zusammen mit sonstigen Erkenntnisquellen die Basis der Vaterschaftsfeststellung bilden[364]. Das Gericht stellt die Vaterschaft fest, wenn diese nach allen vorliegenden Erkenntnissen und Umständen mit an Sicherheit grenzender Wahrscheinlichkeit anzunehmen ist[365]. Die Entscheidung des Richters ist dabei in der Regel durch Gutachten vorbestimmt, wobei die Blutgruppenuntersuchung als serologisches Beweisverfahren im Vordergrund steht[366].

---

[360] Palandt-Diederichsen, § 1600d, Rdnr. 9; Kirchmeier, FPR 2002, 370 (370); Muscheler/Beisenherz, JR 1999, 356 (361); Rauscher, Familienrecht, § 29, Rdnr. 809; a.A. Hk-BGB/Kemper, § 1600d, Rdnr. 5; Schlüter, Familienrecht, § 21, Rdnr. 285.

[361] BT-Drucksache 13/4899, S. 88.

[362] So zum Beispiel, wenn aufgrund des Todes eines Beteiligten kein Blut und keine Gewebeprobe mehr genommen werden kann.

[363] Kirchmeier, FPR 2002, 370 (370); Gaul, FamRZ 1997, 1441 (1453); Diederichsen, NJW 1998, 1977 (1980); Palandt-Diederichsen, § 1600, Rdnr. 11.

[364] Bei der Erstattung eines Abstammungsgutachtens gibt es verschiedene Systemkategorien. Ein Standardgutachten untersucht die Abstammung auf Grundlage mehrerer Systeme, vgl. die Richtlinien für die Erstattung von Abstammungsgutachten, FamRZ 2002, 1159 ff.; Geserick, FPR 2002, 380 ff., ausführlich zur Abstammungsbegutachtung, Fabricius, FPR 2002, 376 ff.

[365] BGH, Urteil v. 19.12.1990, NJW 1991, 2961 (2962) ; BGH, Urteil v. 12.1.1994, NJW 1994, 1348 (1349).

[366] Die Blutgruppenuntersuchung als Mittel zur Feststellung der offenbaren Unmöglichkeit der Vaterschaft ist in der gerichtlichen Praxis seit 1930 anerkannt. Wenn ein Kind eine Bluteigenschaft aufweist, die weder von der Mutter noch von deren Ehemann oder dem behaupteten Vater stammt, muss ein Dritter der Vater des Kindes sein; folglich sind Ehemann, Anerkennender und beklagter „Vielleicht-Vater" als Vater des Kindes ausgeschlossen, vgl. Lüderitz, Familienrecht, § 22, Rdnr. 674;

bb) Vaterschaftsvermutung

Die Vermutungsregelung des § 1600d II 1 BGB kommt erst dann zum Zuge, wenn sich die genetische Vaterschaft nach Erschöpfung der zur Verfügung stehenden Beweismittel nicht feststellen lässt[367]. Als Vater wird der Mann vermutet, welcher der Mutter während der Empfängniszeit beigewohnt hat. Als Empfängniszeit[368] gilt dabei die Zeit von dem dreihundertsten bis zum einhunderteinundachtzigsten Tag vor der Geburt des Kindes, § 1600d III 1 BGB[369]. Für die Beiwohnung als solche besteht keine Vermutung; sie muss dem als Vater in Anspruch genommenen nachgewiesen werden[370]. § 1600d II 2 BGB schwächt die derart begrenzte Vermutung dadurch weiter ab, dass sie dann nicht gilt, wenn schwerwiegende Zweifel an der Vaterschaft des auf Feststellung in Anspruch genommenen Mannes bestehen. Der Mann kann solche Zweifel mit der „Einrede des Mehrverkehrs"[371] streuen[372]. Vor Abweisung der Vaterschaftsklage hat das Gericht jedoch sämtliche nach Lage des Falles vernünftigerweise für die Ermittlung der Abstammung dienliche und zur Verfügung stehende Beweise zu erheben und weiter nach Klärung der Abstammung oder Nichtabstammung zu forschen[373].

Die erfolgreiche positive Feststellungsklage endet mit der rechtskräftigen, für und gegen alle wirkenden Feststellung der Vaterschaft des beklagten Mannes, § 640h S. 3 ZPO.

V. Schlussfolgerung

Bei der Kindschaftsrechtsreform ist der Gesetzgeber seinem von ihm selbst an erster Stelle genannten Reformziel untreu geworden, wonach vornehmlich „die Rechte der

---

Hohloch, Familienrecht, § 24, Rdnr. 763. Ausführliche Darstellung der Beweismittel im Abstammungsprozeß bei Rittner, NJW 2002, 1745 ff.; Fabricius, FPR 2002, 376 ff.

367 BayOLG, Beschluß v. 21.4.1999, FamRZ 1999, 1363 (1364); Rauscher, Familienrecht, § 29, Rdnr. 809; Staudinger-Rauscher, § 1600d, Rdnr. 3; Palandt-Diederichsen, § 1600d, Rdnr. 11.

368 Die gesetzliche Empfängniszeit ist im Interesse europäischer Rechtsvereinheitlichung von 302 auf 300 Tage verkürzt worden, vgl. BT-Drucksache, 13/4899, S. 83.

369 Steht fest, dass das Kind außerhalb dieses Zeitraums empfangen wurde, so gilt gemäß § 1600d III 2 BGB dieser abweichende Zeitraum.

370 BGH, Urteil v. 13.11.1963, Z 40, 367 (372); Lüderitz, Familienrecht, § 22, Rdnr. 671; Hohloch, Familienrecht, § 24, Rdnr. 760; Hk-BGB/Kemper, § 1600d, Rdnr. 4.

371 Zum sog. „Mehrverkehr", vgl. BGH, Urteil v. 13.7.1988, FamRZ 1988, 1037 ff.

372 Die Tatsache des Mehrverkehrs gibt dem beklagten Mann keinen absoluten Einwand gegen die Feststellung der Vaterschaft, doch kann sie schwerwiegende Zweifel an der Vaterschaft begründen. Die Vermutung ist jedenfalls dann widerlegt, wenn die Vaterschaft des Beklagten nicht wahrscheinlicher ist als die eines anderen Mannes; vgl. BGH, Urteil v. 29.4.1982, FamRZ 1982, 691 (692); Palandt-Diederichsen, § 1600d, Rdnr. 13.

373 Grundlage ist die Wahrscheinlichkeitsabwägung des BGH, vgl. BGH, Urteil v. 6.6.1973, Z 61, 165 (168); BGH, Urteil v. 21.9.1973, NJW 1973, 2249 (2250).

Kinder verbessert und das Kindeswohl auf bestmögliche Art und Weise gefördert" werden sollten[374]. Nach der Aufhebung der gesetzlichen Amtspflegschaft für nichteheliche Mütter gemäß §§ 1709 ff. a.F. und der Einführung einer freiwilligen Beistandschaft (§§ 1712 ff. BGB) liegt es im Belieben der Mutter, ob sie als uneingeschränkte Inhaberin der elterlichen Sorge (§ 1626a II BGB) die Vaterschaftsfeststellung für das minderjährige Kind betreibt. Dies dürfte wohl nicht selten dazu führen, dass aus verschiedenen Gründen eine Vaterschaftsfeststellung unterbleibt. Auf diese Weise hat der Gesetzgeber die Rechte der Mutter ohne eine adäquate Begleitlösung für den Schutz des Kindes gestärkt. Eine solche Entwicklung könnte langfristig gesehen zu einer Vereitelung des grundrechtlich geschützten Rechts jedes Kindes auf Kenntnis der eigenen Abstammung gemäß Art. 2 I i.V.m. Art. 1 I GG führen und ferner seine Unterhaltsansprüche und seine erbrechtliche Stellung gegenüber dem Vater gefährden. Erstaunlich ist, dass trotz aller Betonung des Rechts auf Kenntnis der eigenen Abstammung durch die Rechtsprechung des Bundesverfassungsgerichts[375] nicht bedacht wurde, dass sich eine Abschaffung der Amtspflegschaft negativ auf die Interessen des Kindes auswirken kann. Hierbei wäre es sachgerechter gewesen, der Mutter in ihrer Eigenschaft als gesetzliche Vertreterin die Pflicht zur Klärung der Vaterschaft gesetzlich zuzuweisen. Unterlässt die Mutter des minderjährigen Kindes die zur Feststellung der Vaterschaft notwendigen Schritte, so erscheint das von Mutschler entwickelte Modell der sog. „zweiten Welle"[376] interessengerecht.

Auch weitere Regelungen liefern das Kind ohne Schutz der eigenen Interessen ganz den Elterninteressen aus[377]. Im Rahmen des § 1592 Nr. 2 BGB hat das Kind keinen Einfluss auf die Vaterschaftsanerkennung und ist zur Wahrung seiner Interessen darauf angewiesen, nach Volljährigkeit durch ein gerichtliches, „kostenträchtiges"[378] Feststellungsverfahren im Falle der Zustimmungsverweigerung durch die Mutter oder durch Anfechtung der Anerkennung bei interessenwidriger Zustimmung durch die Mutter, die Klärung der genetischen Vaterschaft herbeizuführen. Der Gesetzgeber verteidigt das Zustimmungserfordernis der Mutter nach § 1595 I BGB damit, dass sie von der Anerkennung der Vaterschaft betroffen werde und ihr daher schon beim Entstehungsvorgang ein Mitwirkungsrecht gegeben werden müsse[379]. Genau dieses Argument trifft jedoch auch für die Person des Kindes zu; dieses wird ebenso von der Anerkennung der Vaterschaft betroffen[380]. Das Zustimmungserfordernis der Mutter nach § 1595 I BGB ist im Hinblick auf das verfassungsrechtlich geschützte Recht des Kindes auf Kenntnis seiner genetischen Abstammung nach Art. 2 I i.V.m. Art. 1 I GG

---

[374] Vgl. die formulierte „Zielsetzung" in BT-Drucksache 13/4899, S. 1, 29.
[375] Vgl. BVerfGE 79, 256 ff.; BVerfGE 90, 263 ff.
[376] Mutschler, FamRZ 1996, 1381 (1384); vgl. oben S. 74, 75.
[377] Das „Kind als Handelsobjekt", so die Bezeichnung von Seidel, in MünchKomm, Vor § 1591, Rdnr. 26.
[378] MünchKomm/Wellenhofer-Klein, § 1595, Rdnr. 3; Gaul, FamRZ 1997, 1441 (1450).
[379] BT-Drucksache 13/4899, S. 54.
[380] So zutreffend, Gaul, FamRZ 1997, 1441 (1450).

äußerst bedenklich[381], da mit ihr nicht hinreichend gewährleistet wird, dass die Mutter das Recht ihres Kindes auf Kenntnis seiner genetischen Abstammung respektiert. Der Status des Kindes wird zur freien Disposition seiner am Eigeninteresse orientierten Mutter gestellt. Die Mutter kann aus eigensüchtigen Motiven ungeachtet der wirklichen Vaterschaft die Anerkennung verhindern oder fördern. Der Gesetzgeber übersieht insoweit, dass es Interessenkonflikte zwischen Mutter und Kind geben kann und es sinnvoll gewesen wäre, die Zustimmung des Kindes i.S.d. § 1600c I BGB a.F. beizubehalten und für solche Fälle die Übertragung der Zustimmungserklärung des Kindes auf einen gerichtlich bestellten Pfleger vorzusehen[382].

Nicht einmal das volljährige Kind kann durch seine Zustimmung die Vaterschaftsanerkennung erreichen, da insoweit nach § 1595 I, II BGB eine Kumulation der Zustimmungen von Mutter und Kind vorgesehen ist. Die Frage der väterlichen Abstammung beeinflusst zwar grundsätzlich auch die Stellung der Mutter, doch spielen diese Überlegungen bei volljährigen Kindern naturgemäß keine große Rolle. In Anbetracht der Tatsache, dass in Reaktion auf die Entscheidungen des Bundesverfassungsgerichts[383] für das volljährige Kind im Rahmen der Kindschaftsrechtsreform ein sachlich unbeschränktes Anfechtungsrecht eingeführt wurde, um seinem Interesse an der Feststellung der biologischen Abstammung gemäß Art. 2 I i.V.m. Art. 1 I GG gerecht zu werden, erscheint das Zustimmungserfordernis der Mutter im Falle der Volljährigkeit des Kindes verfassungsrechtlich bedenklich. Ein berechtigtes Interesse der Mutter, gegen den Willen des volljährigen Kindes ihre Zustimmung zur Vaterschaftsanerkennung zu verweigern, ist nicht ersichtlich.

Zutreffend weist Lüderitz darauf hin, dass die Interessen des Kindes im Zuge der Kindschaftsrechtsreform nur noch „nach Überwindung eines tatsächlich erheblichen Hindernisses verwirklicht werden“[384]. Die Beschränkung der Kindesrechte überrascht vor allem deshalb, weil das Kindschaftsrechtsreformgesetz im Anschluss an die Entscheidungen des Bundesverfassungsgerichts über den grundrechtlichen Schutz des Kindes auf Kenntnis der genetischen Abstammung ausgearbeitet wurde.

---

[381] Palandt-Diederichsen, § 1595, Rdnr. 1; MünchKomm/Wellenhofer-Klein, § 1595, Rdnr. 3; Rauscher, FPR 2002, 359 (365).

[382] So auch Gaul, FamRZ 1997, 1441 (1450).

[383] BVerfG, Urteil v. 31.1.1989, E 79, 256 ff.; BVerfG, Beschluß v. 26.4.1994, E, 90, 263 ff.

[384] Lüderitz, Familienrecht, § 22, Rdnr. 640.

B. Möglichkeiten der Statuskorrektur zur Durchsetzung des Rechts auf Kenntnis der genetischen Abstammung de lege lata

Im vorangehenden Abschnitt wurden die gesetzlichen Regelungen zur Begründung der primären Mutter/Vater-Kind-Zuordnung dargestellt. Dabei stand die Frage in Vordergrund, inwieweit und unter welchen Voraussetzungen mit ihrer Hilfe eine Übereinstimmung von rechtlichem Status und genetischer Abstammung herbeigeführt wird. Nunmehr soll in einem zweiten Abschnitt untersucht werden, unter welchen Voraussetzungen ein ursprünglich erlangter Status beseitigt werden kann, wenn er mit der genetischen Abstammung nicht übereinstimmt. Hierbei soll nicht nur auf die Möglichkeiten des Kindes eingegangen werden, von seinen genetischen Eltern Kenntnis zu erhalten, sondern auch ein besonderes Augenmerk auf die Frage gerichtet werden, ob das geltende Recht die individuellen Motive des Kindes für das Begehren zur Feststellung der eigenen Identität hinreichend berücksichtigt.

I. Anfechtung der Mutterschaft

Das gesetzliche Leitbild der Mutterschaft führt im Falle einer Ei- oder Embryonenspende sowie der Leihmutterschaft zu einer Trennung von genetischer und rechtlicher Mutterschaft. Insoweit ist auf diese schon in früherem Zusammenhang dargestellte Problematik zu verweisen[385]. Dem Kind ist die Anfechtung der gesetzlichen Mutterschaft mit dem Ziel, seine genetische Abstammung mütterlicherseits zum Zwecke der Statuskorrektur feststellen zu lassen, verwehrt. Der Gesetzgeber versteht die Mutterschaftszuordnung als unabänderbar[386]; demzufolge stellt das Gesetz kein Instrument zur Verfügung, mit dem die Mutterschaft in Frage gestellt werden könnte[387].

II. Anfechtung der Vaterschaft

Zur Anfechtung der Vaterschaft berechtigt sind gemäß § 1600 I BGB[388] der Mann, dessen Vaterschaft nach § 1592 Nr. 1 und Nr. 2, § 1593 BGB besteht, die Mutter und

[385] Siehe Kapitel 2 A III.

[386] Der Entwurf BT-Drucksache 13/4899, S. 82 sieht die Zuordnung als „von vornherein unverrückbar".

[387] Mutschler, FamRZ 1996, 1381 (1385) kritisiert das neue Abstammungsrecht im Hinblick auf dessen Unvollständigkeit und Unklarheit und befürwortet die Möglichkeit einer Anfechtung der gesetzlichen Mutterschaft; ebenso MünchKomm/Seidel, § 1591, Rdnr. 19, 23 m.w.N., der die gesetzliche Lösung als „kurzsichtig" bezeichnet und drei Möglichkeiten zur Statuskorrektur vorschlägt; ders., FPR 2002, 402 (402); a.A. Quantius, FamRZ 1998, 1145 (1150).

[388] Die in diesem Abschnitt maßgeblichen Vorschriften sind durch das „Gesetz zur Änderung der Vorschriften über die Anfechtung der Vaterschaft und das Umgangsrecht von Bezugspersonen des Kindes" vom 23.04.2004 (BGBl. I, 598) geändert worden. Die Ausführungen beziehen sich auf die vor diesem Datum geltende Rechtslage.

das Kind. Dieser Bestimmung liegt die gesetzgeberische Wertung zugrunde, dass die unterschiedlich ausgestalteten Institute der Ehelichkeitsanfechtung und der Anfechtung der Vaterschaftsanerkennung durch ein einheitliches Rechtsinstitut der Vaterschaftsanfechtung abgelöst werden sollten[389]. Das Anfechtungsverfahren[390] hat zum Ziel, die Fiktion einer nicht mit der genetischen Vaterschaft übereinstimmenden rechtlichen Vaterschaft zu beseitigen, die auf der Grundlage der Ehe mit der Mutter (§§ 1592 Nr. 1, 1593 BGB) bzw. einem Anerkenntnis (§ 1592 Nr. 2 BGB) beruht.

Im Rahmen des Kinderrechteverbesserungsgesetzes wurde ein neuer Absatz 2 in § 1600 BGB eingefügt[391], nach dem die Anfechtung der Vaterschaft durch den Mann oder die Mutter ausgeschlossen ist, wenn das Kind mit Einwilligung beider durch künstliche Befruchtung mittels Samenspende eines Dritten gezeugt wurde. Von „Paaren, die im Einvernehmen miteinander in die künstliche Übertragung des Samens eines Fremden einwilligen", müsse erwartet werden, „dass sie zu der gemeinsam übernommenen Verantwortung für das hierdurch gezeugte Kind auch nach der Geburt und unter veränderten Lebensumständen stehen"; im Hinblick auf diese Verantwortung könne „eine Aufkündigung der hierdurch rechtlich begründeten Vaterschaft durch nachträgliche Anfechtung nicht zugelassen werden"[392]. Diese Regelung sei notwendig, um die auf diese Weise gezeugten Kinder zu schützen; diese verlören anderenfalls nach erfolgreicher Anfechtung Unterhalts- und Erbansprüche, sowie die persönliche Beziehung zu ihrem bisherigen Vater[393].

1. Kreis der Anfechtungsberechtigten

a) Anfechtungsrecht des Mannes

Die Anfechtung der Vaterschaft erfolgt durch eine Klage des Mannes gegen das Kind vor dem Familiengericht, §§ 1599 I, 1600 I, 1600e I BGB. Der Klageantrag geht dahin, festzustellen, dass der Mann, für den eine Vaterschaft nach § 1592 Nr. 1 oder 2 BGB besteht, im Rechtssinne nicht der Vater des Kindes ist, weil er nicht der Erzeuger dieses Kindes ist[394]. Das Anfechtungsrecht des Mannes unterliegt keinen sachlichen Einschränkungen, weil ihm grundsätzlich die uneingeschränkte Befugnis bleiben

---

[389] BT-Drucksache 13/4899, S. 86.

[390] Ausführlich hierzu, Wanitzek, FPR 2002, 390 ff.

[391] Im Rahmen des Gesetzes zur Änderung der Vorschriften über die Anfechtung der Vaterschaft (vgl. FN 388) wurde der neu eingefügte Absatz 2 des § 1600 BGB zum Absatz 4.

[392] So die Entwurfsbegründung, BT-Drucksache 14/2096, S. 6, 7.

[393] BT-Drucksache 14/2096, S. 7: der BGH hatte in ständiger Rechtsprechung eine solche Anfechtung zugelassen, BGH, Urteil v. 7.4.1983, Z 87, 169 ff.; BGH, Urteil v. 3.5.1995, Z 129, 297 ff.; so auch OLG Köln, Beschluß v. 13.11.1996, FamRZ 1997, 1171 ff.

[394] Die Tatsache des bewusst wahrheitswidrigen Anerkenntnisses genügt nicht, um einer Vaterschaftsanfechtung den Einwand des Rechtsmissbrauchs entgegenzuhalten, da der Gesetzgeber die Anfechtung nicht davon abhängig macht, dass der Anerkennende erst nach dem Anerkenntnis von seiner Nichtvaterschaft erfährt, vgl. OLG Köln, NJW 2002, 901 (902); Palandt-Diederichsen, § 1600b, Rdnr. 1.

muss, die Rechtsbeziehungen zu einem Kind, das nicht das seine ist, im Wege der Klärung durch die Vaterschaftsanfechtungsklage zu lösen und die mit der Vaterschaft verbundenen Rechtsfolgen abzuwenden[395]. Ihm ist nicht zuzumuten, etwa mit Rücksicht auf das Kindeswohl die Bürden einer Rechtsbeziehung aufrechtzuerhalten, nur weil beispielsweise die Geburt des Kindes während der Ehe auf seine Vaterschaft scheinbar hinwies, in Wahrheit aber das Kind von einem Dritten abstammt.

b) Anfechtungsrecht der Mutter

Vor dem Kindschaftsrechtsreformgesetz wurde häufig kritisiert, dass der Mutter kein eigenes Recht zur Ehelichkeitsanfechtung zustand, was zum Teil im Hinblick auf Art. 3 II GG als verfassungswidrig[396], jedenfalls aber als überdenkenswert eingeschätzt wurde[397], da der Personenstand des Kindes auch für die Rechtsstellung der Mutter bestimmend sei[398]. Die Vaterschaftsanfechtung betreffe unmittelbar die Vater-Kind-Beziehung; die Mutter sei jedoch mittelbar in ihren eigenen rechtlichen Interessen tangiert, namentlich hinsichtlich der Auswirkungen der Vaterschaftsanfechtung auf den Umfang ihres Sorgerechts[399].

Nach der Kindschaftsrechtsreform zählt die Mutter zum Kreis der Anfechtungsberechtigten, § 1600 I Nr. 3 BGB. Das ursprünglich vorgesehene einschränkende Erfordernis der Kindeswohlprüfung bzw. Zustimmung des volljährigen Kindes im Falle der Vaterschaftsanfechtung durch die Mutter ist nicht Gesetz geworden, da dem Interesse der Mutter, die unzutreffende rechtliche Zuordnung des Kindes zu beseitigen, kein geringerer Wert beigemessen werden könne als dem Anfechtungsinteresse von Vater und Kind[400].

c) Anfechtungsrecht des Kindes

Um das vom Bundesverfassungsgericht angemahnte Recht auf Kenntnis der eigenen Abstammung zu verwirklichen[401], führte das Kindschaftsrechtsreformgesetz in Abkehr von § 1696 I Nr. 1-5 BGB a.F. ein sachlich unbeschränktes Anfechtungsrecht des volljährigen Kindes ein. Das Anfechtungsrecht des minderjährigen Kindes, das von seinen Sorgeberechtigten auszuüben ist (§ 1600a III BGB), ist einem

---

395 OLG Köln, NJW 2002, 901 (903); Gaul, FamRZ 1997, 1441 (1457); Edenfeld, FuR 1996, 190 (194).

396 Finger war der Auffassung, dass die „Verbannung der Mutter aus dem Kreis der Anfechtungsberechtigten handfest gegen Diskriminierungsverbote aus Art. 3 GG" verstoße, NJW 1984, 846 (849) m.w.N.

397 Beitzke, FS Müller-Freienfels, S. 31 (48 ff.); Oberloskamp, FuR 1991, 263 (269).

398 Gernhuber/Coester-Waltjen, Familienrecht, § 52 III, S. 813.

399 Vgl. auch Gaul 1997, 1441 (1457).

400 BT-Drucksache 13/4899, S. 148.

401 BVerfGE 79, 256 ff., BVerfGE 90, 263

Kindeswohlvorbehalt[402] unterworfen, § 1600a IV BGB. Es gilt eine Abwägung vorzunehmen zwischen den wirtschaftlichen Interessen des Kindes, seinen sozialen und emotionalen Bindungen und dem Interesse des Kindes an der Kenntnis seiner wahren Abstammung[403].

d) Anfechtungsausschluss für den Erzeuger des Kindes

Bei einem Auseinanderfallen von rechtlicher und genetischer Vaterschaft wird dem rechtlichen Vater, nicht aber dem genetischen Vater die Klärung der Abstammung gestattet[404]. Über die Interessen des wahren Erzeugers geht das Gesetz zugunsten des Kindes und der Aufrechterhaltung der einmal geschaffenen personenstandsrechtlichen Zuordnung hinweg[405]. Das durch die Ehe mit der Mutter oder durch Anerkennung geknüpfte familienrechtliche Band (soziale Familie) soll nicht durch Außenstehende zerstört werden können[406].

Einige Stimmen in der Literatur äußern verfassungsrechtliche Bedenken hinsichtlich der fehlenden Anfechtungsmöglichkeit des Erzeugers[407]. Schumann hat den Umstand, dass dem leiblichen Vater ausnahmslos die Geltendmachung der rechtlichen Zuordnung zu seinem Kind verwehrt wird, als Verstoß gegen Art. 6 II 1 GG gewertet und zur Notwendigkeit eines Abwägungsprozesses ausgeführt[408]: „Bei der verfassungs-konformen Ausgestaltung des Anfechtungsrechts des leiblichen Vaters ist zu gewährleisten, dass erstens Kindeswohl und Eheschutz nicht verletzt werden und zweitens sichergestellt wird, dass die Vaterschaft des Anfechtenden festgestellt wird.“ Helms bezieht sich auf die Entscheidung des Bundesverfassungsgerichts vom 31.1.1989, indem das Gericht dem Recht des Kindes auf Kenntnis seiner

---

402 Die Kindeswohlprüfung tritt funktional an die Stelle der früheren vormundschaftsgerichtlichen Genehmigung (§§ 1597 I, III, 1600k I 2, II BGB a.F.), die sich ebenfalls am Wohl des Kindes zu orientieren hatte, siehe MünchKomm/Mutschler, 3. Auflage, § 1597, Rdnr. 7.

403 Vgl. Wanitzek, FPR 2002, 390 (392, 393); Eidenmüller, JuS 1998, 789 (793).

404 Durch das Gesetz zur Änderung der Vorschriften über die Anfechtung der Vaterschaft vom 23.04.2004 ist dem Mann, der an Eides statt versichert, der Mutter des Kindes während der Empfängniszeit beigewohnt zu haben, ein Anfechtungsrecht eingeräumt worden, § 1600 I Nr. 2 BGB n.F.

405 BT-Drucksache 13/4899, S. 57; Dies entspricht der Ansicht des BGH, der ein berechtigtes Interesse des Erzeugers an der Anfechtung zwar in Erwägung zieht, dieses aber hinter das Kindeswohl und den Schutz der ehelichen Familie zurücktreten lässt, vgl. BGH, Urteil v. 25.3.1981, FamRZ 1981, 538 (538); so auch Finger, NJW 1984, 846 (849); Mutschler, FamRZ 1994, 65 (69); AmtsG Bielefeld, Urteil v. 30.1.2002, FamRZ 2003, 885 (885); OLG Düsseldorf, Urteil v. 24.6.2003, FamRZ 2003, 1578 (1579).

406 OLG Köln, Urteil v. 30.8.2001, NJW-RR 2002, 4 (5); AmtsG Bielefeld, FamRZ 2003, 885 (885); OLG Düsseldorf, FamRZ 2003, 1578 (1579).

407 Palandt-Diederichsen, § 1600, Rdnr. 3; Staudinger-Rauscher, § 1600, Rdnr. 27-31; MünchKomm/Wellenhofer-Klein, § 1600, Rdnr. 10; Wantizek, FPR 2002, 390 (394); Helms, FamRZ 1997, 913 ff.; Schumann, FamRZ 2000, 389 ff.; Schwenzer, FamRZ 1985, 7 ff.; Böhm, ZRP 1992, 334 ff.

408 Schumann, FamRZ 2000, 389 (391).

biologischen Herkunft verfassungsrechtlichen Rang verliehen hat und betont, dass kein Grund ersichtlich sei, warum umgekehrt dem Interesse des Mannes an der Kenntnis seiner Nachkommenschaft jede Berechtigung abgesprochen werden sollte[409]. Vereinzelt wird auch die Ungleichbehandlung des biologischen Vaters und der Mutter wegen Verstoßes gegen Art. 3 II GG für verfassungswidrig gehalten[410].

Diese Problematik spielt eine maßgebliche Rolle im Hinblick auf die jüngste Entscheidung des Bundesverfassungsgerichts vom 9. April 2003[411] zur Rechtsstellung des biologischen Vaters; bei dieser Entscheidung hatte das Bundesverfassungsgericht erstmals die Möglichkeit, die Regelung des § 1600 I BGB auf ihre Verfassungsgemäßheit hin zu überprüfen.

aa) Beschluß des Bundesverfassungsgerichts vom 9. April 2003

Im Kern dieser Entscheidung ging es um die Frage, ob der sog. „biologische Vater" den Schutz des Art. 6 I und II 1 GG genieße und sich darauf ein Recht auf Anfechtung der rechtlichen Vaterschaft zur Feststellung der eigenen Vaterschaft und auf Umgang mit dem Kinde gründen lasse.

In seiner ausführlichen Begründung stellte das Gericht zunächst fest, dass auch der leibliche, aber nicht rechtliche Vater eines Kindes unter dem Schutz von Art. 6 II 1 GG stehe[412]. Leiblicher Vater eines Kindes zu sein, könne diesen allein allerdings noch nicht zum Träger des Elternrechts aus Art. 6 II 1 GG machen. Diese Grundrechtsnorm schütze den leiblichen Vater aber in seinem Interesse, die Rechtsstellung als Vater eines Kindes einzunehmen, was jedoch nicht bedeute, dass ihm in jedem Falle vorrangig vor dem rechtlichen Vater die Vaterstellung einzuräumen sei. Der Gesetzgeber habe ihm jedoch die Möglichkeit zu eröffnen, die rechtliche Vaterposition zu erlangen, wenn dem der Schutz einer familiären Beziehung zwischen dem Kind und seinen rechtlichen Eltern nicht entgegenstehe. Daher sei § 1600 I BGB mit Art. 6 II 1 GG insoweit unvereinbar, als er dem leiblichen Vater auch dann das Recht auf Anfechtung der infolge Anerkennung bestehenden rechtlichen Vaterschaft vorenthalte, wenn die rechtlichen Eltern mit dem Kind keine soziale Familie bildeten, die nach Art. 6 I GG zu schützen wäre[413]. Habe ein Mann, ohne leiblicher Vater des Kindes zu sein, die Vaterschaft zwar anerkannt, lebe er aber mit der Mutter und dem Kinde nicht zusammen, gebe es keinen hinreichenden Grund, dem leiblichen Vater zu verwehren, auch rechtlich als Vater anerkannt und in die Pflicht genommen zu werden. Auch die Interessen von Mutter und Kind stünden dem nicht

[409] Helms, FamRZ 1997, 913 (914); in seiner Monographie „Feststellung der biologischen Abstammung" führt er einige Fallgruppen auf, in denen ein Anfechtungsrecht des leiblichen Vaters erwägenswert erscheint, S. 108 ff.

[410] Palandt-Diederichsen, § 1600, Rdnr. 3; Staudinger-Rauscher, § 1600, Rdnr. 28; Huber, FamRZ 2003, 825 (825).

[411] BVerfG, Beschluß v. 9.4.2003, NJW 2003, 2151 ff.

[412] BVerfG, NJW 2003, 2151 (2152).

[413] BVerfG, NJW 2003, 2151 (2155).

entgegen[414]. Würde ihm die Möglichkeit versagt, seine leibliche Vaterschaft als Voraussetzung für einen Zugang zur rechtlichen Vaterschaft feststellen zu lassen, bliebe ihm der Zugang zur Grundrechtsträgerschaft versperrt, was dem Anliegen von Art. 6 II 1 GG widerspräche[415]. Deshalb sei § 1600 I BGB mit Art. 6 II 1 GG so weit nicht vereinbar, wie er den leiblichen, aber nicht rechtlichen Vater eines Kindes ausnahmslos von der Anfechtung einer Vaterschaftsanerkennung ausschließe[416].

Allerdings beschränkte das Gericht diesen Schutz, den Art. 6 II 1 GG dem leiblichen Vater gewährt, nur auf den Zugang zu einem Verfahren, auch rechtlich die Vaterstellung einnehmen zu können. Das Begehren allein, Kenntnis und Gewissheit über die Abstammung eines Kindes zu erlangen, könnte nicht auf Art. 6 II 1 GG gestützt werden, da ihm insoweit der Bezug zur Elternverantwortung fehle[417]. Ebenso wie das Recht des Kindes auf Kenntnis der eigenen Abstammung in seinem Persönlichkeitsrecht begründet sei, betreffe auch der Wunsch eines Mannes nach Kenntnis, ob ein Kind von ihm abstamme, sein Selbstverständnis und die Möglichkeit, sich als Individuum nicht nur sozial, sondern auch genealogisch in eine Beziehung zu anderen zu stellen und somit sein von Art. 2 I i.V.m. Art. 1 I GG geschütztes Persönlichkeitsrecht. Ob ihm allerdings aus dem Persönlichkeitsrecht ein Anspruch erwachse, die Abstammung des Kindes von ihm gerichtlich klären zu lassen, könne offen bleiben, da es in dem vorliegenden Falle nicht allein um eine solche Klärung gehe. Ein Anspruch auf Zuerkennung der rechtlichen Vaterschaft folge jedoch nicht aus dem allgemeinen Persönlichkeitsrecht[418].
Der Gesetzgeber sei gehalten, die Rechtslage mit der Verfassung in Einklang zu bringen und dem biologischen Vater unter bestimmten Voraussetzungen ein Anfechtungsrecht einzuräumen[419].

bb) Bewertung der Entscheidung

Die Neubewertung der Rechtsstellung des biologischen Vaters durch das Bundesverfassungsgericht entgegen der Vorstellung des Gesetzgebers ist sehr zu begrüßen. Der historische Rückblick[420] hat die unterschiedlichen Faktoren, die das jeweils geltende Abstammungsrecht beeinflusst haben, aufgezeigt. Bei der Schaffung des Bürgerlichen Gesetzbuches wurde ein Ehelichkeitsanfechtungsrecht des biologischen Vaters gar nicht in Erwägung gezogen, was nicht weiter verwundert, war für den Gesetzgeber doch allein die „Ehe diejenige sittliche Grundlage (….), welche die Voraussetzung familienrechtlicher Pflichten und Rechte bildet.“[421]. Heute kann

[414] BVerfG, NJW 2003, 2151 (2155).
[415] BVerfG, NJW 2003, 2151 (2154).
[416] BVerfG, NJW 2003, 2151 (2157).
[417] BVerfG, NJW 2003, 2151 (2154).
[418] BVerfG, NJW 2003, 2151 (2154).
[419] BVerfG, NJW 2003, 2151 (2158).
[420] Vgl. hierzu Kapitel 1 A.
[421] Motive Bd. IV, S. 8.

jedoch ein generelles Desinteresse nichtehelicher Väter an dem Schicksal ihrer Kinder nicht mehr angenommen werden. Vielmehr haben diese sich teilweise in Interessengemeinschaften zusammengeschlossen, um ihren Forderungen nach größerem rechtlichen Einfluss und verstärkten Kontaktmöglichkeiten politischen Nachdruck zu verleihen[422].
Zu Recht weist das Bundesverfassungsgericht darauf hin, dass der generelle Ausschluss des Anfechtungsrechts des biologischen Vaters weder mit den Interessen der Mutter, noch mit denen des rechtlichen Vaters begründet werden kann[423]. Der mögliche Wunsch der Mutter, das Elternrecht nicht mit einem Manne teilen zu müssen, mit dem sie in keiner sozialen Beziehung mehr steht, kann den Ausschluss der Vaterschaftsanfechtung durch den biologischen Vater nicht rechtfertigen, da dessen Elternstellung nicht von ihrem Willen abhängen kann[424]. Die Mutter hat weder dem Kinde gegenüber das Recht, ihm seinen Vater vorzuenthalten oder ihm statt seines leiblichen Vaters einen anderen als Vater aufzudrängen, noch hat sie dem leiblichen Vater gegenüber das Recht, diesem die rechtlich anerkannte Vaterschaft zu verwehren. Nicht eingegangen ist das Bundesverfassungsgericht in seinem Beschluss darauf, dass der leibliche Vater gegenüber der Mutter angesichts ihres Anfechtungsrechts (§ 1600 I BGB) ohne sachlichen Grund ungleich behandelt wird und deshalb zudem eine nach Art. 3 II 1 GG verbotene Diskriminierung vorliegt[425].

Dem Interesse des leiblichen Vaters an einer Anfechtung der rechtlichen Vaterschaft zum Zwecke der Anerkennung seines Kindes können andere Verfassungsgüter entgegenstehen. Zu berücksichtigen ist, dass der rechtliche Vater, der als Träger des Elternrechts aus Art. 6 II 1 GG für das Kind Elternverantwortung wahrnimmt, infolge der Anfechtung seiner Vaterschaft seine bisherige Rechtsstellung gegenüber dem Kind verliert[426]. Ferner hat die Mutter ein durch Art. 6 I GG verfassungsrechtlich geschütztes Interesse, ihre bestehende Ehe und den Familienfrieden vor Beeinträchtigungen durch andere zu schützen[427]. Gleichwohl können diese Belange einen prinzipiellen Ausschluss der Vaterschaftsanfechtung durch den biologischen Vater nicht legitimieren. Ein Interessenausgleich zwischen kollidierenden Verfassungsgütern kann nicht stattfinden, wenn es dem leiblichen Vater bereits verwehrt ist, einen Abwägungsprozess in Gang zu setzen. Der Gesetzgeber, der dem „falschen“ Vater die Elternstellung zuweist, muss dem „echten“ Vater wenigstens dann Gelegenheit zur Korrektur dieser Zuweisung geben, wenn diese im Einzelfall ohne Verletzung anderer Verfassungsgüter – etwa weil die Ehe der Mutter beendet ist und das Kind zum leiblichen Vater soziale Bindungen entwickelt hat – vorgenommen werden kann. Folglich sind die unterschiedlichen familiären Konstellationen zu berücksichtigen, die jeweils eine differenzierte Interessenabwägung erfordern. Da der

[422] Stein-Hilber, ZRP 1993, 256 (258); ders., FuR 1991, 198 (200); Conen, FuR 1996, 171 (173).
[423] BVerfG, NJW 2003, 2151 (2154).
[424] BVerfG, NJW 2003, 2151 (2155), zustimmend Rakete-Dombek, FPR 2003, 478 (478).
[425] Palandt-Diederichsen, § 1600, Rdnr. 3; Staudinger-Rauscher, § 1600, Rdnr. 28; Huber, FamRZ 2003, 825 (825); Roth, NJW 2003, 3153 (3157).
[426] BVerfG, NJW 2003, 2151 (2154); Roth, NJW 2003, 3153 (3157).
[427] BVerfG, NJW 2003, 2151 (2154).

Gesetzgeber dem leiblichen Vater nicht einmal die Möglichkeit eingeräumt hat, durch Geltendmachung seiner Belange eine solche Abwägung zu erreichen, ist die Regelung als unverhältnismäßig zu qualifizieren[428].

Die vom biologischen Vater angestrebte Vaterschaftsanfechtung begründet einen Interessenkonflikt, dessen abwägende Ausgleichung Aufgabe des Familienrechts ist. Nachdem das Grundrecht des rechtlichen Vaters aus Art. 6 II 1 GG, sowie das durch Art. 6 I GG geschützte Interesse der Mutter, ihre bestehende Ehe und den Familienfrieden nicht zu gefährden, das Grundrecht des biologischen Vaters aus Art. 6 II 1 GG nicht verdrängen und keinen generellen Ausschluss seines Anfechtungsrechts legitimieren, muss die praktische Konkordanz mit Blick auf die Interessen und Belange des Kindes gefunden werden. Hierauf stellt auch das Bundesverfassungsgericht letztlich maßgeblich ab[429]. Zu berücksichtigen sind die Bedürfnisse des Kindes nach dauernden Gefühlsbindungen und stabilen familiären Verhältnissen. Für die Persönlichkeitsentwicklung eines Kindes ist neben seiner Beziehung zu seinen jeweiligen Bezugspersonen (die Eltern, wenn auch nicht die leiblichen) das Wissen und die Gewissheit, von wem es genetisch abstammt, von maßgebender Bedeutung. Das verfassungsrechtlich geschützte Recht des Kindes auf Kenntnis der Abstammung gemäß Art. 2 I i.V.m. Art. 1 I GG kann wichtige Anknüpfungspunkte für das Verständnis des familiären Zusammenhangs geben[430]. Das Statussystem hat neben seiner Klarstellungsfunktion auch die soziale und gesellschaftliche Aufgabe, die Entstehung eines Zusammengehörigkeits- und Verantwortungsgefühls zwischen den Kindern und den leiblichen Eltern zu begünstigen und nicht von vornherein zu verwehren.

Da auch die sozialen Entwicklungen immer stärker gegen einen völligen Anfechtungsausschluss für den leiblichen Vater sprechen, ist der Gesetzgeber erfreulicherweise aufgrund der Entscheidung des Bundesverfassungsgerichts gehalten, ein in dieser Hinsicht notwendiges Umdenken einzuleiten, der Einzelfallgerechtigkeit den Vorzug einzuräumen und dem Interesse des leiblichen Vaters an einer Vaterschaftsanfechtung verfassungsgemäß Rechnung zu tragen.

De lege ferenda sollte eine Anfechtungsberechtigung des leiblichen Vaters unter eingeschränkten Voraussetzungen[431] vorgesehen werden[432]. Der die Feststellung der Vaterschaft begehrende leibliche Vater sollte willens und fähig sein, seine Pflichten als Vater ernsthaft, dauerhaft und nachhaltig wahrzunehmen[433]. Zumindest sollte eine

---

428 So auch Roth, NJW 2003, 3153 (3158).

429 BVerfG, NJW 2003, 2151 (2153, 2156).

430 So auch BVerfGE 90, 263 (271).

431 BVerfG, NJW 2003, 2151 (2155); zustimmend Wellenhofer-Klein, FamRZ 2003, 1889 (1890); Rakete-Dombek, FPR 2003, 478 (479); Huber, FamRZ 2003, 825 (825); Schumann, FamRZ 2000, 389 (391).

432 Um das vom BVerfG angemahnte Recht des leiblichen Vaters auf Erlangung der rechtlichen Vaterposition zu verwirklichen, führte das Gesetz zur Änderung der Vorschriften über die Anfechtung der Vaterschaft und das Umgangsrecht von Bezugspersonen des Kindes vom 23.04.2004 ein eingeschränktes Anfechtungsrecht des leiblichen Vaters ein, § 1600 I Nr. 2 BGB n.F.

433 Roth, NJW 2003, 3153 (3159); Beitzke, FS Müller-Freienfels, S. 31 (52).

realistische Erwartung bestehen, dass eine soziale Beziehung des Kindes zum leiblichen Vater aufgebaut werden kann; denn eine Vaterschaftsanfechtung durch den biologischen Vater ohne das gleichzeitige Bemühen um eine stabile, familiäre Bindung zu dem Kind wäre reine „Schikane" (vgl. § 226 BGB). Einschränkungen müsste der leibliche Vater hinnehmen, sofern diese zur Vermeidung einer Gefährdung des Kindeswohls erforderlich[434] oder zur Vermeidung mutwilliger Angriffe auf das gesetzliche Vaterschaftsverhältnis[435] geboten sind.

2. Anfechtungsfrist

Während die Frist zur Erhebung der Vaterschaftsanfechtung gemäß §1600b I BGB einheitlich für alle Klagen zwei Jahre seit Kenntnis der Umstände, die gegen die Vaterschaft sprechen[436], beträgt, beginnt für das Kind nach Eintritt der Volljährigkeit eine zweijährige Frist gemäß § 1600b III 2 BGB, wenn der gesetzliche Vertreter des minderjährigen Kindes die Vaterschaft nicht rechtzeitig angefochten hat. Die zweijährige Anfechtungsfrist beginnt insoweit frühestens mit Volljährigkeit, und erst dann, wenn das Kind von den gegen die Vaterschaft sprechenden Umständen Kenntnis erlangt, § 1600b III 2 BGB.

Darüber hinaus räumt die Regelung des § 1600b V i.V.m. I 1 BGB dem Kind eine weitere Zweijahresfrist ein, wenn es Kenntnis von Umständen erlangt, aufgrund derer die „Folgen der Vaterschaft" unzumutbar werden. Zur Ausfüllung der Generalklausel „Unzumutbarkeit der Folgen der Vaterschaft" verweist die Gesetzesbegründung auf die in § 1596 I BGB a.F. bezeichneten Tatbestände[437]. Eine Unzumutbarkeit i.S.d. § 1600b V BGB liege insbesondere dann vor, wenn eine schützenswerte Familiengemeinschaft mit dem Scheinvater nicht bestehe oder der Scheinvater sich einer schweren Verfehlung gegen das Kind schuldig gemacht habe oder das Kindesinteresse aus anderen Gründen vorzuziehen sei[438]. Dieses Neuaufleben der Anfechtungsfrist wurde zum Schutz des Kindes für notwendig erachtet, um das Recht auf Kenntnis seiner Abstammung zu schützen[439] und im Einzelfall schwer erträgliche Ergebnisse aufgrund der im Interesse von Rechtssicherheit und zum Schutze der sozialen Familie geschaffenen Zweijahresfrist zu vermeiden.

---

[434] So Staudinger-Rauscher, § 1600, Rdnr. 27; Roth, NJW 2003, 3153 (3159); Huber, FamRZ 2003, 825 (825); Helms, FamRZ 1997, 913 (918).

[435] So die Sorge von Mutschler, FamRZ 1994, 65 (69).

[436] Die für den Fristbeginn maßgebliche Kenntnis von den Umständen, die gegen die Vaterschaft sprechen, hat derjenige, dem Tatsachen bekannt werden, die bei sachlicher Beurteilung geeignet sind, Zweifel an der Vaterschaft zu erwecken und die nicht ganz fern liegende Möglichkeit der Nichtvaterschaft zu begründen, vgl. OLG Thüringen, FamRZ 2003, 944 (944); OLG Karlsruhe, FamRZ 2003, 52 (52).

[437] BT-Drucksache 13/4899, S. 88.

[438] Vgl. Lüderitz, Familienrecht, § 22, Rdnr. 653.

[439] BT-Drucksache 13/4899, S. 166.

3. Anfechtungsverfahren

Die Anfechtungsklage hat Erfolg, wenn die Vaterschaftsvermutung nach § 1600c BGB durch den vollen Beweis des Gegenteils entkräftet ist, d.h., wenn das Gericht feststellt, dass das Kind genetisch nicht von dem Manne abstammt, der bislang vom Gesetz als Vater angesehen wurde[440]. Die Darlegungs- und Beweislast hinsichtlich der Entkräftung der gesetzlichen Vermutungen obliegt – unabhängig davon, wer von den Anfechtungsberechtigten i.S.d. § 1600 BGB die Anfechtung betreibt – dem als Vater des Kindes geltenden Mann[441].

4. Urteilswirkung

Das der Anfechtungsklage stattgebende Urteil beseitigt mit Wirkung für und gegen alle (§ 640h S. 1 ZPO) das Vater-Kind-Verhältnis rückwirkend auf den Zeitpunkt der Geburt des Kindes[442]. Das Kind gilt dann abstammungsrechtlich als vaterlos. Wer der „wirkliche" Vater ist, wird im Anfechtungsprozess nicht bindend festgestellt, sondern kann in einem nachfolgenden Vaterschaftsprozess[443] geklärt werden. Wird die Anfechtungsklage abgewiesen, so bleibt die rechtliche Zuordnung des Kindes zum Ehemann der Mutter bzw. dem Mann, der die Vaterschaft anerkannt hat, bestehen[444].

5. Schlussbetrachtung

Der Gesetzgeber hat mit der Einführung eines sachlich unbeschränkten Kindschaftsanfechtungsrechts in den §§ 1600 I, 1600b III BGB der verfassungsrechtlichen Beanstandung des Bundesverfassungsgerichts in seiner Entscheidung vom 31.1.1989 Rechnung getragen und dadurch die Durchsetzbarkeit des Rechts des Kindes auf Kenntnis der eigenen Abstammung gestärkt. Auch mit dieser Gesetzeslage ist das Thema des Rechts auf Kenntnis der eigenen Abstammung indes nicht erledigt.

Im Hinblick auf die Möglichkeit der sog. „gespaltenen Mutterschaft"[445] stellt sich die berechtigte Frage nach der systemwidrigerweise fehlenden Korrekturmöglichkeit der Mutterschaftszuordnung. Während eine genetisch unzutreffende Verlautbarung der Vaterschaft einer Korrektur durch die Vaterschaftsanfechtung zugänglich ist, kann

---

[440] Schwab, Familienrecht, § 49, Rdnr. 476; Wantizek, FPR 2002, 390 (397); Bentert, FamRZ 1996, 1386 (1387), mit der Anmerkung, die Begründetheitsvoraussetzung hätte explizit in den Gesetzestext aufgenommen werden sollen.

[441] Palandt-Diederichsen, § 1600c, Rdnr. 1.

[442] Berger, in Jauernig, BGB-Kommentar, § 1600e, Rdnr. 14; Wieser, FamRZ 1998, 1004 (1006); Palandt-Diederichsen, § 1599, Rdnr. 7.

[443] Eine neue Vaterschaft kann im Wege der Anerkennung durch einen anderen Mann oder durch gerichtliche Feststellung begründet werden, § 1592 Nr. 2 und 3, §§ 1594 ff. bzw. § 1600d I BGB.

[444] Lüderitz, Familienrecht § 22, Rdnr. 688; Wantizek, FPR 2002, 390 (399).

[445] Vgl. 2. Kapitel A III.

eine genetisch unzutreffend rechtlich fixierte Mutterschaft nicht richtiggestellt werden. Zur Rechtfertigung für diesen Systembruch verweist der Gesetzesentwurf darauf, dass Leihmutterschaften[446] verhindert werden sollten, wenn sie trotz der Verbotsnormen im Embryonenschutzgesetz und im Adoptionsvermittlungsgesetz versucht würden[447]. Dieses Ziel kann jedoch nicht um den Preis des Verzichts auf Abstammungswahrheit erreicht werden. De lege ferenda sollte dem volljährigen Kind ein Anfechtungsrecht gewährt werden[448]. Das würde das gesetzgeberische Ziel, Leihmutterschaften zu vermeiden, sogar noch stärken, da die Erzeugerin bei Eintritt der Volljährigkeit des Kindes mit unterhalts- und erbrechtlicher Inanspruchnahme rechnen müsste, ohne dass ihr Ziel, ein Kind aufzuziehen, erreicht wäre[449]. Die statusrechtliche Regelung muss unabhängig davon gesucht werden, wie die ethische Beurteilung des medizinisch Machbaren ausfällt. Die Beurteilungsgrundlage ist vielmehr auf das Kindeswohl auszurichten. Insoweit kann auch die Entscheidung des Bundesverfassungsgerichts zur Rechtsstellung des biologischen Vaters herangezogen werden, in der das Gericht bei der Prüfung der Verfassungsmäßigkeit des Anfechtungsausschlusses für den biologischen Vater vor allem auf das Kindeswohl abstellt[450].

Ebenso wenig überzeugt das Argument der engen körperlichen und psychosozialen Beziehung[451] der „Geburtsmutter" zum Kind. Die psychosoziale Elternrolle, auch wenn sie durch die Geburt eine Verstärkung erfährt, kann nicht gegen das Abstammungsprinzip gestellt werden, zumal auch die Vaterschaft anfechtbar bleibt, selbst wenn der verlautbarte Vater seine soziale Vaterrolle vollständig erfüllt. Wenn einerseits die enge psychosoziale Beziehung zur Geburtsmutter hervorgehoben wird, so muss auch andererseits das Recht des Kindes auf Kenntnis seiner Abstammung geachtet werden, das einen starken Grund für den Ruf nach einer Mutterschaftsanfechtung bietet[452]. Unter Beachtung der vom Bundesverfassungsgericht entwickelten Grundsätze zum verfassungsrechtlich garantierten Recht auf Kenntnis der genetischen Herkunft nach Art. 2 I i.V.m. Art. 1 I GG ist auch bei der Mutter die genetische Abstammung angemessen zu berücksichtigen[453]. Durch die gesetzliche Normierung der Unanfechtbarkeit der Mutterschaftszuordnung wird vor allem der Eindruck erweckt, dass das mit Hilfe der modernen Fortpflanzungsmedizin gezeugte Kind im Vergleich mit dem auf „normalem" Wege gezeugten Kind minder schutzbedürftig sei. Die Subjektstellung eines jeden Kindes erfordert es aber, dass sein Wohl angemessen berücksichtigt werde.

---

[446] Vgl. in diesem Kapitel, Punkt A III (FN. 310).

[447] BT-Drucksache, 13/4899, S. 82.

[448] So auch Muscheler/Beisenherz, JR 1999, 407 (412).

[449] Dies übersieht v. Sethe in seiner Monographie „Durchsetzbarkeit des Rechts auf Kenntnis der eigenen Abstammung", der in der Anfechtbarkeit der Mutterschaft einen Anreiz zur Vereinbarung von Leihmutterschaften sieht, S. 404.

[450] Siehe BVerfG, NJW 2003, 2151 (2156).

[451] BT-Drucksache, 13/4899, S. 82.

[452] Gaul, FamRZ 1997, 1441 (1464); Diederichsen, NJW 1998, 1977 (1979); Rauscher, Familienrecht, § 29, Rdnr. 765.

[453] MünchKomm/Seidel, § 1591, Rdnr. 27; Helms, FuR 1996, 178 (188); Rauscher, Familienrecht, § 29, Rdnr. 765.

Eine völlige Versagung der Klärung der Mutterschaft würde dem verfassungsrechtlich anerkannten Recht jedes Kindes auf Kenntnis der eigenen Abstammung keine Gelegenheit zur Entfaltung lassen, da die mütterliche Abstammung dem Kinde verschlossen bliebe.

C. Durchsetzbarkeit des Rechts auf Kenntnis der eigenen Abstammung de lege lata

Ein eheliches Kind[454] hat keinen Anlass, seine Ehelichkeit anzufechten, solange es keinen Zweifel an seiner Abstammung hat. Ein nichteheliches Kind, das den Namen seines Erzeugers nicht erfährt, hat keine Chance, gegen diesen ein Verfahren auf Vaterschaftsfeststellung zu betreiben. Die Mutter, die oft als einzige über die entscheidenden Informationen verfügt, kann vielfältige Gründe haben, ihrem Kind die Identität des Vaters zu verschweigen. So ist denkbar, dass sie mit dem fraglichen Mann keinen Kontakt mehr haben möchte oder aber mit Rücksicht auf anderweitige Bindungen des Erzeugers seine Beziehung nicht durch eine Feststellung der Vaterschaft aufs Spiel setzen möchte. Möglich ist auch, dass sie den Kontakt zum leiblichen Vater beenden und ihre Beziehung zu einem anderen Mann, der glauben soll, dass das Kind von ihm abstamme, nicht gefährden will.

Vor diesem Hintergrund stellt sich die Frage, ob ein Kind seine Mutter gerichtlich zwingen könne, den Namen des Erzeugers preiszugeben. Die Frage nach der Mitwirkungspflicht der Mutter bei der Klärung der Vaterschaft beschäftigt Rechtsprechung und Literatur seit langem. Da keine einfachgesetzliche Vorschrift zu dem Zweck geschaffen worden ist, die Mutter zur Erteilung von Informationen zu bewegen, wird bereits die Anerkennung eines solchen Anspruchs zum Teil bezweifelt[455]. Bei der zu erörternden Frage wird weiter zu differenzieren sein, ob ein minderjähriges oder volljähriges nichteheliches Kind oder aber ein Kind trotz Bestehen eines gesetzlichen Vaterschaftstatbestands Auskunft über die Person des Erzeugers verlangt.

I. Anspruch des volljährigen nichtehelichen Kindes

Wenn das Kind volljährig geworden ist, kommt die Mutter in die Lage, dem Anspruch des Kindes auf Kenntnis seiner Abstammung nicht mehr ausweichen zu können, mag es ihr auch bis dahin gelungen sein, ihr Interesse an dem Unterlassen der Vaterschaftsfeststellung durchzusetzen.

---

454 Seit dem KindRG mit dem vorrangigen Ziel, die rechtlichen Unterschiede zwischen „ehelich" und „nichtehelich" abzubauen, stellt das Gesetz darauf ab, ob die Eltern miteinander verheiratet sind oder nicht. Als Kurzform zur Kennzeichnung dieses Unterschiedes werden im Folgenden allein zur Vereinfachung die Begriffe „eheliche" und „nichteheliche" Kinder gebraucht.

455 Müller, FamRZ 1986, 635 (636); Deichfuß, NJW 1988, 113 (116); Frank, FamRZ 113 (116); Helm, Recht des Kindes auf Kenntnis der genetischen Abstammung, S. 107.

1. Entwicklung in der Rechtsprechung

Lange Zeit vertrat die Rechtsprechung die Auffassung, dass ein Auskunftsanspruch des nichtehelichen Kindes gegen seine Mutter auf Nennung des leiblichen Vaters nicht bestehe. Für einen solchen Anspruch fehle (vor der Einführung des § 1618a BGB[456]) ein Anknüpfungspunkt im Bürgerlichen Gesetzbuch, und gegen ihn spreche vor allem das Recht der Mutter auf Schutz ihrer Intimsphäre[457].

a) Beschluss des Bundesverfassungsgerichts vom 18. Januar 1988

Das Bundesverfassungsgericht hatte in dieser Entscheidung über die Verfassungsbeschwerde der Mutter eines nichtehelichen Kindes zu befinden. Die Beschwerdeführerin war in dem von ihrer Tochter betriebenen Verfahren in erster Instanz vom Amtsgericht Passau[458] und auf die Berufung hin auch in zweiter Instanz vom Landgericht Passau[459] dazu verurteilt worden, ihrem Kinde Auskunft über den vollständigen Namen und die Anschrift des leiblichen Vaters zu erteilen. Die Beschwerdeführerin hielt die Entscheidungen der Vorinstanzen für verfassungswidrig; sie machte geltend, dass eine solche Auskunftspflicht unzulässig in ihr Persönlichkeitsrecht eingreife. Das Bundesverfassungsgericht[460] stellte in seinem Beschluss fest, dass die angegriffenen Urteile des Amts- und Landgerichts keinen Verfassungsverstoß erkennen ließen. Wegen der grundlegenden Bedeutung der hierzu ergangenen Entscheidungen, insbesondere im Zusammenhang mit der darauf aufbauenden Rechtsprechung, soll im Folgenden kurz der argumentative Weg der Instanzgerichte dargestellt werden, ehe im Anschluss eine Stellungnahme zu dem Recht des Kindes gegen seine Mutter auf Auskunftserteilung erfolgt.

(1) Entscheidung des Amtsgerichts Passau

Das Amtsgericht Passau sah den Auskunftsanspruch als begründet an und leitete diesen aus § 1618a i.V.m. § 1934a BGB a.F.[461], Art. 6 V GG ab. Dem Wortlaut des

---

456 § 1618a BGB wurde durch das SorgeRG vom 18.7.1979 (BGBl. I, 1061) neu eingeführt, vgl. zur Einzelbegründung, BT-Drucksache 8/2788; ausführlich hierzu: Knöpfel, FamRZ 1985, 554 ff.; Gernhuber, in FS Müller-Freienfels, S. 159 ff.

457 LG Köln, Beschluß v. 30.10.1962, FamRZ 1963, 55; BayOLG, Beschluß v. 6.6.1972, FamRZ 1972, 521 (522); gegen die Einführung einer Offenbarungspflicht auch die Beschlüsse des 44. deutschen Juristentages, FamRZ 1962, 401; vgl. auch die Zusammenstellung der Rspr. bei Kleineke, Recht auf Kenntnis der eigenen Abstammung, S. 147 ff.

458 AG Passau, Urteil v. 15.7.1987, FamRZ 1987, 1309 ff.

459 LG Passau, Urteil v. 26.11.1987, NJW 1988, 144 ff.

460 BVerfG, Beschluß v. 18.1.1988, NJW 1988, 3010.

461 § 1934a BGB wurde durch das Nichtehelichengesetz v. 19.8.1969 (BGBl. I, 1243) neu eingeführt und im Rahmen der Kindschaftsrechtsreform durch das Erbrechtsgleichstellungsgesetz v. 16.12.1997 (BGBl. I, 2968) aufgehoben; näher hierzu Wichmann, FuR 1996, 161 (170, 171).

§ 1618a BGB lasse sich nicht entnehmen, dass diese Norm nur programmatischen Charakter habe. Vielmehr sei aus der Formulierung „(...) sind (...) schuldig" zu schließen, dass durch diese Vorschrift echte Rechtspflichten begründet würden. Die Rechtspflichten aus § 1618a BGB seien jedoch nur dann einklagbar, wenn die Durchsetzung der Rechtspflicht zumindest auch einem von der Verfassung geschützten Interesse dienlich sei. Mit der Geltendmachung von Erb- bzw. Erbersatzansprüchen sei eine solche Interessenlage unter Zugrundelegung von § 1934a BGB a.F. i.V.m. Art. 6 V GG auch gegeben. Die Geltendmachung von Erb- bzw. Erbersatzansprüchen bedinge die Kenntnis über die Person des Erzeugers, worüber letztlich lediglich die Mutter Auskunft erteilen könne. Zur Geltendmachung dieser Ansprüche bedürfe das nichteheliche Kind des Beistandes seiner Mutter; zum Beistand sei die Mutter aber gerade nach § 1618a BGB verpflichtet[462]. Im übrigen habe nicht das Kind, sondern dessen Eltern die Existenz des Kindes und die Tatsache der Nichtehelichkeit zu vertreten, so dass diese auch verpflichtet seien, die Nachteile auszugleichen, die sich für das Kind aus der Nichtehelichkeit ergäben[463].

(2) Berufungsurteil des Landgerichts Passau

Die Berufung der zur Auskunft verurteilten Mutter wurde vom Landgericht Passau zurückgewiesen. § 1618a BGB, der als gesetzliche Leitlinie für das Zusammenleben in der Familie insbesondere im Verhältnis von Eltern und Kindern gelte, werde im vorliegenden Falle durch die besondere Interessenlage des Kindes so konkretisiert, dass aus ihm ein mit Mitteln des Rechts durchsetzbarer Auskunftsanspruch abzuleiten sei[464]. In der Rechtsprechung und Lehre sei es anerkannt, dass beim Vorliegen bestimmter Grundvoraussetzungen auch außerhalb der gesetzlich speziell geregelten Fälle durchsetzbare Auskunftspflichten bestünden. Grundsätzlich zur Auskunft verpflichtet sei nur der Schuldner des Hauptanspruches. Gleichwohl sei jedoch anerkannt, dass auch eine Auskunftspflicht über die allein dem Auskunftspflichtigen bekannte Person des Schuldners bestehe, soweit eine Sonderbeziehung zwischen dem Gläubiger und dem Schuldner dieses Auskunftsanspruchs existiere[465]. Eine solche Sonderbeziehung sei das Mutter-Kind-Verhältnis, das die Parteien gemäß der Generalklausel des § 1618a BGB zu gegenseitigem Beistand und Rücksicht verpflichte. Wenn die Auskunftsvoraussetzungen erfüllt seien und durch Nichterteilung der Auskunft dem Beistandsberechtigten der Verlust bedeutender Ansprüche drohe, könne sich aus § 1618a BGB im Einzelfall ein Auskunftsanspruch des Beistandsberechtigten ergeben. Für den vorliegenden Fall seien diese Voraussetzungen gegeben, da nur durch die Auskunft der Mutter die Sicherung möglicher Erbansprüche für das nichteheliche Kind gewährleistet werde[466].

[462] AG Passau, NJW 1987, 1309 (1310).
[463] AG Passau, NJW 1987, 1309 (1310).
[464] LG Passau, NJW 1988, 144 (144).
[465] LG Passau, NJW 1988, 144 (144).
[466] LG Passau, NJW 1988, 144 (145).

Das Amtsgericht habe auch zu Recht die Durchsetzung der grundrechtlich geschützten Interessen des Kindes höher bewertet als die ebenfalls grundrechtlich geschützte Intimsphäre der Mutter. Durch die Auskunftserteilung werde die Mutter zwar in ihrer Intimsphäre beeinträchtigt; dies sei jedoch aufgrund der ebensolchen Verfassungsrang genießenden, stärkeren Interessen des Kindes „verhältnismäßig“[467].

(3) Beschluss des Bundesverfassungsgerichts

Die hiergegen von der Mutter eingelegte Verfassungsbeschwerde wurde vom Bundesverfassungsgericht mit folgender Begründung nicht zur Entscheidung angenommen. Durch die erfolgte Verurteilung zur Auskunft werde in das Persönlichkeitsrecht der Mutter eingegriffen. Grundsätzlich sei sie auch nicht zu einer solchen Auskunft verpflichtet. Das Grundrecht aus Art. 2 I GG stehe jedoch nicht schrankenlos zur Verfügung. Vorliegend werde dieses Grundrecht durch das Recht des nichtehelichen Kindes eingeschränkt, da zumindest das nichteheliche Kind ein Recht auf Kenntnis seines leiblichen Vaters habe[468]. Dies folge zum einen aus dem Verfassungsauftrag des Art. 6 V GG, der eine besondere Wertentscheidung des Verfassungsgebers zugunsten des nichtehelichen Kindes enthalte. Demnach solle das nichteheliche Kind weitgehend dem ehelichen gleichgestellt werden. Hierzu benötige das nichteheliche Kind aber die Kenntnis des nichtehelichen Vaters. Denn nur wenn es diese Kenntnis besitze, habe es die Möglichkeit, in eine persönliche Beziehung zu ihm zu treten und unterhalts- und erbrechtliche Ansprüche durchzusetzen. Da die Eltern des nichtehelichen Kindes seine Existenz und Nichtehelichkeit zu vertreten hätten, seien sie im Regelfall auch verpflichtet, ihre Interessen denjenigen des Kindes unterzuordnen[469].

Das nichteheliche Kind solle zudem so wenig wie möglich unter dem Verhalten seiner Eltern und der hieraus erwachsenden gesellschaftlichen Diskriminierung leiden. Das nichteheliche Kind als Wesen mit eigener Menschenwürde und mit eigenem Recht auf Entfaltung seiner Persönlichkeit solle möglichst die gleichen Chancen für seine Entwicklung und Stellung in der Gesellschaft erhalten wie das eheliche Kind. Das Recht des nichtehelichen Kindes auf Kenntnis seines leiblichen Vaters sei zum anderen auch im Rahmen des allgemeinen Persönlichkeitsrechts geschützt[470]. Bei der Beantwortung der Frage, ob das nichteheliche Kind einen Auskunftsanspruch über die Person des leiblichen Vaters habe, seien die grundrechtlich geschützten Interessen der Mutter und des Kindes abzuwägen, wobei aufgrund der Wertentscheidung des Verfassungsgebers grundsätzlich den Interessen des Kindes der Vorrang einzuräumen sei. Aus diesen grundsätzlichen Überlegungen heraus sei die Bejahung eines Auskunftsanspruchs im zu entscheidenden Fall verfassungsrechtlich nicht bedenklich.

---

[467] LG Passau, NJW 1988, 144 (145).
[468] BVerfG, NJW 1988, 3010 (3010).
[469] BVerfG, NJW 1988, 3010 (3010).
[470] BVerfG, NJW 1988, 3010 (3010).

Mit dem Nichtannahmebeschluss des Bundesverfassungsgerichts wurde der vom Amtsgericht Passau eingeleiteten Rechtsprechung zum Durchbruch verholfen. In der Folgezeit wurde die grundsätzliche Existenz dieses Auskunftsanspruchs weitgehend anerkannt[471].

b) Beschluss des Bundesverfassungsgerichts vom 6. Mai 1997

In einer weiteren Entscheidung vom 6. Mai 1997[472] hat der erste Senat des Bundesverfassungsgerichts seine Rechtsprechung aus dem Jahre 1988 korrigiert und eine umfassende und offene Abwägung zwischen dem Recht des Kindes auf Kenntnis der eigenen Abstammung und dem daraus resultierenden Auskunftsanspruch und dem Recht der Mutter auf Schutz ihrer Intimsphäre gefordert.

Dem Beschluss des Bundesverfassungsgerichts lag die Entscheidung des Landgerichts Münster[473] zugrunde, das eine nichteheliche Mutter verurteilt hatte, ihrer dreißigjährigen Tochter, die kurz nach ihrer Geburt zunächst in einem Kinderheim und dann ab ihrem vierten Lebensjahr in einer Pflegefamilie gelebt hatte, Auskunft über die Namen der vier potentiellen Erzeuger zu geben. Das Landgericht Münster leitete aus der Generalklausel des § 1618a BGB einen Auskunftsanspruch des Kindes gegen seine Mutter ab. Dabei berücksichtigte es das vom Bundesverfassungsgericht angenommene Persönlichkeitsrecht des Kindes auf Kenntnis der eigenen Abstammung und stellte ihm das Interesse der Mutter am Schutz ihrer Intimsphäre gegenüber. Allerdings wollte das Gericht ein überwiegendes Interesse der Mutter an der Geheimhaltung ihrer Geschlechtspartner nur dann anerkennen, wenn hier „gravierende" Gründe vorlägen, denn ein nichteheliches Kind habe „auf die Tatsache seiner Nichtehelichkeit keinen Einfluss (...) während dieser Umstand regelmäßig (...) im Verantwortungsbereich der Mutter liegt"[474]. Demzufolge sah das Landgericht im konkreten Falle die Interessen des Kindes als schutzwürdiger an und gab der Klage der Tochter gegen ihre Mutter statt.

Der daraufhin von der Mutter eingelegten Verfassungsbeschwerde wurde – sieben Jahre später – stattgegeben. In Aufhebung dieses Urteils vollzog das Bundesverfassungsgericht überraschenderweise eine Kehrtwende. Es sah in dem angegriffenen Urteil eine Verletzung des Persönlichkeitsrechts der Mutter, weil das

---

[471] Das OLG Köln hat in seinem Urteil v. 30.3.1994 einen Auskunftsanspruch grundsätzlich bejaht, jedoch unter der Voraussetzung, dass die Klägerin beweisen könne, dass die Mutter den Namen des leiblichen Vaters – entgegen ihrer Behauptung – auch kenne. Die Klägerin trette insoweit die Beweislast, NJW-RR 1994, 1418 ff.; das LG Bremen kam in seinem Urteil v. 10.3.1998 zu dem Ergebnis, dass dem nichtehelichen Kind gegenüber seiner Mutter ein Anspruch auf Auskunftserteilung über seinen leiblichen Vater bestehe. Ob als Anspruchsgrundlage § 242 BGB oder aber § 1618a BGB heranzuziehen sei, könne offen bleiben, da beide Vorschriften als Generalklauseln eine eingehende Abwägung zwischen den kollidierenden Verfassungsgütern ermöglichten, NJW 1999, 729 ff.

[472] BVerfG, Beschluß v. 6.5.1997, NJW 1997, 1769 ff.

[473] LG Münster, FamRZ 1990, 1031 ff.

[474] LG Münster, FamRZ 1990, 1031 (1033).

Landgericht Münster zu ihren Lasten das Bestehen eines Abwägungsspielraumes verkannt habe. Weder durch das nach Art. 2 I i.V.m. Art. 1 I GG bestehende Persönlichkeitsrecht noch durch Art. 6 V GG oder Art. 14 I GG sei für die Frage, ob ein nichteheliches Kind einen Anspruch gegen seine Mutter auf Benennung des Vaters habe, ein bestimmtes Ergebnis vorgesehen[475]. Zum allgemeinen Persönlichkeitsrecht stellte das Bundesverfassungsgericht fest, dass es kein Recht auf Verschaffung abstammungsbezogener Kenntnisse beinhalte, sondern als Abwehrrecht nur vor der Vorenthaltung erlangbarer Informationen durch staatliche Organe schütze[476]. Auch aus Art. 6 V GG lasse sich keine eindeutige Aussage darüber ableiten, wie eine Gleichstellung nichtehelicher Kinder in Bezug auf die Kenntnis des leiblichen Vaters zu verwirklichen sei. Eine völlige Gleichstellung mit ehelichen Kindern scheide schon deshalb aus, weil das in eine Ehe hineingeborene Kind aufgrund der gesetzlichen Vorschriften einen rechtlichen Vater habe. Auch aus Art. 14 I GG lasse sich kein konkreter Maßstab dafür herleiten, wie dem nichtehelichen Kinde die Verwirklichung seines Anspruches auf Teilhabe an dem Erbe des leiblichen Vaters zu ermöglichen sei.

Das Bundesverfassungsgericht betonte den Unterschied zwischen den aus den Grundrechten primär folgenden subjektiven Abwehrrechten gegen staatliche Eingriffe einerseits und den sich aus der objektiven Bedeutung der Grundrechte ergebenden Schutzpflichten des Staates andererseits. Während das Abwehrrecht in Zielsetzung und Inhalt ein bestimmtes staatliches Verhalten erfordere, zeichne sich die Schutzpflicht des Staates grundsätzlich durch ihre Unbestimmtheit aus. Es sei Aufgabe des Gesetzgebers, und wenn sich dieser mangels einer politischen Entscheidung noch nicht geäußert habe, Aufgabe der Gerichte, im Wege der Rechtsfortbildung oder der Auslegung unbestimmter Rechtsbegriffe die Schutzpflicht wahrzunehmen. Gestaltungsspielräume bestünden insbesondere dort, wo es um die Berücksichtigung widerstreitender Grundrechte gehe[477].

Die Herleitung eines Auskunftsanspruchs aus § 1618a BGB sei zwar grundsätzlich nicht zu beanstanden[478]. Das Landgericht habe jedoch den ihm zustehenden Abwägungsspielraum verkannt und einseitig den Interessen des Kindes den Vorrang eingeräumt, so dass eine angemessene Abwägung mit den Interessen der Mutter nicht mehr möglich gewesen sei[479]. Damit wurde die Entscheidung an das Landgericht Münster zurückverwiesen mit der Maßgabe, seinen Abwägungsspielraum auszuschöpfen. Auch im Lichte dieser Grundsätze entschied das Landgericht Münster erneut zu Gunsten der klagenden Tochter[480].

Nach diesem Stand der Rechtsprechung kann im Einzelfall der gemäß § 1618a BGB geschuldete Beistand zu einer Auskunftspflicht über den Kindesvater führen, deren

[475] BVerfG, NJW 1997, 1769 (1769).
[476] BVerfG, NJW 1997, 1769 (1770).
[477] BVerfG, NJW 1997, 1769 (1770).
[478] BVerfG, NJW 1997, 1769 (1769).
[479] BVerfG, NJW 1997, 1769 (1770).
[480] Das LG Münster stellte in seinem Urteil v. 26.8.1998 erneut fest, dass die Mutter ihrer Tochter Auskunft darüber zu erteilen habe, wer ihr in der gesetzlichen Empfängniszeit beigewohnt habe, NJW 1999, 726.

Erfüllung das Kind einklagen kann. Zu prüfen ist zunächst, ob sich aus § 1618a BGB klagbare Ansprüche ableiten lassen. Im Anschluss daran werden die Voraussetzungen und Konsequenzen eines Auskunftsanspruchs des Kindes gegen seine Mutter erörtert.

2. Familienrechtlicher Auskunftsanspruch aus § 1618a BGB

§ 1618a BGB verdeutlicht die Grundlage des Zusammenlebens in der Familie, wonach Eltern und Kinder einander Beistand und Rücksicht schuldig sind. Der Wortlaut des § 1618a BGB weist klarstellend auf die Gegenseitigkeit von Rechten und Pflichten innerhalb der als partnerschaftlich verstandenen Familie hin[481]. Über die Rechtsqualität und Rechtswirkungen des § 1618a BGB besteht allerdings Uneinigkeit. Nach den Vorstellungen des Gesetzgebers handelt es sich bei § 1618a BGB um eine nicht sanktionsbewehrte Vorschrift, deren Verletzung ohne unmittelbare Rechtsfolgen bleibe. Dennoch sei die Vorschrift eine wichtige Grundnorm für die gegenseitigen Beziehungen der Familienmitglieder und könne bei der Ausfüllung von Lücken im Familienrecht herangezogen werden[482].

Einigkeit besteht in der Literatur darüber, dass § 1618a BGB jedenfalls mittelbaren Einfluss auf die Interpretation anderer Vorschriften und die richterliche Fortbildung des Rechts hat. Die herrschende Meinung in der Literatur geht darüber hinaus davon aus, dass § 1618a BGB nicht nur programmatischen Charakter hat, sondern auch Rechtspflichten zu begründen vermag[483]. Begründet wird diese Ansicht vor allem damit, dass der Wortlaut der Vorschrift über einen Appell hinausgehe: Da Eltern und Kinder einander Beistand und Rücksicht „schuldig" seien, liege der pflichtenbegründende Charakter der Vorschrift nahe, zumal das Gesetz die Begriffe „schulden" und „verpflichten" überall dort synonym verwende, wo eine Leistung gefordert werden könne[484].

Trotz der überwiegenden Annahme eines pflichtenbegründenden Charakters des § 1618a BGB divergieren jedoch die Ansichten im Schrifttum, ob und inwieweit aus dieser Vorschrift auch klagbare Auskunftsansprüche abzuleiten seien.

Auf der einen Seite wird die Ansicht vertreten, aus den Gesetzesmaterialien ergebe sich, dass die Vorschrift des § 1618a BGB nicht sanktionsbewehrt sei und an einen Verstoß keine unmittelbaren Rechtsfolgen zu knüpfen seien. Allein aus § 1618a BGB sei demnach trotz des pflichtenbegründenden Charakters ein klagbarer Auskunftsanspruch nicht herzuleiten[485]. Knöpfel betont zwar die rechtliche Pflicht der nichtehelichen Mutter nach § 1618a BGB, zumindest ihr volljähriges nichteheliches

---

[481] BT-Drucksache 8/2788, S. 36.

[482] BT-Drucksache 8/2788, S. 36, 42.

[483] Diederichsen, NJW 1980, 1 (2); Knöpfel, FamRZ 1985, 554 (559); Palandt-Diederichsen, § 1618a, Rdnr. 2; Staudinger-Coester, § 1618a, Rdnr. 16; Soergel-Strätz, § 1618a, Rdnr. 3; Eidenmüller, JuS 1998, 789 (790); a.A. Helms, Feststellung der biologischen Abstammung, S. 92 ff.; Hassenstein, FamRZ 1988, 120 (122); Frank/Helms, FamRZ 1997, 1258 (1263).

[484] Diederichsen, NJW 1980, 1 (2); Gernhuber, in FS Müller-Freienfels, S. 159 (164).

[485] Knöpfel, FamRZ 1985, 554 (560); Weber, FamRZ 1996, 1254 (1255).

Kind über die Person seines Erzeugers aufzuklären. Seiner Ansicht nach könne diese Offenbarungspflicht jedoch nicht gerichtlich geltend gemacht werden. Erzwungener Beistand und erzwungene Rücksicht belasteten die Eltern-Kind-Beziehung mehr, als dass sie sie förderten und liefen daher dem Zweck des § 1618a BGB zuwider[486]. Denn würde eine Klage auf Beistand zugelassen, so „wäre die Folge das Paradoxon, dass ihre Erhebung gegen die gleichfalls gebotene Rücksicht verstieße“[487].

Demgegenüber vertritt ein Großteil des Schrifttums den Standpunkt, die aus § 1618a BGB abzuleitenden Ansprüche seien unter Berücksichtigung der widerstreitenden Interessen grundsätzlich auch einklagbar[488]. Vornehmlich wird hierzu ausgeführt, das Normgebot des § 1618a BGB könne sich im Einzelfalle derart verdichten, dass nur noch ein bestimmtes, einklagbares Verhalten als normgemäß erscheine und § 1618a BGB als Anspruchsgrundlage unmittelbar in Betracht komme. Hierbei sei jedoch stets zu berücksichtigen, dass § 1618a BGB nicht den Bereich des Sittlichen in der Familie voll verrechtlichen sollte, so dass es nach wie vor Pflichten gebe, die lediglich im sittlichen und nicht im rechtlichen Bereich angesiedelt seien[489]. Ferner sei für die Frage der Klagbarkeit dieser Rechtspflicht stets zu prüfen, ob das Gesetz den entsprechenden Bereich etwa spezialgesetzlich geregelt habe, so dass aus diesem Grunde eine gerichtliche Durchsetzung von Ansprüchen aus § 1618a BGB zu verneinen wäre[490]. Daher sei eine Klagbarkeit der aus § 1618a BGB abzuleitenden Rechtspflichten nur gegeben, soweit für diese Pflichten eine Regelungslücke bestehe[491].

3. Stellungnahme

Die Problematik eines Auskunftsanspruchs aus § 1618a BGB besteht darin, dass zum Teil aus dieser Vorschrift zwar eine rechtliche Offenbarungspflicht der Mutter abgeleitet wird, aber wegen der Motive des Gesetzgebers die Klagbarkeit eines solchen Anspruchs verneint wird, während der anderen Auffassung zufolge der Wortlaut des § 1618a BGB eine im Einzelfall gegebene Klagbarkeit von Auskunftsansprüchen aus dieser Vorschrift nicht ausschließt. Beide Ansichten gehen

---

[486] Knöpfel, FamRZ 1985, 554 (561); Weber, FamRZ 1996, 1254 (1255).

[487] Knöpfel, FamRZ 1985, 554 (561); so auch Weber, FamRZ 1996, 1254 (1255), der als Rechtsgrundlage für einen Auskunftsanspruch gegen die Mutter das allgemeine Persönlichkeitsrecht des Kindes heranzieht, da die „willentliche Vorenthaltung der genetischen Abstammung das Nachdenken über das eigene Ich wesentlich beeinträchtigt und somit in den Kernbereich der Persönlichkeit einwirkt“, FamRZ 1996, 1254 (1255).

[488] Eidenmüller, JuS 1998, 789 (790); Muscheler/Bloch, FPR 2002, 339 (347); Rauscher, Familienrecht, § 28 I, Rdnr. 757; MünchKomm/v. Sachsen Gessaphe, § 1618a, Rdnr. 14; Soergel-Strätz, § 1618a BGB, Rdnr. 3; Donhauser, Recht des Kindes auf Kenntnis der genetischen Abstammung, S. 92 ff.; Kleineke, Recht auf Kenntnis der eigenen Abstammung, S. 125 ff.; Starck, JZ 1997, 779 (780); Moritz, Jura 1990, 134 (138).

[489] Soergel-Strätz, § 1618a BGB, Rdnr. 3.

[490] Soergel-Strätz, § 1618a BGB, Rdnr. 3.

[491] Eidenmüller, JuS 1998, 789 (790).

jedoch übereinstimmend davon aus, dass § 1618a BGB wegen seines mittelbaren Einflusses auf andere Vorschriften zumindest in Verbindung mit anderen Normen klagbare Ansprüche zu begründen vermag. Die Rechtsprechung hat diesen gemeinsamen Nenner der beiden Ansichten ihren Entscheidungen zugrunde gelegt[492], mit dem Ergebnis, dass § 1618a BGB jedenfalls in Verbindung mit anderen Normen einen anspruchsbegründenden Charakter zu entfalten vermag, wenn es dem Auskunftsersuchenden darum geht, eine durch Grundrechte geschützte Interessenlage zu verfolgen.

Dem Amtsgericht Passau ist in der Begründung insofern zu folgen, als es dem § 1618a BGB für die Eltern-Kind-Beziehung eine ähnliche Bedeutung wie dem § 242 BGB für das Schuldrecht beimisst[493]. Während § 242 BGB den Grundsatz statuiert, dass jedermann in Ausübung seiner Rechte und Erfüllung seiner Pflichten nach Treu und Glauben zu handeln habe,[494] wird dieser Grundsatz im Eltern-Kind-Verhältnis durch das Leitbild des § 1618a BGB ersetzt. Dies bedeutet, dass § 1618a BGB keine eigenständige Anspruchsgrundlage bildet, sondern in erster Linie in Verbindung mit anderen Vorschriften als Interpretationshilfe dient. Um den Sinn und Zweck des § 1618a BGB, Familienbeziehungen zu festigen und zu fördern, nicht zu unterlaufen, muss prinzipiell eine unerträgliche Verrechtlichung der Familienverhältnisse durch eine zu extensive Anwendung dieser Norm vermieden werden. Die Rechtsprechung hat diese Gefahr erkannt und zu Recht nur dann einen anspruchsbegründenden Charakter des § 1618a BGB in Verbindung mit anderen Vorschriften bejaht, wenn es gilt, eine verfassungsrechtlich geschütztes Interesse zu verfolgen[495]. Dieser Auffassung ist zuzustimmen, da das, was auf verfassungsrechtlicher Ebene geboten erscheint, nicht auf einfachgesetzlicher Ebene als unzulässig betrachtet werden kann, zumal auf dem Wege über die Generalklausel des § 1618a BGB, ebenso wie § 242 BGB, die Grundrechte auch Eingang in das Privatrecht finden und als subjektiv-öffentliche Rechte eine sog. mittelbare Drittwirkung entfalten[496].

Für den Anspruch des volljährigen nichtehelichen Kindes gegen seine Mutter auf Aufklärung über die Person des leiblichen Vaters bedeutet dies, dass ein solcher Anspruch aus § 1618a BGB jedenfalls dann zu bejahen ist, wenn das Auskunftsverlangen der Verwirklichung seines Rechts auf die Kenntnis der genetischen Abstammung dient, da dieses Recht als Ausfluss des allgemeinen Persönlichkeitsrechts verfassungsrechtlichen Schutz aus Art. 2 I i.V.m. Art. 1 I GG genießt[497]. Gerade im Hinblick auf die verfassungsrechtliche Anerkennung eines

[492] AG Passau, FamRZ 1987, 1309 ff.; LG Passau, NJW 144 ff. ; LG Münster, FamRZ 1990, 1031 ff.; BVerfG, NJW 1997, 1769 ff.

[493] AG Passau, FamRZ 1987, 1309 (1310).

[494] Palandt-Heinrichs, § 242, Rdnr. 1; BGH, Urteil v. 23.9.1982, Z 85, 39 (48).

[495] Vgl. vor allem LG Passau, NJW 1988, 144 (145).

[496] Seit BVerfGE 7, 198 (204 ff.), Lüth-Urteil st. Rspr.; ferner Brox, BGB-AT, § 2, Rdnr. 29; Jarass, in Jarass/Pieroth, GG-Kommentar, Vorb. vor Art. 1, Rdnr. 9.

[497] So auch Staudinger-Coester, § 1618a, Rdnr. 49; MünchKomm/Seidel, § 1589, Rdnr. 33; Rauscher, Familienrecht, § 28 I, Rdnr. 757; Eidenmüller, JuS 1998, 789 (790); Lenze, ZfJ 1998, 101 (106);

Rechts auf Kenntnis der genetischen Abstammung muss dem Kind konsequenterweise auch ein rechtlicher Anspruch gegen die Mutter auf Bekanntgabe des Erzeugers zuzubilligen sein. Soweit dem Auskunftsbegehren das Ziel der Geltendmachung von Unterhalts-[498] oder Erbansprüchen[499] zugrunde liegt, handelt es sich um Rechtspositionen, die verfassungsrechtlich gemäß Art. 14 I GG geschützt sind[500].

Ob und inwieweit nun ein Auskunftsanspruch aus § 1618a BGB i.V.m. grundrechtlich geschützten Rechtspositionen des Kindes tatsächlich besteht, kann letztlich erst nach Abwägung der sich gegenüberstehenden Interessen der Beteiligten beantwortet werden.

4. Konflikt zwischen dem Streben nach Kenntnis der eigenen Abstammung und den verfassungsrechtlich geschützten Interessen der Mutter

Ein Auskunftsanspruch des volljährigen nichtehelichen Kindes gegen seine Muter lässt sich auf verfassungsrechtlicher Ebene nur dann bejahen, wenn aufgrund einer Abwägung den Interessen des Kindes Vorrang vor denen der Mutter gebührt. Diese Abwägung ist deshalb erforderlich, weil nach § 1618a BGB Eltern und Kind „einander" Rücksicht schulden. Demnach ist nicht nur die Kindesmutter ihrem Kinde Beistand und Rücksicht schuldig, sondern ebenso gilt dies in entsprechender Weise im Verhältnis des Kindes gegenüber seiner Mutter.

Bei der Anwendung und Auslegung des § 1618a BGB ist die Rechtsprechung nur insoweit an die Grundrechte gebunden, als das „Grundgesetz in seinem Grundrechtsabschnitt zugleich Elemente objektiver Ordnung aufgerichtet hat, die als verfassungsrechtliche Grundentscheidung für alle Bereiche des Rechts Geltung haben"[501]. Die Grundrechte enthalten in ihren objektiv-rechtlichen Gewährleistungen Wertentscheidungen, die über Art. 1 III GG auf die gesamte Rechtsordnung ausstrahlen und Gesetzgebung, Rechtsprechung und Verwaltung binden, sog. „Ausstrahlungswirkung der Grundrechte"[502]. Eine derartige Ausstrahlungswirkung entfaltet auch das in den Art. 2 I i.V.m. Art. 1 I GG enthaltene allgemeine Persönlichkeitsrecht, dessen Bestandteil das Recht auf Kenntnis der genetischen

Donhauser, Recht des Kindes auf Kenntnis der eigenen Abstammung, S. 96; Moritz, Jura 1990, 134 (138).

[498] Unterhaltsansprüche sind vermögenswerte, durch den Gesetzgeber geschaffene Rechtspositionen. Als solche genießen sie den Schutz des Art. 14 I GG; siehe Eidenmüller, JuS 1998, 789 (790); LG Münster, FamRZ 1990, 1031 (1033).

[499] Das Verwandtenerbrecht ist als solches durch Art. 14 I GG geschützt; Jarass, in Jarass/Pieroth, GG-Kommentar, Art. 14, Rdnr. 91; der Gleichstellungsauftrag des Art. 6 V GG verstärkt den Schutz der vermögenswerten Ansprüche des nichtehelichen Kindes und begründet für das nichteheliche Kind eine angemessene Beteiligung am väterlichen Nachlass in Form eines Erbrechts; Jarass, in Jarass/Pieroth, GG-Kommentar, Art. 6, Rdnr. 56; BVerfGE 25, 167 (174); LG Münster, FamRZ 1990, 1031 (1033).

[500] Mittenzwei, in FS Wacke, S. 327 (341).

[501] Vgl. BVerfGE 7, 198 (205); BVerfG, Urteil v. 23.4.1986, E 73, 261 (268); Jarass, in Jarass/Pieroth, GG-Kommentar, Vorb. vor Art. 1, Rdnr. 9; Guckelberger, JuS 2003, 1151 (1155).

[502] BVerfGE 7, 198 (205); BVerfGE 73, 261 (269).

Abstammung ist. Dies bedeutet, dass die Gerichte – soweit sie über das Bestehen eines Auskunftsanspruches des Kindes gegen seine Mutter zu entscheiden haben – die widerstreitenden Grundrechte berücksichtigen und miteinander in Ausgleich bringen müssen.

a) Verfassungsrechtlich geschützte Interessen des Kindes

Aus der Sicht des nichtehelichen Kindes sind zum einen vermögensrechtliche Interessen und zum anderen ideelle Interessen zu unterscheiden, die von der Verfassung geschützt und von der Feststellung der Vaterschaft abhängig sind.
Bei den vermögensrechtlichen Interessen geht es vor allem um die Sicherung der gegen den leiblichen Vater gerichteten Unterhalts- und Erbansprüche. Deren Geltendmachung ist von der Vaterschaftsfeststellung abhängig und deshalb unmöglich, solange die Vaterschaft nicht bekannt ist. Dies bedeutet, dass ohne die Kenntnis des Vaters eine Feststellung der Vaterschaft nicht erfolgen kann und daher die Realisierung möglicher Unterhalts- oder Erbansprüche, die gemäß Art. 14 I GG und Art. 6 V GG verfassungsrechtlichen Schutz genießen, vereitelt wird. Die Verweigerung der Auskunft über die Person des leiblichen Vaters läuft folglich auf einen Forderungsverzicht der Mutter zu Lasten des Kindes hinaus[503].

Weiterhin können dem Kind bei Unkenntnis seines Vaters auch ideelle Nachteile erwachsen. Bereits im ersten Teil der Arbeit wurde im Rahmen der Entscheidung des Bundesverfassungsgerichts vom 31. Januar 1989 die Bedeutung des Rechts auf Kenntnis der eigenen Abstammung für Verständnis und Entfaltung der eigenen Individualität, sowie im Hinblick auf eine ungestörte Entwicklung das elementare Interesse des Kindes, seinen leiblichen Vater zu kennen, eingehend erörtert. Nur wenn das Kind seinen leiblichen Vater kennt, kann es in eine persönliche Beziehung zu ihm treten.
Kommt das Gericht zu dem Ergebnis, dass der Anspruch des nichtehelichen Kindes gegen seine Mutter auf Offenbarung des leiblichen Vaters nicht bestehe, so wird das verfassungsrechtlich geschützte Recht des Kindes auf Kenntnis der eigenen Abstammung als Unterfall des allgemeinen Persönlichkeitsrechts nach Art. 2 I i.V.m. Art. 1 I GG tangiert.

b) Verfassungsrechtlich geschütztes Interesse der Mutter

Das Gebot der Achtung der Intimsphäre der Mutter erwächst aus dem durch Art. 2 I i.V.m. Art. 1 I GG verbürgten Recht auf freie Entfaltung der Persönlichkeit[504]. Dieses schützt insbesondere auch die Freiheit darüber, ob, wann und gegenüber wem die

[503] So in der Begründung vor allem LG Passau, NJW 1988, 144 (145); zustimmend Eidenmüller, JuS 1998, 789 (791).
[504] Vgl. BVerfGE 27, 344 (350); Hubmann, Persönlichkeitsrecht, S. 227, 228; Jarass, NJW 1989, 857 (859); Ipsen, Staatsrecht II, § 6, Rdnr. 295; Weber, FamRZ 1996, 1254 (1257).

Mutter die Vaterschaft offenlegt[505], da es hier um höchstpersönliche, regelmäßig stark durch Gefühle bestimmte Beziehungen zwischen ihr, dem Vater und dem Kinde geht. Letztlich ist in erheblichem Umfang ihr Schamgefühl berührt, insbesondere wenn sie einen flüchtigen Kontakt mit einem „Unbekannten" oder wechselnden Geschlechtsverkehr mit mehreren Männern offenbaren soll. Wenn die Mutter verpflichtet wird, ihrem Kind den Namen des Vaters zu offenbaren, muss sie intime Details aus ihrem Privatleben preisgeben. Eine Verurteilung der Mutter zur Benennung des leiblichen Vaters beeinträchtigt ihre von Art. 2 I i.V.m. Art. 1 I GG geschützte Intimsphäre.

c) Abwägung der kollidierenden Rechtspositionen

Bei einem Auskunftsersuchen kollidieren die jeweils grundrechtlich geschützten Interessen des Kindes auf Kenntnis der eigenen Abstammung und der Mutter auf Wahrung ihrer Intimsphäre mit der Folge, dass die Durchsetzung der einen Rechtsposition nur durch Einschränkung der anderen erfolgen kann.

Um einen gerechten Ausgleich zwischen den kollidierenden Verfassungsgütern vornehmen zu können, müssen die auf Auskunft klagenden volljährigen Kinder ihre Gründe darlegen, die einen Eingriff in die Intimsphäre ihrer leiblichen Mutter rechtfertigen könnten. In diesem Zusammenhang ist aber die Tatsache in Erinnerung zu rufen, dass das Bundesverfassungsgericht in seiner grundlegenden Entscheidung vom 31. Januar 1989 das Recht auf Kenntnis der eigenen Abstammung allein mit seiner „Schlüsselstellung für Individualisierung und Selbstverständnis" des Kindes[506] begründet hat, so dass ein elementares Interesse an der Kenntnis der eigenen Abstammung grundsätzlich unterstellt werden kann. Finanzielle und vermögensrechtliche Vorteile können dabei den Anspruch gegen die Mutter stärken[507], da bei einer Verweigerung der Auskunft dem Kind die Möglichkeit genommen wird, potentielle und durch Art. 14 I GG sowie Art. 6 V GG geschützte Unterhalts- und Erbansprüche geltend zu machen.

Die beklagte Mutter wird konkrete Angaben über die Zeugungsgeschichte ihres Kindes machen müssen, aus denen ihre Weigerung, den Namen des Vaters preiszugeben, verständlich wird und durch die die Gerichte in die Lage versetzt werden, über die vorhandenen Interessengegensätze zu entscheiden. Die Angabe, der leibliche Vater solle nach vielen Jahren nicht in seinem bürgerlichen Familienleben gestört werden, oder er habe das Versprechen erhalten, unbekannt zu bleiben, wird

---

[505] BVerfGE 65, 1 (43); OLG Hamm, NJW 2001, 1870 (1871).

[506] BVerfGE 79, 256, (269).

[507] MünchKomm/Seidel, § 1589, Rdnr. 33; Weber, FamRZ 1996, 1254 (1257); Eidenmüller, JuS 1998, 789 (791); AG Passau, NJW 1987, 1309 (1310); LG Münster, 1990, 1031 (1033); Donhauser, Recht des Kindes auf Kenntnis der eigenen Abstammung, S. 99; a.A. Lenze, ZfJ 1998, 101 (107); Schwab, Familienrecht, § 49, Rdnr. 495; LG Essen, Beschluß v. 7.1.1994, FamRZ 1994, 1347 (1348).

dabei für sich allein genommen kein stichhaltiger Grund sein, den Namen zu verschweigen[508].

Eine Güterabwägung lässt sich dann, je nach Gewichtung der kollidierenden Interessen, in vertretbarer Weise sowohl zugunsten des Kindes, als auch zugunsten der Mutter vornehmen. Nur dürften die Interessen des Kindes regelmäßig überwiegen, zumal entgegen der Ansicht des Bundesverfassungsgerichts in seinem Urteil vom 6. Mai 1997[509] durchaus berücksichtigt werden muss, dass das Kind ohne eigenes Verschulden informationsbedürftig geworden ist[510]. Diese Entscheidung überrascht vor allem deshalb, weil mit ihr eine vollständige Korrektur des Beschlusses des Ersten Senats vom 18. Januar 1988 vorgenommen wird, dessen Kernsatz gelautet hat, dass „die Eltern eines nichtehelichen Kindes im Regelfall ihre Interessen denjenigen des Kindes unterzuordnen (haben), denn sie haben die Existenz des Kindes und seine Nichtehelichkeit zu vertreten“[511]. Die besondere Schutzwürdigkeit des nichtehelichen Kindes ergibt sich daraus, dass ihm Tatsachen vorenthalten werden, ohne deren Kenntnis es nicht in der Lage ist, zu seinem Vater, mit dem es gemäß § 1589 BGB verwandt ist, in eine persönliche Beziehung zu treten und/oder unterhaltsrechtliche und erbrechtliche Ansprüche durchzusetzen, die nur nach Feststellung der Vaterschaft zu realisieren sind. Zu Recht weist Eidenmüller in diesem Zusammenhang darauf hin, dass „nicht unantastbar sein kann, was andere antastet“[512].

Das vorrangige Ziel des Gesetzgebers bei der Reform des Kindschaftsrechts war vor allem im Hinblick auf den Verfassungsauftrag des Art. 6 V GG die Verstärkung der Rechtspositionen aller Kinder, unabhängig davon, ob die Eltern miteinander verheiratet sind oder nicht. Diese Verstärkung der Rechtsposition unterbleibt aber, soweit dem nichtehelichen Kinde die Kenntnis seines Vaters vorenthalten wird. Auch unter diesem Aspekt ist, wie das Bundesverfassungsgericht bereits in seiner ersten

---

[508] So auch, Staudinger-Coester, § 1618a, Rdnr. 49; Lenze, ZfJ 1998, 101 (107); Eidenmüller, JuS 1998, 789 (791); AG Passau, NJW 1987, 1309 (1311); LG Münster, NJW 1999, 726 (728); Moritz, Jura 1990, 134 (139).

[509] BVerfG, NJW 1997, 1769 ff.

[510] So auch MünchKomm/Seidel, § 1589, Rdnr. 33; Rauscher, Familienrecht, § 28 I, Rdnr. 757; Muscheler/Bloch, FPR 2002, 339 (340); Eidenmüller, JuS 1998, 789 (792); Wolf, FuR 1998, 392 (396); AG Passau, NJW 1987, 1309 (1310); Weber zieht zwar als Anspruchsgrundlage für einen Auskunftsanspruch das allgemeine Persönlichkeitsrecht des Kindes heran, bewertet aber auch das Auskunftsinteresse des Kindes gegenüber den persönlichkeitsrechtlichen Gegeninteressen der Mutter als schutzwürdiger, FamZR 1996, 1254 (1257); a.A. Lenze, der diese Entscheidung des BVerfG sehr begrüßt, da sie „doch wieder den Weg zu einer umfassenden und vom Ergebnis her offenen Abwägung der grundgesetzlich geschützten Interessen von Müttern und nichtehelichen Kindern“ eröffne. Damit werde der Verbreitung des „Verschuldensprinzips“ im Abstammungsrecht Einhalt geboten, wonach dessen Grundrechte weniger schützenswert seien, der eine Situation wie die Nichtehelichkeit eines Kindes zu verantworten habe. Dies wäre in der betreffenden Konstellation ohnehin immer die Mutter gewesen, da die andere Partei des Zeugungsaktes zu dem Zeitpunkt noch unbekannt sei, ZfJ 1998, 101 (106).

[511] BVerfG, NJW 1988, 3010 (3010).

[512] Eidenmüller, JuS 1998, 789 (791).

Entscheidung zu diesem Problemkreis[513] ausgeführt hat, ein grundsätzlicher Vorrang der Kindesinteressen zu befürworten.

Die Argumentationslastregel[514] zu Lasten der Mutter kann jedoch nicht immer zur Bejahung eines Auskunftsanspruchs führen. In Ausnahmefällen können die Umstände der Zeugung, etwa durch Vergewaltigung, in Blutschande oder durch ein sonstiges Verbrechen[515], sowie die Folgen der Auskunftserteilung dazu führen, dass das Interesse der Mutter an der Geheimhaltung der leiblichen Vaterschaft schutzwürdiger erscheint. Als Beispiel sei ein vom OLG Hamm entschiedener Fall genannt[516]. Dort teilte die Mutter mit, dass der Vater nicht arbeitsfähig sei und sich wegen einer psychischen Erkrankung in einer Anstalt aufhalten müsse. Sie selbst sei dort angestellt und verliere ihren Arbeitsplatz, wenn das Verhältnis zu dem Vater des Kindes publik werde. Dass Unterhalts- und Erbansprüche des Kindes gegen den leiblichen Vater aller Voraussicht nach nicht bestehen, war offensichtlich. Zudem war der Unterhalt des Kindes noch durch den drohenden Arbeitsplatzverlust der Mutter gefährdet. Daher hat das OLG Hamm zu Recht die Klage der Tochter abgewiesen.

II. Anspruch des minderjährigen nichtehelichen Kindes

Schwieriger zu beurteilen ist die Rechtslage bei minderjährigen nichtehelichen Kindern. In der Vergangenheit sind Auskunftsansprüche von den Jugendämtern kraft ihrer gesetzlichen Amtspflegerstellung bei nichtehelichen minderjährigen Kindern (§§ 1706, 1709 I BGB a.F.) häufig im Namen des Kindes gegen die Mutter gerichtlich geltend gemacht worden. Dahinter stand regelmäßig das Interesse des Staates, Sozialhilfeleistungen zu verringern bzw. den Regress gegen den Kindesvater zu ermöglichen. Die Instanzgerichte haben diesen Klagen teils mit ähnlichen Erwägungen wie bei den volljährigen Kindern stattgegeben[517], sie aber teilweise auch aus unterschiedlichen Gründen abgewiesen[518].

---

[513] BVerfG, NJW 1988, 3010 (3010).

[514] Zu Begriff und Bedeutung von Argumentationslastregeln, vgl. Alexy, Theorie der juristischen Argumentation, 1978, S. 242 ff.

[515] Vgl. OLG Köln, Urteil v. 30.4.1994, FamRZ 1994, 1197 (1197); a.A. OLG Karlsruhe, das in seinem Beschluß v. 16.10.1991 das Interesse eines jeden Menschen, seine Abstammung zu erfahren, sehr „hoch einschätzt", selbst auf die Gefahr hin, dass sich möglicherweise eine Herkunft aus einer Inzestbeziehung ergibt, FamRZ 1991, 1337 ff.

[516] OLG Hamm, FamRZ 1991, 1229 ff.

[517] Das AG Gmünden hat in seinem Urteil v. 2.8.1989 einen Auskunftsanspruch aus § 1618a BGB bejaht. Diesen Anspruch hat das Gericht vor allem mit dem persönlichen Interesse des Kindes auf Kenntnis seiner Abstammung zum Zwecke der Identitätsfindung begründet und die Auskunftspflicht in dem konkreten Fall aufgrund der schlechten finanziellen Einkommenssituation der Mutter „für geradezu geboten" gehalten, FamRZ 1990, 200 ff.

[518] Das OLG Hamm hat in seinem Urteil v. 22.3.1991 ein verfassungsrechtlich geschütztes Auskunftsrecht anerkannt, dieses jedoch als von „höchstpersönlicher Natur" qualifiziert. Demzufolge könne ein Auskunftsanspruch nicht vom Amtspfleger für das minderjährige Kind ohne dessen persönliche Mitwirkung eingeklagt werden, FamRZ 1991, 1229 ff.; das LG Essen setzte in seinem

In dieser Form kann das Problem nicht mehr auftreten, da nach den Änderungen der Vorschriften über die Beistandschaft im Rahmen der Kindschaftsrechtsreform diese nur auf Antrag gemäß § 1714 BGB einsetzt und durch den Antragssteller auf bestimmte der in § 1712 I BGB genannte Aufgaben beschränkt werden kann (§ 1712 II BGB). Antragsberechtigt ist gemäß § 1713 I BGB ein allein sorgeberechtigter Elternteil oder aber ein nach § 1776 BGB berufener Vormund. Wenn die Mutter des Kindes eine Beistandschaft beantragt, die die Vaterschaftsfeststellung beinhaltet, wird sie regelmäßig auch den Namen des leiblichen Vaters preisgeben. Sollte sie den Namen des leiblichen Vaters verschweigen wollen, kann sie durch ein entsprechendes Verlangen nach § 1715 I 1 BGB jederzeit das Ende der Beistandschaft herbeiführen[519] und dadurch einer gegen sie gerichteten Auskunftsklage des Jugendamtes den Boden entziehen.

Das ändert jedoch nichts daran, dass dem heranwachsenden Kind möglicherweise ein materiellrechtlicher Auskunftsanspruch zusteht. Anders als ein volljähriges nichteheliches Kind steht ein minderjähriges regelmäßig unter der elterlichen Sorge der Mutter, § 1626a II BGB. Die Interessenwahrung des minderjährigen Kindes wird somit in die Hände der Mutter gelegt, die sich dabei nach § 1627, S. 1 BGB an dem Kindeswohl zu orientieren hat.

Auch das minderjährige Kind hat unter dem Gesichtspunkt der Geltendmachung von Unterhalts- oder Erbansprüchen ein Interesse daran, dass sein Vater ermittelt wird. Dagegen spielt der Aspekt des persönlichen Kennenlernens zum Zwecke der Selbstfindung bei einem Kleinkind sicherlich zunächst nur eine geringe oder überhaupt keine Rolle, da die Suche nach den genetischen Wurzeln in der Regel erst mit der Pubeszenz beginnt[520]. Eine solche Offenbarung kann für die Entwicklung des Kindes sogar nachteilig sein[521], wenn es zu früh von seiner Herkunft und eventuell von den Umständen seiner Geburt[522] erfährt. Anders als beim volljährigen Kind erscheint es daher verfehlt, eine Argumentationslastregel des Inhalts aufzustellen, dass ein minderjähriges nichteheliches Kind grundsätzlich über seinen Vater aufzuklären sei, wenn nicht gewichtigere Interessen der Mutter entgegenstünden. Ob eine solche Aufklärung geboten ist, kann vielmehr nur nach Berücksichtigung und Abwägung der Umstände jedes Einzelfalles entschieden werden. Dabei sind der geäußerte Wille des

---

Beschluss vom 7.1.1994 einen anderen Schwerpunkt. Bei Kleinkindern sei der Gesichtspunkt der Identitätsfindung nicht von Bedeutung; allein finanzielle Interessen könnten aber das Auskunftsbegehren nicht tragen, FamRZ 1994, 1347 ff.; ähnlich auch AG Rastatt, FamRZ 1996, 1299 ff.

[519] Da gemäß § 1715 I 2 i.V.m. § 1712 II BGB die Beistandschaft auch nachträglich auf bestimmte Aufgaben beschränkt werden kann, dürfte es sogar zulässig sein, dass die Mutter ein Ende der Beistandschaft nur im Hinblick auf die Geltendmachung etwaiger Auskunftsansprüche verlangt.

[520] Staudinger-Coester, § 1618a, Rdnr. 52; Coester, in FS Schnyder, S. 101 (107); Eidenmüller, JuS 1998, 789 (793).

[521] Moritz, Jura 1990, 134 (139); Eidenmüller, JuS 1998, 789 (793); Staudinger-Coester, § 1618a, Rdnr. 52.

[522] Man denke etwa an den Fall, dass die Zeugung des Kindes auf eine Vergewaltigung oder eine inzestuöse Beziehung zurückgeht. Gleiches dürfte gelten, wenn der Vater andere schwere Verbrechen begangen oder aber die Mutter wegen dieses Kindes verlassen hat.

Kindes, sowie seine Fähigkeit, die Bedeutung und Tragweite seines Begehrens zu erfassen, zu berücksichtigen.

Demnach kann auch die Mutter eines minderjährigen Kindes im Einzelfall verpflichtet sein, diesem den Namen seines leiblichen Vaters zu nennen. Problematisch ist allerdings, dass die Auskunftserteilung in der mütterlichen Sorgeverantwortung liegt. Gemäß § 1629 II 3, Hs. 2 BGB ist die Entziehung der Vertretungsmacht der Mutter zum Zwecke der Vaterschaftsfeststellung und somit auch der Geltendmachung eines etwaigen Auskunftsanspruchs des Kindes nicht möglich. Denkbar erscheinen jedoch Maßnahmen nach § 1666 I BGB. Danach hat das Familiengericht unter anderem dann die zur Gefahrenabwendung erforderlichen Maßnahmen zu treffen, wenn das geistige oder seelische Wohl des Kindes oder sein Vermögen durch missbräuchliche Ausübung der elterlichen Sorge gefährdet wird. Zu den nach § 1666 I BGB zulässigen Anordnungen gehört ein Teilentzug des tatsächlichen Sorgerechts und der elterlichen Vertretungsmacht ebenso wie die Bestellung eines Ergänzungspflegers,[523] der einen etwaigen Auskunftsanspruch des Kindes gegen seine Mutter im Namen des Kindes geltend machen kann. Nicht in jedem Verstoß der Mutter gegen eine im Einzelfall bestehende Auskunftspflicht liegt jedoch ein Sorgerechtsmissbrauch, der das seelische Wohl des Kindes oder sein Vermögen gefährdet und einen partiellen Sorgerechtsentzug rechtfertigt. Von einer missbräuchlichen Ausübung des Sorgerechts kann man nur dann sprechen, wenn die Interessen des Kindes an einer Namensnennung diejenigen der Mutter klar überwiegen[524], besondere Geheimhaltungsinteressen der Mutter nicht erkennbar sind und die Mutter sich dennoch beharrlich weigert, ihrer Aufklärungspflicht nachzukommen[525].

Trotz berechtigter Bedenken[526] darf auch nicht unberücksichtigt bleiben, dass die Maßgeblichkeit der mütterlichen Entscheidung für die Vaterschaftsfeststellung durch das Kindschaftsrechtsreformgesetz erhebliche rechtliche Stärkung erhalten hat. Demzufolge würde die gesetzgeberische Entscheidung für die Eigenverantwortung der Mutter und gegen die Verantwortung des Staates konterkariert, wenn man in jedem Fall, in dem das Jugendamt nach altem Recht mit Aussicht auf Erfolg im Namen des Kindes von der Mutter Auskunft hätte verlangen können, einen Sorgerechtsentzug für zulässig hielte. Demzufolge ist im Vergleich zum eigenen Auskunftsbegehren des Kindes größere Zurückhaltung geboten.

---

[523] Gemäß § 1629 II 3 i.V.m. §§ 1796, 1909 BGB.

[524] Ein solches schwerwiegendes Interesse wäre beispielsweise die wirtschaftliche Not des Kindes.

[525] Coester, in FS Schnyder, S. 101 (108); Staudinger-Coester, § 1618a, Rdnr. 52; Lenze geht noch weiter und vertritt die Auffassung, dass die „hohe Schwelle der Kindeswohlgefährdung des § 1666 BGB in den Fällen der Auskunftsklagen regelmäßig nicht überschritten" werde, ZfJ 1998, 101 (106).

[526] Siehe 2. Kapitel, A IV 3 a.

III. Anspruch des ehelichen Kindes

Das Recht auf Abstammungskenntnis wird weiterhin in Verfahren eine Rolle spielen, in denen ein eheliches Kind von seiner Mutter Auskunft über die Person seines Vaters oder der als Vater in Betracht kommenden Männer verlangt, um eine Anfechtungsklage vorzubereiten. Diese Problematik betrifft die (vom Bundesverfassungsgericht offengelassenen) Fälle, in denen ein Kind später Kenntnis von Umständen erlangt, die gegen die nach § 1592 Nr. 1 BGB bestehende Vaterschaft des Mannes der Mutter sprechen. Die Frage, mit wem die Mutter in der Empfängniszeit verkehrt habe, ist für das eheliche Kind von erheblicher Relevanz, da es erst infolge dieser Auskunft in der Lage ist, eine Vaterschaftsfeststellungsklage gegen den potentiellen Vater zu erheben. Auch ein eheliches Kind hat vor Erhebung der Ehelichkeitsanfechtungsklage ein Interesse daran zu erfahren, wer sein leiblicher Vater ist. Durch eine entsprechende Auskunftserteilung würde es sein Informationsbedürfnis befriedigen, ohne den Verlust seines rechtlichen Vaters riskieren zu müssen.

Gesetzessystematisch spricht gegen die Gewährung eines Auskunftsanspruchs in diesen Fällen, dass § 1618a BGB vorrangig eine Leitbildfunktion für die Beziehungen der Familienmitglieder untereinander innehat. Ausnahmsweise kann aus ihm ein klagbarer Auskunftsanspruch gegen die Mutter abgeleitet werden, wenn es gilt, ein grundrechtlich geschütztes Interesse zu verfolgen und soweit hierfür eine gesetzliche Regelungslücke besteht. Insoweit ist auf die obigen Ausführungen zu verweisen. Das Gesetz enthält jedoch eine spezielle Regelung. Durch die Möglichkeit der Ehelichkeitsanfechtung sowie auch der Anfechtung des Vaterschaftsanerkenntnisses (§ 1600 I BGB) wird dem Interesse des Kindes zu erfahren, ob sein gegenwärtiger Status mit der genetischen Abstammung auch übereinstimme, ausreichend Rechnung getragen. Der Gesetzgeber wollte durch § 1618a BGB nicht die routinemäßige Erhebung von Auskunftsklagen zur Vorbereitung von Anfechtungsprozessen ermöglichen.

Ferner darf auch nicht unberücksichtigt bleiben, dass in solchen Fällen noch die rechtliche Vaterschaft des Ehemannes der Mutter besteht, so dass die Geltendmachung des Auskunftsanspruchs an sich der in § 1599 I BGB verankerten Schutz- und Sperrwirkung des bestehenden Status zuwiderläuft. Wollte man dem Kind bereits vorher einen Auskunftsanspruch zuerkennen, würde das gesetzliche Regelwerk des Anfechtungsrechts unterlaufen. Auch von der Interessenbewertung her erfolgt daraus vor allem im Hinblick auf die sachlich unbeschränkten Anfechtungsmöglichkeiten des Kindes kein unzumutbarer Zustand. Denn auch ohne die erstrebte Kenntnis über die Person des mutmaßlichen Vaters ist die Ehelichkeitsanfechtung durch die hoch entwickelten Methoden der abstammungsbiologischen Begutachtung meist aussichtsreich, falls der Ehemann der Mutter nicht der leibliche Vater ist[527]. Zur

[527] Bei den hoch entwickelten Methoden der abstammungsbiologischen Begutachtung besteht eine sehr hohe Wahrscheinlichkeit dafür, dass ein Nichtvater als solcher erkannt wird, vgl. MünchKomm/Seidel, § 1589, Rdnr. 34; Lüderitz, Familienrecht, § 22, Rdnr. 674; Rittner, NJW 2002, 1745 (1748).

Verwirklichung seines Rechts auf Kenntnis der genetischen Abstammung bleibt es dem Kind unbenommen, nach erfolgreicher Anfechtung der rechtlichen Vaterschaft einen Auskunftsanspruch gegen die Mutter zu betreiben. Demzufolge gelangt der Auskunftsanspruch des Kindes unter den oben genannten Voraussetzungen[528] zur Entstehung, wenn die gemäß § 1592 Nr. 1 BGB bestehende Vaterschaft rechtswirksam angefochten wurde[529].

IV. Vollstreckbarkeit

Kommt das Gericht im Rahmen der Güterabwägung zu dem Ergebnis, das Recht auf Kenntnis der eigenen Abstammung sei höher zu bewerten als das Recht der Mutter auf Schutz ihrer Privat- und Intimsphäre, dann stellt sich unweigerlich die Frage, ob ein solcher Anspruch auch zwangsweise durchsetzbar sei.

Ausgangspunkt der rechtlichen Überlegung ist § 888 I ZPO. Danach kann der Schuldner zur Vornahme einer unvertretbaren Handlung durch Zwangsgeld, ersatzweise Zwangshaft angehalten werden. Eine unvertretbare Handlung i.S.v. § 888 ZPO ist dadurch gekennzeichnet, dass sie nur vom Schuldner persönlich oder jedenfalls unter seiner persönlichen Mitwirkung vorgenommen werden kann. Auskunftsansprüche sind nur dann auf unvertretbare Handlungen gerichtet, wenn die begehrte Information nicht durch Einsicht in Unterlagen erlangt werden kann[530], also dann, wenn der Schuldner die Auskunft aufgrund seines persönlichen Wissens erteilen muss[531]. Das ist bei der Bekanntgabe des leiblichen Vaters der Fall,[532] da die Auskunftserteilung aufgrund persönlichen Wissens ausschließlich vom Willen der Mutter abhängt.

Umstritten ist allerdings die Frage, ob der Vollstreckung des titulierten Auskunftsanspruchs § 888 III ZPO entgegenstehe. Danach ist die Zwangsvollstreckung im Falle der Verurteilung zur Eingehung einer Ehe, zur Herstellung des ehelichen Lebens sowie zur Leistung von Diensten aus einem Dienstvertrag ausgeschlossen. Eine unmittelbare Anwendung dieser Vorschrift auf die Auskunftsverpflichtung kommt nicht in Betracht. In der familienrechtlichen Literatur wird jedoch zum Teil eine entsprechende Anwendung des § 888 III ZPO auf den titulierten

---

[528] Vgl. 2. Kapitel, B III 1 b.

[529] Ebenso Staudinger-Coester, § 1618a, Rdnr. 54; Muscheler/Bloch, FPR 2002, 339 (350); Coester bezeichnet eine solche Auskunftsberechtigung des Kindes als „schikanöses Störfeuer“, in FS Schnyder, S. 101 (108, 109); MünchKomm/Seidel, § 1589, Rdnr. 34; Eidenmüller spricht in diesem Zusammenhang von einer „aufschiebenden Bedingung“ der Vaterschaftsanfechtung für den Auskunftsanspruch des Kindes, JuS 1998, 789 (793); a.A. MünchKomm/Wellenhofer-Klein, § 1599, Rdnr. 32; Staudinger-Rauscher, Einl. § 1589, Rdnr. 94; Mansees, NJW 1988, 2984 (2986).

[530] Eidenmüller, JuS 1998, 789 (792).

[531] Walker, in Schuschke/Walker, ZPO-Kommentar, § 888, Rdnr. 6; Eidenmüller, JuS 1998, 789 (792).

[532] OLG Bremen, Beschluß v. 21.7.1999, NJW 2000, 963 (963); OLG Hamm, Beschluß v. 16.1.2001, NJW 2001, 1870 (1871); Walker, JZ 2000, 316 (316).

Auskunftsanspruch befürwortet[533]. Diese Analogie wird mit dem den Fallgruppen des § 888 III ZPO jeweils zugrunde liegenden Rechtsgedanken begründet, wonach Ansprüche, die einen „persönlich-sittlichen Einschlag“ haben, nicht vollstreckungsfähig sein sollen[534].

Das OLG Bremen hat zutreffend ausgeführt, dass eine analoge Anwendung des § 888 III ZPO keinesfalls bei allen Ansprüchen, die einen „persönlich-sittlichen Einschlag“ haben, berechtigt sei. Vielmehr sei der in § 888 III ZPO zum Ausdruck kommende Rechtsgedanke näher zu konkretisieren[535]. Nur in den Fällen, in denen eine Vollstreckung mit dem Wesen des titulierten Anspruchs unvereinbar sei und eine Vollstreckung den Verpflichteten in einem Kernbereich seiner Persönlichkeit und seiner Würde verletzen würde, sei eine Vollstreckung ausgeschlossen[536].

Es ist nicht zu verkennen, dass sich der Gegenstand der geschuldeten Auskunft auf den intimen Lebensbereich der Mutter bezieht und ihr allgemeines Persönlichkeitsrecht unmittelbar betroffen ist. Zu berücksichtigen ist jedoch auch das Recht des Kindes auf Kenntnis seines leiblichen Vaters, welches aus dem durch Art. 2 I i.V.m. Art. 1 I GG geschützten allgemeinen Persönlichkeitsrecht hergeleitet wird. Wegen dieser beiderseitigen Grundrechtsbetroffenheit der auf Auskunft in Anspruch genommenen Mutter und des nichtehelichen Kindes hat schon bei der im Erkenntnisverfahren zu prüfenden Frage, ob die Mutter materiellrechtlich zur Auskunft über den leiblichen Vater verpflichtet ist, im Rahmen des § 1618a BGB eine Abwägung zwischen den grundrechtlich geschützten Interessen der Mutter und denjenigen des Kindes stattzufinden. Geht die Abwägung zugunsten der Mutter aus, besteht schon nach materiellem Recht kein Auskunftsanspruch, so dass sich die Frage nach dessen Vollstreckbarkeit gar nicht stellt. Wenn dagegen die Grundrechtsabwägung im Erkenntnisverfahren zugunsten des Kindes ausgeht, kann sie nicht durch einen Ausschluss der Vollstreckbarkeit analog § 888 III ZPO wieder umgekehrt werden.

Ein nach Abwägung aller Belange auf der materiellrechtlichen Ebene gefundenes Ergebnis sollte vollstreckungsrechtlich nicht konterkariert werden[537]. Wendete man generell den Rechtsgedanken des § 888 III ZPO auf den titulierten Auskunftsanspruch

---

533 MünchKomm/Seidel, § 1589, Rdnr. 36; Frank/Helms, FamRZ 1997, 1258 (1262); Helms, Feststellung der biologischen Abstammung, S. 156 ff.; Frank führt hierzu aus, dass es keinen Auskunftsanspruch gebe, weil ein entsprechender Urteilsspruch zwangsweise durchgesetzt werden müsste, was wiederum „ernsthaft von niemandem gutgeheißen werden könnte“, FamRZ 1988, 113 (116); ähnlich Koch, FamRZ 1990, 569 (573); Donhauser, Recht des Kindes auf Kenntnis der genetischen Abstammung, S. 100, 101; AG Schwetzingen, Beschluß v. 14.11.1991, DaVorm 1992, 88 (90); LG Landau, Urteil v. 13.4.1989, DaVorm 1989, 634 (635), das die Vollstreckung eines Auskunftsanspruchs als sittlich anstößig ansieht.

534 Frank/Helms, FamRZ 1997, 1258 (1262); Helms, Feststellung der biologischen Abstammung, S. 157; Frank, FamRZ 1988, 113 (116); MünchKomm/Seidel, § 1589, Rdnr. 36, 37.

535 OLG Bremen, NJW 2000, 963 (964).

536 OLG Bremen, NJW 2000, 963 (964).

537 Muscheler/Bloch, FPR 2002, 339 (350); Eidenmüller, JuS 1998, 789 (792); OLG Hamm, NJW 2001, 1870 (1871); zustimmend Walker, JZ 2000, 316 (317); Coester, in FS Schnyder, S. 101 (106, in FN 23); Staudinger-Coester, § 1618a, Rdnr. 51; a.A. MünchKomm/Seidel, § 1589, Rdnr. 36.

des nichtehelichen Kindes an, würde sich die Bedeutung des Auskunftstitels auf einen moralischen Appell an die auskunftspflichtige Mutter beschränken[538]. Dies würde weder der Bedeutung des weitgehend anerkannten Auskunftsrechts des nichtehelichen Kindes zur Verwirklichung seines Grundrechts auf Kenntnis der eigenen Abstammung gerecht, noch der Problematik der Fälle, in denen das nichteheliche Kind gerichtlichen Rechtsschutz gerade deshalb in Anspruch nimmt, weil die Mutter nicht auskunftsbereit ist und in denen eine freiwillige Auskunftserteilung nicht erfolgt. Zu Recht wird in diesem Zusammenhang darauf hingewiesen, dass es Aufgabe der Justiz sei, Ansprüchen zu ihrer Durchsetzung zu verhelfen und nicht moralische Appelle auszusprechen[539].

Somit ist als Ergebnis festzuhalten, dass ein materiellrechtlicher Auskunftsanspruch auch vollstreckbar ist. § 888 III ZPO steht dem nicht entgegen, weil die maßgebliche Abwägung mit dem Persönlichkeitsrecht der Mutter bereits im Rahmen des § 1618a BGB stattgefunden hat.

---

[538] So auch OLG Bremen, NJW 2000, 963 (964).

[539] OLG Bremen, NJW 2000, 963 (964); zustimmend Walker, JZ 2000, 316 (317).

Zusammenfassung Kapitel 2

Die Reform des Kindschaftsrechts hat das Recht des Kindes auf Kenntnis der eigenen Abstammung dadurch gestärkt, dass es seine Befugnisse, die bestehende Vaterschaft anzufechten, stark ausgeweitet hat: Das Kind kann nun ohne weitere sachliche Einschränkungen Klage erheben; ab Erlangung der Volljährigkeit läuft eine neue, kenntnisabhängige Anfechtungsfrist. Im Anfechtungsverfahren wird die genetische Abstammung, soweit möglich, geklärt.

Aber auch mit der neuen Gesetzeslage ist das Thema des Rechts auf Kenntnis der eigenen Abstammung nicht erledigt. Zum einen entfernt sich das Gesetz immer stärker vom Abstammungssystem des § 1589 BGB. Die Mutterschaft des § 1591 BGB ist trotz der Möglichkeiten von Ei- und Embryonenspende statusrechtlich nicht korrigierbar, so dass sich zwangsläufig die Frage stellt, wie in einem solchen Fall das Recht auf Abstammungskenntnis verwirklicht werden solle. Ferner dürfte die Abschaffung der Amtspflegschaft und die gleichzeitige Übertragung der vollen elterlichen Sorge auf die nichteheliche Mutter nach § 1626a II BGB in mehr Fällen als früher dazu führen, dass die Vaterschaftsfeststellung unterbleibt.

Zum anderen muss bedacht werden, dass die Möglichkeit der Vaterschaftsanfechtung nicht dienlich ist, wenn dem Kinde die dazu nötigen Informationen vorenthalten werden. Daher kann im Einzelfall der gemäß § 1618a BGB geschuldete Beistand zu einer Auskunftspflicht über den Kindesvater führen, deren Erfüllung das Kind auch einklagen und vollstrecken kann. Bedenkt man die Bedeutung dieses geforderten Auskunftsanspruchs für das Kind, dann wird deutlich, wie wichtig de lege ferenda eine gesetzliche Regelung wäre.

Kapitel III

Das Recht des im Wege der anonymen Geburt zur Welt gebrachten Kindes auf Kenntnis der eigenen Abstammung

Die Frau brachte das Kind alleine in einer Waschküche zur Welt. Sie würgte das Neugeborene und schlug seinen Kopf so lange gegen ein Fass, bis es kein Lebenszeichen mehr von sich gab. Das tragische Schicksal der Frankfurter Kindesmörderin Susanna Margaretha Brandt[540] ist bekannt und in modifizierter Form nachzulesen in Goethes „Faust" (erinnert sei an Gretchens Kindesmord). Die Aussetzung und Tötung von Neugeborenen geschieht seit Jahrhunderten. Auch heute, auch in unserem Sozialstaat mit seinem dichten Netz von Beratungsstellen, auch in unserer aufgeklärten, freizügigen und toleranten Gesellschaft werden Jahr für Jahr ca. 50 Kinder ausgesetzt, die Hälfte von ihnen ist dann bereits tot[541].

Was kann eine Frau bewegen, ihr Kind auszusetzen oder gar zu töten? Was also hält jene Frauen ab, ihr Kind in einem Krankenhaus mit aller notwendigen medizinischen Versorgung zur Welt zu bringen und es dann zur Adoption freizugeben? Es sind meist die gleichen Gründe wie diejenigen, welche die Frau bewegen, in der Regel schon die Schwangerschaft zu verheimlichen: Scham, Entehrung, die Angst vor der Familie und der Gemeinschaft, in der sie lebt, die Angst vor dem Stigma der unehelichen Mutterschaft, kurzum das, was man früher als „Schande" bezeichnete und was heute noch so empfunden wird[542]. Die Angst vor übergroßer Verantwortung, vor der Unvereinbarkeit mit den eigenen, möglicherweise noch nicht einmal für sich selbst definierten Lebenszielen, vielleicht auch materielle Sorgen können gegen einen Kinderwunsch sprechen. Dies alles sind Gründe, ein Kind gar nicht erst auszutragen oder es zur Adoption freizugeben. Keinesfalls aber können sie die oben beschriebene Ausnahmesituation erklären, die eine Frau überwältigt, so dass sie ihr Kind, mit dem sie von Natur aus am engsten verbunden ist, tötet oder wegwirft wie „Abfall"[543].

Um derartige Handlungen von panischen Müttern zu verhindern, bieten nunmehr gemeinnützige Organisationen und Kliniken die Möglichkeit der Nutzung der sog. Babyklappe[544] an. Das Motiv aller Initiatoren der unterschiedlichen Modelle gerann in dem Satz: „Damit verzweifelte Mütter in höchster Not, die ihre Schwangerschaft

540 Siehe dazu Habermas, NJW 1999, 1936 ff.

541 BR-Drucksache 506/02, S. 1; siehe zur Statistik, Dr. Moysich in der Anhörung vom 30.5.2001 im Deutschen Bundestag zur Regelung der anonymen Geburt unter (www.parlament.gv.at/pd/pm/XXI/IIIhis/000/III00065.html); Frank/Helms, FamRZ 2001, 1340 (1341), unter Berufung auf die polizeiliche Kriminalstatistik.

542 Müller-Magdeburg, FPR 2003, 109 (109); ausführlich hierzu, Swientek, Wiederentdeckung der Schande, S. 97 ff.

543 So wurde etwa im Jahre 1999 auf einer Hamburger Müllkippe ein erwürgtes Neugeborenes in einem Schuhkarton gefunden; siehe Liste der Aussetzungen in den Jahren 1999-2002 (www.findelbaby.de/oeffentlichkeit/presse/2003).

544 Auch Babynest, Babyfenster, Babywiege, Babykörbchen, Projekt Moses, Findelbaby oder Lebenspforte genannt; vgl. Bockenheimer-Lucius, EthikMed 2002, 20 (20).

verdrängt und geheim gehalten haben, ihre Kinder nicht in Panik aussetzen oder gar töten."[545]. Mittlerweile existiert in fast jeder deutschen Großstadt eine derartige Vorrichtung[546]. Ganz so neu, wie es scheint, ist die Babyklappe als Einrichtung jedoch nicht. Sie findet ihren historischen Vorläufer in der Drehklappe der mittelalterlichen Klöster[547]. Einige Krankenhäuser gehen bereits einen Schritt weiter und offerieren in der Presse und im Internet die Möglichkeit, ein Kind anonym in ihren Räumlichkeiten unter ärztlicher Aufsicht und Hilfe zur Welt zu bringen[548], ohne dass die Mütter ihre Personendaten offenbaren müssten[549].

Im Zuge dieser medien- und öffentlichkeitswirksam diskutierten Entwicklung mag es nicht verwundern, dass sich die Politik des Themas angenommen hat. Drei entsprechende Gesetzesentwürfe[550] mit dem Ziel, anonyme Geburten in öffentlichen Krankenhäusern zu legalisieren, wurden eingebracht. Die Bundesregierung äußerte sich skeptisch über die Vereinbarkeit der Babyklappe und mehr noch die der anonymen Geburt mit dem Bürgerlichen Gesetzbuch, dem Personenstandsgesetz, dem Verfassungsrecht und nicht zuletzt dem Völkerrecht. Die Bedenken gegen die Legalisierung der anonymen Geburt waren im Ergebnis zu groß, die Änderungsanträge zu lang und zu umfangreich. Die zuletzt von der Bundesratsinitiative des Landes Baden-Württemberg eingebrachte Gesetzesnovelle ist vorerst „gescheitert", indem der Bundestag ihre Behandlung vertagt hat.

Darin drückt sich die Befürchtung aus, dass solche Einrichtungen nicht diejenigen Frauen erreichen, die neun Monate eine Schwangerschaft verheimlicht und verdrängt haben und im Geburtsaffekt den ersten Schrei des Kindes verhindern wollen. So fand man noch im März 2002 in Hamburg – eine Stadt mit inzwischen drei Babyklappen – erneut ein totes Neugeborenes. Die Hilfe für Mutter und Kind war nur wenige Kilometer entfernt, doch offensichtlich konnte ihnen nicht beigestanden werden. Mag man auch aus humanitären und theologischen Gründen diese Einrichtungen

---

545 Vgl. die Beschreibung des „Moses-Projektes" von Geiss-Wittmann in FPR 2001, 374 (374); Pressemitteilung der Hilfsorganisation „SterniPark" am 20.12.2002 abrufbar unter (www.sternipark.de/oeffentlichkeit/presse/2003/januar/pm_201002bilanz.html).

546 Die Hamburger Hilfsorganisation SterniPark hat vor 5 Jahren die ersten Babyklappen in Deutschland eingerichtet. Es existieren momentan 67 Einrichtungen, so etwa in Hamburg, Essen, Worms, Erfurt, Hannover, Osnabrück, München, Berlin etc. Eine umfassende Liste mit Anschriften vom Stand 5.9.2003 findet sich auf der Homepage des SterniParks (vgl. FN 543).

547 An den Toren einiger mittelalterlicher Klöster befanden sich zweiseitige Klappen, in die uneheliche Kinder anonym hineingelegt werden konnten, um den gebärenden Frauen den Makel des nichtehelichen Kindes zu nehmen, ihre Familienehre zu schützen und eine zukünftige Ehe frei von der Belastung durch einen „Bastard" zu ermöglichen; vgl. Scheiwe, ZRP 2001, 368 (369) m. Nachweisen zur Geschichte der Kindesaussetzung; auch Swientek, Wiederentdeckung der Schande, S. 69-104.

548 Hilfsmöglichkeiten für die anonyme Geburt werden im Internet verstärkt angeboten; Liste mit den Anschriften der Krankenhäuser auf der Homepage des SterniParks.

549 Vgl. Geiss-Wittmann, FPR 2001, 374 (374): „Das Mosesprojekt garantiert die Anonymität nach außen, kennt aber die Identität der Mutter. Die Mitarbeiter von Moses würden sich eher ans Kreuz nageln lassen, bevor sie den Namen einer Gebärenden preisgeben."; Zur Aussagepflicht des Personals siehe LG Köln, Beschluß v. 9.11.2001, NJW 2002, 909 ff. mit Anm. Neuheuser.

550 BT-Drucksache 14/4425 v. 12.10.2000; BT-Drucksache 14/8856 v. 23.4.2002; BR-Drucksache 506/02 v. 6.6.2002.

befürworten, so muss doch andererseits konstatiert werden, dass die Beantwortung der maßgeblichen Rechtsfragen unumgänglich erscheint, vor allen Dingen auch deshalb, weil die Rechtsansprüche der Findelkinder im Zuge der Hilfsbereitschaft sonst unterzugehen drohen. Juristisch betrachtet werfen die politisch überwiegend befürworteten Einrichtungen eine Reihe zivil-, straf- und verfassungsrechtlicher Probleme auf, die in dieser Arbeit wegen des komplizierten Zusammenhangs nicht alle mit der erwünschten Ausführlichkeit behandelt werden können. Abgesehen von einem kurzen Hinweis auf die einschlägigen Straftatbestände und zivilrechtlichen Probleme konzentrieren sich die Ausführungen vor allem auf das Problem, ob die von den Einrichtungen garantierte Anonymität der Mutter mit dem verfassungsrechtlich und völkerrechtlich verbürgten Recht des Kindes auf Kenntnis seiner Abstammung vereinbar ist.

A. Rechtliche Aspekte von „Babyklappe“ und „anonymer Geburt“

Babyklappe und anonyme Geburt sind bisher in Deutschland nicht normativ institutionalisiert; sie bewegen sich vielmehr in einer rechtlichen Grauzone[551]. Im Folgenden soll auf der Grundlage einer Darstellung der tatsächlichen Entwicklung zunächst die Vereinbarkeit bestehender privater Initiativen mit dem geltenden Recht dargestellt werden, um dann in einem weiteren Schritt die völkerrechtlichen und verfassungsrechtlichen Rahmenbedingungen zu bestimmen. In einer Schlussbemerkung wird überlegt, ob eine Gesetzesänderung angezeigt ist.

I. Babyklappe und anonyme Geburt am Maßstab des geltenden Rechts

1. Beschreibung und Funktion

Bei der sog. Babyklappe[552] wird der Mutter die Möglichkeit eingeräumt, ihr neugeborenes Kind bei einer kirchlichen, privaten oder aber von Krankenhäusern betriebenen Einrichtung abzugeben. Dabei handelt es sich jeweils um ein visuell abgeschirmtes, beheiztes Kinderbett, das an einem Gebäude von außen zugänglich angebracht ist, so dass ein Neugeborenes nach Öffnen einer Klappe hinterlegt werden kann. Oft befindet sich in dem Fenster ein mehrsprachiges Informationsblatt, auf dem sich auch Rufnummern und zunehmend ein Registrationscode befindet, was zur späteren Kontaktaufnahme und Identifizierung dienlich sein kann, sowie der Möglichkeit einen Stempeldruck des Kindesfußes mit dem bereitgestellten

[551] Benöhr/Muth, KJ 2001, 405 (406); Heyers, JR 2003, 45 (45).
[552] Der Begriff „Babyklappe“ wurde im Jahr 2000 bei der Wahl zum „Unwort des Jahres“ auf den dritten Platz gewählt: Die Verknüpfung von „Klappe“ mit „Baby“ sei unmenschlich und suggeriere, dass das Abgeben des Kindes eine leichte „Entsorgung“ ähnlich der des Hausmülls sei. ; PONS-Unwort des Jahres (www.pons.de).

Stempelkissen zu nehmen[553]. Dann wird die Klappe geschlossen und ist von außen – zum Schutz des Kindes – nicht mehr zu öffnen. Nach einigen Minuten, in denen der betroffenen Person Zeit gelassen wird, sich vom Orte der Aussetzung zu entfernen, wird ein elektrisches Signal ausgelöst, das das Personal des Krankenhauses, Kindergartens oder der jeweiligen Einrichtung herbeiruft. Der alarmierte Bereitschaftsdienst der Babyklappen-Betreuer übernimmt die weitere Versorgung des Kindes. Der anonymen Inobhutnahme des Kindes schließt sich die Tätigkeit des Adoptions- und Pflegekinderdienstes an, welcher die erforderlichen rechtlichen Schritte (Inkenntnissetzen des Jugendamtes; Findelkindanzeige beim Standesamt etc.) einleitet und das Kind in einer Bereitschaftsfamilie unterbringt. Dort wird das Kind vorübergehend betreut. In dieser Zeit besteht für die Mutter die Möglichkeit, Kontakt zu ihrem Kind aufzunehmen und die Weggabe noch einmal zu überdenken. Frühestens nach einer Frist von acht Wochen werden dann durch den Adoptions- und Pflegekinderdienst Schritte in die Wege geleitet, um das Kind aus der Bereitschaftsfamilie heraus dem Adoptionsverfahren zuzuführen, d.h. eine neue Pflegefamilie mit dem Ziel einer Adoption zu finden und das Kind dort dauerhaft unterzubringen[554]. Die Trägervereine der Babyklappen wollen durch diese Vorrichtungen den Müttern, die sich in einer subjektiv als Notlage empfundenen Situation befinden, eine Alternative zur befürchteten Kindestötung geben. Anders als bei den für solche Konflikte schon bereitstehenden Hilfsangeboten staatlicher Stellen wie der Jugend- und Sozialhilfe, wird Müttern durch Babyklappen eine Lösung ihres Problems „Neugeborenes" in der Form angeboten, dass sie sich dieses Problems anonym und ohne jegliche Verpflichtung „entledigen" können.

Mit dem gleichen Ziel befürworten auch die Initiatoren der Babyklappe nachhaltig die anonyme Geburt[555] und verdeutlichen damit die enge Verbindung zwischen den beiden Hilfsprojekten. Der Schwangeren wird die kostenfreie Entbindung in einem Krankenhaus angeboten, bei der die Person der Mutter nicht registriert wird. Sie könne das Kind im Krankenhaus zurücklassen oder mit dem Kind das Krankenhaus verlassen. Es wird ihr zugesagt, dass weder nach ihr, noch nach anderen Verwandten geforscht werde. Sie könne aber auch mit dem Kind in der Einrichtung zusammenbleiben, bis sie sich entschieden habe. Das anonym geborene Kind wird dann gegebenenfalls als Findelkind nach dem Personenstandsrecht beim Standesamt gemeldet und von kooperierenden Stellen annahmewilligen Eltern zum Zwecke der Adoption zugewiesen[556].

---

553 Bockenheimer-Lucius, EthikMed 2002, 20 (20), m.w.N.

554 Vgl. die Beschreibung des Moses-Projektes bei: Neuheuser, NStZ 2001, 175 (175); Geiss-Wittmann, FPR 2001, 374 (374, 375); ferner unter der Internetadresse (www.rohnetz.de/moses); allgemein, Frank/Helms, FamRZ 2001, 1340 (1341).

555 Vgl. Pressemitteilung des SterniParks zur Neuregelung der anonymen Geburt vom 13.2.2003 (www.sternipark.de/oeffentlichkeit/presse/2003/februar).

556 Swientek, Wiederentdeckung der Schande, S. 41-42; Wolf, FPR 2003, 112 (112); Benöhr/Muth, KJ 2001, 405 (414).

Babyklappe und die Möglichkeit der anonymen Geburt[557] werfen unter Berücksichtigung des geltenden Rechts diverse Fragen familienrechtlicher, personenstandsrechtlicher, sowie strafrechtlicher Natur auf.

2. Familienrechtliche Aspekte

Ausgehend von der zivilrechtlichen Prämisse, dass nach § 1591 BGB Mutter eines Kindes die Frau ist, die das Kind geboren hat, stellt sich das deutsche Recht materiellrechtlich auf den Standpunkt, dass die Mutter eines Kindes immer feststellbar ist[558]. Eine anonyme Geburt – also eine Geburt, die nicht automatisch die rechtliche Mutterschaft der gebärenden Frau zur Folge hat – ist dem deutschen Abstammungsrecht fremd[559]. Die Forderung nach der Einführung der anonymen Geburt verlangt hier somit eine radikale Reform und einen Bruch mit grundlegenden Prinzipien des deutschen Abstammungsrechts.

In den Fällen einer anonymen Weggabe des Kindes, in denen der Familienstand des Minderjährigen nicht zu ermitteln ist, erhält dieser nach § 1773 II BGB einen Vormund, zu dessen Personensorgerecht nach § 1793, S. 1 BGB auch die Aufgabe gehört, die Mutter und den Vater des Kindes zu ermitteln und die Elternschaft notfalls auch gerichtlich feststellen zu lassen[560], obwohl im Falle einer anonymen Kindesabgabe alsbald die Adoption des Kindes anzustreben ist.

Im Adoptionsverfahren stellt sich das Problem, dass das Kind keinen gesetzlichen Vertreter hat und die Mutter ihre Einwilligung nicht erteilen kann. Die in den Fällen der Babyklappe und der anonymen Geburt fehlende Einwilligungserklärung der Mutter ist gemäß § 1747 IV BGB nur dann entbehrlich, wenn ihr Aufenthalt dauernd unbekannt ist[561]. Diese Vorschrift spricht nur von einem „unbekannten Aufenthalt"; dass die Identität der Mutter bekannt ist, wird offenbar als selbstverständlich vorausgesetzt[562]. Hier könnte man zwar einwenden, was bereits bei unbekanntem

557 Aus Gründen der Transparenz und Verständlichkeit werden zwei typische Konstellationen zu Grunde gelegt: Für den Fall der Babyklappe wird von der Fallgestaltung ausgegangen, dass die leibliche Mutter das Kind in die Vorrichtung legt. Für die anonyme Geburt wird von der Prämisse ausgegangen, dass die Frau in einem öffentlichen Krankenhaus entbindet und das Kind ohne Hinterlegung von Daten oder Dokumenten zurücklässt.

558 Hierzu eingehend Quantius, FamRZ 1998, 1145 (1150).

559 Lux-Wesener, EuGRZ 2003, 555 (557); Heyers, JR 2003, 45 (48); Scheiwe, ZRP 2001, 368 (371); Frank/Helms, FamRZ 2001, 1340 (1342).

560 Der Amtspfleger nichtehelicher Kinder hatte gemäß § 1706 BGB in der bis 1998 geltenden Fassung die Vaterschaft festzustellen, Unterhaltsansprüche geltend zu machen und Erb- und Pflichtteilsrechte zu regeln. An die Stelle der Amtspflegschaft ist die Beistandschaft des Jugendamts nach § 1712 ff. BGB getreten. Wenn ein sorgeberechtigter Elternteil diese Ansprüche nicht geltend macht und auch keine Beistandschaft beantragt, hat das Jugendamt gemäß § 50 III KJHG das Gericht anzurufen, das Maßnahmen nach § 1666 BGB einleiten und insbesondere gemäß § 1909 BGB einen Pfleger für diese Aufgaben bestellen kann; vgl. Palandt-Diederichsen, § 1715, Rdnr. 2.

561 MünchKomm/Maurer, § 1747, Rdnr. 21.

562 Heyers, JR 2003, 45 (50); Schwarz, StAZ 2003, 33 (35).

Aufenthalt gilt, müsse erst recht bei unbekannter Identität gelten, und demzufolge § 1747 IV BGB analog anwenden[563], wie es die allgemeine Auffassung bislang auch bei Findelkindern getan hat[564]. Doch zeigt hier allein die Gesetzesformulierung, dass dem deutschen Recht die Anonymität der Mutter im Grunde fremd ist[565].

3. Personenstandsrechtliche Beurteilung

Personenstandsrechtlich bereitet ein in einer Babyklappe ausgesetztes Kind keine Probleme, da zwischen einem Babyklappen-Kind und einem an einer anderen Stelle ausgesetzten Kind kein Unterschied besteht. In beiden Fällen handelt es sich um ein Findelkind i.S.d. § 25 PStG[566], nämlich um ein neugeborenes Kind, das ohne erkennbaren verwandtschaftlichen Zusammenhang hilflos in einer Umgebung gefunden wird, die nicht weiß, woher es stammt[567]. Die zuständige Verwaltungsbehörde bestimmt Namen und Vornamen und setzt den vermutlichen Geburtszeitpunkt fest; diese Anordnung wird ins Geburtenbuch eingetragen[568]. Angaben über die Eltern fehlen zwangsläufig. Das Findelkind gilt nach § 4 II StAG[569] bis zum Beweis des Gegenteils als Kind eines deutschen Staatsangehörigen.

Schwerer zu beurteilen ist die personenstandsrechtliche Problematik der anonymen Geburt. Gemäß § 21 I Nr. 1 PStG hat der Standesbeamte, in dessen Bezirk das Kind geboren wurde, Vor- und Familiennamen der Eltern, ihren Beruf und Wohnort, im Falle ihres Einverständnisses auch ihr weltanschauliches Bekenntnis und unter bestimmten Voraussetzungen ihre Staatsangehörigkeit[570] in das Geburtenbuch einzutragen. Damit der zuständige Standesbeamte die dazu nötigen Informationen erhält, muss ihm die Geburt nach § 16 PStG binnen einer Woche angezeigt werden. Die Anzeigepflichtigen – vorrangig die Hebamme und der Arzt, erst zuletzt die Mutter selbst – sind in § 17 I Nrn. 1-5 PStG normiert. Erfolgt die Entbindung in einem Krankenhaus, so sind nach Maßgabe der §§ 18, 19 PStG ausschließlich die Leiter der jeweiligen Anstalt zur Anzeige verpflichtet. Nach § 68 PStG kann die Nichtanzeige als Ordnungswidrigkeit geahndet werden; die Anzeigeverpflichtung kann nach § 69 PStG mit einer Zwangsgeldandrohung durchgesetzt werden.

---

563 So auch Heyers, JR 2003, 45 (50); Hepting, FamRZ 2001, 1573 (1574).

564 MünchKomm/Maurer, § 1747, Rdnr. 21; Staudinger-Frank, § 1747, Rdnr. 48.

565 Hepting, FamRZ 2001, 1573 (1574); Frank/Helms, FamRZ 2001, 1340 (1343).

566 Personenstandsgesetz vom 8.8.1957 (BGBl. I, 1125), zuletzt geändert durch das Gesetz zur Reform des Staatsangehörigkeitsrechts vom 15.7.1999 (BGBl. I, 1618).

567 Hepting/Gaaz, PStG-Kommentar, § 25, Rdnr. 4; Hepting, FamRZ 2001, 1573 (1575); Wolf, FPR 2001, 345 (346).

568 Hepting/Gaaz, PStG-Kommentar, § 25, Rdnr. 4; Schwarz, StAZ 2003, 33 (35); Hepting, FamRZ 2001, 1573 (1575).

569 Staatsangehörigkeitsgesetz vom 22.7.1913 (RGBl. S. 583), zuletzt geändert durch das Gesetz zur Beendigung der Diskriminierung gleichgeschlechtlicher Gemeinschaften vom 16.2.2001 (BGBl. I, S. 266).

570 Die Staatsangehörigkeit ist in das Geburtenbuch nur dann einzutragen, wenn die Eltern nicht Deutsche sind und ihre ausländische Staatsangehörigkeit nachgewiesen ist, vgl. § 21 I Nr. 1 PStG.

Problematischer als bei den in einer Babyklappe abgegebenen Kindern ist die Bestimmung der Staatsangehörigkeit bei anonym geborenen Kindern. Da bei der anonymen Geburt zumindest Geburtsort und Geburtszeitpunkt feststehen, ist die Herkunft eines Kindes nicht völlig unbekannt. Dies führt in der Praxis zunächst zur Anwendung von § 26 PStG (Personen mit ungewissem Personenstand)[571], hat aber auf der Ebene des Staatsangehörigkeitsrechts das Folgeproblem, dass es sich nicht um ein Findelkind i.S.d. § 25 PStG handelt und daher auch die Staatsangehörigkeitsvermutung des § 4 II StAG nicht zur Anwendung gelangt[572].

4. Strafrechtliche Würdigung

Auch unter Berücksichtigung des Strafrechts begegnen Babyklappe und anonyme Geburt nicht unerheblichen Bedenken[573]. Das Strafgesetzbuch enthält eine Reihe von Vorschriften, die im vorliegenden Zusammenhang relevant sind und unter Umständen zur Strafbarkeit der anonym abgebenden Mutter sowie der Anbieter solcher Einrichtungen führen können.

a) Aussetzung (§ 221 StGB)

Nach der Neufassung des § 221 StGB durch das 6. Gesetz zur Reform des Strafrechts[574] handelt es sich bei dieser Norm um ein konkretes Gefährdungsdelikt, das nicht nur das Rechtsgut Leben, sondern auch die Gefahr einer schweren Gesundheitsverletzung erfasst[575].
Einem Anfangsverdacht gegen die Mutter wegen Aussetzung ihres Kindes steht entgegen, dass das Kind ohne erhebliche körperliche Beeinträchtigungen in die Obhut der gerade auf Hilfeleistung eingestellten Einrichtungen übergeben wurde. Es fehlt an dem Tatbestandsmerkmal der „hilflosen Lage“ und an dem tatbestandlichen Erfolg,

---

571 Hepting/Gaaz, PStG-Kommentar, § 25, Rdnr. 4; a.A. Wolf, der annimmt, dass das „öffentlich geborene Kind“ zum Findelkind gemäß § 25 PStG wird, wenn die Mutter es ohne Angabe ihrer Personalien zurücklässt, FPR 2001, 345 (348).

572 Schwarz, StAZ 2003, 33 (35); Hepting erkennt zwar dieses Problem, bezeichnet es jedoch als nebensächlich, ob Zeit und Ort der Geburt bekannt sind oder nicht. Es mache keinen Unterschied, ob das Kind anonym in der Klinik zurückgelassen oder anonym ausgesetzt worden sei. Entscheidend sei vielmehr das soziale Faktum eines von seinen Eltern preisgegebenen Kindes, FamRZ 2001, 1573 (1575).

573 Zum Folgenden auch: Frank/Helms, FamRZ 2001, 1340 (1341); Neuheuser, NStZ 2000, 175 ff.; Scheiwe, ZRP 2001, 368 (370).

574 Das 6. Gesetz zur Reform des Strafrechts v. 26.1.1998 ist am 1.4. 1998 (BGBl. I, 164) in Kraft getreten; zu den wichtigsten Änderungen, Hörnle, Jura 1998, 169 ff.

575 Tröndle/Fischer, StGB-Kommentar, § 221, Rdnr. 1; Lackner/Kühl, StGB-Kommentar, § 221, Rdnr. 1.

der „Gefahr des Todes“ oder einer „schweren Gesundheitsschädigung“[576]; vielmehr dienen die Babyklappe und auch die anonyme Entbindung in einem Krankenhaus unter medizinischer Betreuung gerade der Verhinderung dieses Zustandes[577].

b) Verletzung der Fürsorge- oder Erziehungspflicht (§ 171 StGB)

Nach § 171 StGB macht sich strafbar, wer seine Fürsorge oder Erziehungspflicht gegenüber einer Person unter sechzehn Jahren gröblich verletzt und dadurch den Schutzbefohlenen in die Gefahr bringt, in seiner körperlichen oder psychischen Entwicklung erheblich geschädigt zu werden. Die Fürsorgepflicht geht in erster Linie dahin, die gesunde körperliche Entwicklung eines gesunden Menschen zu gewährleisten[578]; demgegenüber zielt die Erziehungspflicht auf die richtige Anleitung zu einer normalen körperlich-seelischen Entwicklung[579].

Eine strafbare Verletzung der Fürsorgepflicht könnte dann vorliegen, wenn eine Mutter ihr Kind im Außenbereich einer Abgabestelle aussetzt und dadurch bei dem Kind dauernde Gesundheitsschäden verursacht. Solche Gesundheitsgefährdungen dürften aber im Rahmen der aufgezeigten Annahmepraxis kaum auftreten, weil durch sie gerade ein Aussetzen des Kindes mit schwerwiegenden gesundheitlichen Folgen verhindert wird. Es kann allenfalls gefragt werden, ob nicht die Abgabe des Kindes als solche und damit die Trennung von der leiblichen Mutter eine Ursache für den Eintritt eines gegebenenfalls später auftretenden psychischen Schadens sein kann und die Mutter mit der Abgabe ihre Erziehungspflicht verletzt. Ein dafür erforderlicher Kausalzusammenhang[580] wird sich aber nach allgemeiner Lebenserfahrung kaum herstellen lassen. Ferner ist § 171 StGB weder dazu geeignet noch bestimmt, das Ausbleiben elterlicher Zuwendung zu ahnden[581]. Da die Gefahr einer erheblichen Schädigung der körperlichen und psychischen Entwicklung in Anbetracht der sofortigen Versorgungsmöglichkeiten nicht besteht[582], scheidet eine Bestrafung der Mutter nach § 171 StGB aus.

---

[576] Mittenzwei, in FS Wacke, 327 (332); ders., ZfL 2000, 37 (39); Neuheuser, NStZ 2001, 175 (177); Schwarz, StAZ 2003, 33 (35)
[577] Ausführlicher hierzu: Mittenzwei, in FS Wacke, 327 (331 ff.).
[578] Lackner/Kühl, StGB-Kommentar, § 171, Rdnr. 3; Mittenzwei, in FS Wacke, 327 (333).
[579] Neuheuser, NStZ 2001, 175 (177); Mittenzwei, in FS Wacke, 327 (333).
[580] Tröndle/Fischer, StGB-Kommentar, § 171, Rdnr. 7.
[581] Tröndle/Fischer, StGB-Kommentar, § 171, Rdnr. 2 mit Hinweis auf BGH, Urteil v. 10.7.1979, MDR 1979, 949 (950).
[582] Schwarz, StAZ 2003, 33 (35); Mittenzwei, ZfL 2000, 37 (39, 40); Scheiwe, ZRP 2001, 368 (370); a.A. Wolf, der eine Strafbarkeit der Mutter nach § 171 StGB bejaht, da zumindest die psychische Entwicklung eines solchen Kindes gefährdet sein könne, FPR 2001, 345 (349).

c) Verletzung der Unterhaltspflicht (§ 170 StGB)

§ 170 StGB dient primär dem Schutz des Unterhaltsberechtigten vor Gefährdung seines Lebensbedarfs[583]; daneben soll die Vorschrift zugleich die Allgemeinheit, insbesondere Sozialbehörden vor einer ungerechtfertigten Beanspruchung schützen[584]. Demgemäß wird derjenige bestraft, der sich vorsätzlich einer gesetzlichen Unterhaltspflicht entzieht – obwohl er leistungsfähig ist[585] –, so dass der Lebensbedarf des Unterhaltsberechtigten gefährdet ist oder ohne Hilfe eines anderen gefährdet wäre.

Eine Mutter ist gemäß §§ 1601, 1602 BGB ihrem neugeborenen Kind zum Unterhalt verpflichtet. Soweit dieser Unterhalt nicht durch Pflege und Erziehung gewährt wird, ist er durch Entrichten einer Geldrente ab dem Zeitpunkt der Geburt zu leisten, § 1612 I BGB. Erst bei der Unterbringung des Kindes in der späteren Adoptivfamilie tritt die Unterhaltspflicht der Mutter gemäß § 1751 IV BGB subsidiär hinter die Unterhaltspflicht der das Kind annehmenden Person zurück. Somit erlischt die Unterhaltspflicht der Mutter nach § 1755 I BGB erst mit der Adoption selbst. Dieser die Unterhaltspflicht beendende Zeitpunkt ist nach § 1747 II 1 BGB frühestens möglich, wenn das Kind acht Wochen alt ist.

Durch die Abgabe des Kindes in der Babyklappe oder die anonyme Entbindung im Krankenhaus signalisiert die Mutter, dass sie den gesetzlich geschuldeten Unterhalt nicht gewähren will oder kann. Zu prüfen ist, ob im Falle der Babyklappe oder der anonymen Geburt nicht von vornherein eine mangelnde Leistungsfähigkeit der Mutter angenommen werden könnte. Erfahrungen sowie gesicherte Erkenntnisse darüber, welche Frauen ihre Kinder aussetzen und wie ihre finanziellen Verhältnisse ausgestaltet sind, existieren nicht[586]. Keine Frau legt ihr Neugeborenes leichtfertig in eine Babyklappe oder verlässt das Krankenhaus leichtfertig ohne ihr Kind. Wer sich hierzu entschließt, dürfte sich in einer subjektiv als ausweglos erscheinenden Situation befinden. Hierfür können sowohl finanzielle als auch andere Beweggründe ausschlaggebend sein. In diesem Zusammenhang wären insbesondere nichteheliche Kinder zu nennen, die die vermeintliche Familienehre gefährden; in diesen Fällen kann sich die Mutter – häufig auch aus kulturellen Gründen – der familiären Gemeinschaft nicht entziehen. Bei wirtschaftlicher Leistungsunfähigkeit, die der Tatrichter im Hinblick auf die spezifische Situation der Mutter nach der Geburt prüfen müsste, scheidet der Straftatbestand jedenfalls aus[587].

Durch das Nichterfüllen der mütterlichen Unterhaltspflicht wird der Lebensbedarf des Kindes im Falle der Abgabe in die Babyklappe oder des Zurücklassens im

[583] Tröndle/Fischer, StGB-Kommentar, § 170, Rdnr. 2.

[584] Lackner/Kühl, StGB-Kommentar, § 170, Rdnr. 1; Tröndle/Fischer, StGB-Kommentar, § 170, Rdnr. 2.

[585] Die Leistungsfähigkeit des Täters ist ein ungeschriebenes Tatbestandsmerkmal, Lackner/Kühl, StGB-Kommentar, § 170, Rdnr. 8; Tröndle/Fischer, StGB-Kommentar, § 170, Rdnr. 8 m.w.N.

[586] Swientek, Wiederentdeckung der Schande, S. 52 ff.; vgl. auch diesbezüglich ein Interview mit ders. in der Braunschweiger Zeitung vom 15.1.2001; Wolf, FPR 2001, 345 (349).

[587] Benöhr/Muth, KJ 2001, 405 (409); Neuheuser, NStZ 2001, 175 (176); Wolf, FPR 2001, 345 (349); a. A. Mittenzwei, ZfL 2000, 37 (40), der prinzipiell von der Leistungsunfähigkeit der Mutter ausgeht.

Krankenhaus zwar nicht objektiv gefährdet (§ 170 I 1, 1. Var. StGB); allerdings wäre der Lebensbedarf des Kindes durch das Handeln der Mutter ohne die Hilfe Dritter gefährdet (§ 170 I 1, 2. Var. StGB). Die Hilfsorganisationen errichten die Babyklappe und ermöglichen die Durchführung einer anonymen Geburt, um die Mutter vor den Folgen einer unüberlegten Handlung, die sich auch aus einer finanziellen Not ergeben kann, zu bewahren. Sie übernehmen die Unterbringung und ärztliche Versorgung des Kindes anstelle der Mutter und ersetzen deren Unterhaltshandlungen[588]. Dies ist ein typischer Fall, in dem die Hilfe eines Dritten durch den Wegfall der Handlungen der Unterhaltsverpflichteten bedingt ist.

Als Ergebnis ist festzuhalten, dass die Weggabe eines Neugeborenen durch die Babyklappe oder die anonyme Entbindung gegen die Mutter den Anfangsverdacht einer strafbaren, bis zum Zeitpunkt der Adoption andauernden Verletzung der Unterhaltspflicht gemäß § 170 I, 2. Var. StGB begründet[589].

d) Personenstandsfälschung (§ 169 StGB)

Das Delikt der Personenstandsfälschung schützt das Allgemeininteresse an der Feststellbarkeit des Personenstandes, d.h. der familienrechtlichen Verhältnisse eines Menschen als Grundlage von Rechtsbeziehungen und Rechten[590], aber auch das Recht des Einzelnen auf Kenntnis seiner Abstammung[591]. In § 169 I, 3. Var. StGB stellt der Gesetzgeber das Unterdrücken des Personenstandes gegenüber der zuständigen Behörde (gemäß §§ 1, 2, 51 PStG das jeweilige Standesamt) unter Strafe. Täter des Unterdrückungstatbestandes kann nur derjenige sein, dem die Anzeige über die Geburt obliegt, wer also eine Garantenstellung innehat[592].

Bei der Bestimmung des Anzeigepflichtigen ist zu unterscheiden, ob das Kind zu Hause oder in einer öffentlichen Anstalt zur Welt gekommen ist. Die Geburt eines Kindes in einem Krankenhaus lässt die Anzeigepflicht gemäß §§ 18, 19 PStG auf den Leiter oder eine von ihm beauftragte Person übergehen, so dass in solchen Fällen eine vorsätzliche Anzeigepflichtverletzung und damit eine Strafbarkeit der Mutter ausscheidet. Legt man jedoch den Fall zugrunde, dass die Frau das Kind ohne fremde Hilfe zur Welt gebracht hat, so trifft sie gemäß § 17 I Nr. 5 PStG die Verpflichtung zur

588 Einen anderen Standpunkt vertreten Benöhr/Muth. Ihrer Ansicht zufolge können solche Hilfsorganisationen nicht die Rechtstellung des „Anderen" i.S.d. § 170 I StGB innehaben. Die Entlastung der Mutter geschehe freiwillig im beiderseitigen Einvernehmen. Die typische Konstellation, in welcher die öffentliche Hand einschreiten muss, um den Unterhaltsanspruch zu sichern, liege nicht vor. Daher scheide eine Strafbarkeit der Mutter nach § 170 I StGB aus, KJ 2001, 405 (410); so im Ergebnis auch Mittenzwei, ZfL 2000, 37 (40).

589 Neuheuser, NStZ 2001, 175 (177); ders., ZfL 2002, 10 (11); Schwarz, StAZ 2003, 33 (35); Scheiwe, ZRP 2001, 368 (370).

590 Tröndle/Fischer, StGB-Kommentar, § 169, Rdnr. 2.

591 Mittenzwei, ZfL 2000, 37 (40); Sturm, JZ 1974, 1 (2).

592 Tröndle/Fischer, StGB-Kommentar, § 169, Rdnr. 7.

Anzeige. Entgegen der Meinung vieler Organisationen[593] ist mit der Hinterlegung des Neugeborenen in die Babyklappe der Tatbestand des § 169 I, 3. Var. StGB erfüllt. Die Nichtanzeige der Geburt beim Standesamt stellt ein tatbestandsmäßiges Unterdrücken des Personenstandes eines anderen gegenüber einer zur Führung von Personenstandsbüchern zuständigen Stelle durch Unterlassen dar[594].

e) Strafbarkeit der Anbieter

Die präsentierten Beratungskonzepte mit dem allerorts zu findenden Hinweis, dass Mütter sich nach der Kindesweggabe persönlich an die Babyklappen-Betreuer zwecks Beratung wenden können, diese aber zur Wahrung der Anonymität der weggebenden Mutter berechtigt seien, basieren auf einer rechtlichen Fehleinschätzung. Die Anbieter anonymer Geburten bzw. die Betreiber von Babyklappen haben Meldepflichten nach §§ 25, 16, 17, 18 PStG[595], deren Verletzung gemäß § 68 PStG eine Ordnungswidrigkeit darstellt[596]. Die Betreiber der Babyklappe müssen der Polizei, dem Jugendamt, dem Vormundschaftsgericht und dem bestellten Vormund oder Pfleger gegenüber alle Angaben machen, die ihnen zur Verfügung stehen und geeignet sein könnten, die Eltern des Kindes zu ermitteln. Gleiches gilt im Falle der anonymen Geburt für den Anstaltsleiter gegenüber der Meldebehörde.

Mittlerweile ist es auch gerichtlich geklärt, dass Babyklappen-Betreuer kein (Zeugnisverweigerungs-)Recht haben, erhaltene Informationen über Mutter und Kind den Strafverfolgungsbehörden vorzuenthalten[597]. Dies gilt selbst dann, wenn sie in Personalunion einer Schwangerenkonfliktberatungsstelle angehören[598], da das für solche Stellen bestehende Zeugnisverweigerungsrecht gemäß § 53 I Nr. 3a StPO nicht auf andere Stellen ausgedehnt werden kann[599].

---

[593] Das „Moses-Projekt“ vernachlässigt § 169 StGB und behandelt unter der Überschrift „Straffreiheit“ lediglich die Tatbestände §§ 221 und 170 StGB, vgl. (www.rohnetz.de). Gleichfalls eine inhaltliche Beschränkung auf §§ 221 und 170 StGB nehmen vor: Die Münchener Babyklappe (www.lebenspforte-muenchen.de) und SterniPark in Hamburg (www.sternipark.de/findelbaby).

[594] Neuheuser, NStZ 2001, 175 (177); Benöhr/Muth, ZRP 2002, 452 (452); Scheiwe, ZRP 2001, 368 (370); a.A. Mittenzwei, der für die Straffreiheit der Mutter plädiert, ZfL 2000, 37 (42, 45); so auch der Gesetzesantrag des Landes Baden-Württemberg, der bei der Babyklappe von Straffreiheit aller Beteiligten ausgeht, BR-Drucksache 506/02, S. 1.

[595] Zu den Einzelheiten der Meldepflichten vgl. meine obigen Ausführungen unter A I 3.

[596] Wolf, FPR 2003, 112 (113); ders., FPR 2001, 345 (348); Schwarz, StAZ 2003, 33 (35); Neuheuser, JR 2002, 172 (172).

[597] LG Köln, Beschluß v. 9.11.2001, JR 2002, 171 (171).

[598] LG Köln, JR 2002, 171 (172); Eine andere Auffassung vertritt Mittenzwei, der beispielsweise für die Mitarbeiter des „Moses-Projektes“ ein Zeugnisverweigerungsrecht nach § 53 I Nr. 3a StPO annimmt, da diese Einrichtung an einer staatlich anerkannten Schwangerenkonfliktberatung angesiedelt ist, ZfL 2000, 37 (41).

[599] LG Köln, JR 2002, 171 (172); zustimmend Neuheuser, JR 2002, 171 (172); Moysich, ZRP 2003, 216 (216); ebenso Wolf, FPR 2001, 345 (350); Frank/Helms, FamRZ 2001, 1340 (1342).

In § 53 I Nr. 3a StPO gesteht der Gesetzgeber Personen ein Zeugnisverweigerungsrecht über Tatsachen zu, die ihnen im Rahmen einer Beratung i.S. von § 3 SchKG (allgemeine Schwangerschaftsberatung) oder § 8 SchKG (Schwangerschaftskonfliktberatung) anvertraut worden sind. Nicht erfasst sind Wahrnehmungen, die keinen Zusammenhang mit einer Beratung haben – wie die isolierte Kindesweggabe bzw. -annahme an einer Babyklappe. Auch die von den Betreuern einer Babyklappe angebotenen konkreten Hilfsmaßnahmen können nicht als Beratung i.S. von § 3 SchKG qualifiziert werden. Gemäß §§ 2 I, 1 I SchKG dient die Beratung der gesundheitlichen Vorsorge und der Vermeidung und Bewältigung von Schwangerschaftskonflikten. Durch die Beratung werden Personen bei einer bevorstehenden oder andauernden Schwangerschaft informiert. Nicht erfasst hiervon sind aber die von den Organisationen im Rahmen ihres Babyklappen-Konzepts in Aussicht gestellten Hilfsmaßnahmen, wie die Vermittlung des neugeborenen Kindes an Pflege- und Adoptiveltern, ärztliche Behandlungen oder konkrete Hilfen, die es der Mutter ermöglichen, ihr Kind zu behalten.

Ein Aussageverweigerungsrecht nach § 53 I Nr. 3a StPO könnte für Ärzte, Hebammen und Schwestern nur hinsichtlich solcher Umstände bestehen, die ihnen in ihrer beruflichen Eigenschaft bekannt geworden sind[600]. Allerdings normiert § 17 I Nr. 4 PStG eine ausdrückliche Verpflichtung zur Anzeige der Personalien der Eltern, so dass diese nicht der ärztlichen Schweigepflicht unterliegen[601].

Mögliche Strafbarkeiten wegen Beihilfe zur Verletzung der Unterhaltspflicht gemäß §§ 170 I, 2. Var., 27 StGB, wie auch wegen Beihilfe zur Personenstandsfälschung nach §§ 169 I, 3. Var., 13, 27 StGB scheiden aus, da es den Betreuern zumindest am Vorsatz in Bezug auf eine strafbare Haupttat fehlt[602].

f) Zusammenfassung

Da gegen eine Mutter im Falle der anonymen Entbindung oder der anonymen Weggabe ihres Kindes in eine Babyklappe der Anfangsverdacht einer strafbaren Verletzung der Unterhaltspflicht und der Personenstandsfälschung durch Unterlassen[603] besteht, sind die Ermittlungen zur Feststellung ihrer Personalien und ihrer persönlichen Umstände aufzunehmen. Erst nach Durchführung dieser Ermittlungen lässt sich feststellen, ob der Verdacht gegen die Beschuldigte ausgeräumt werden kann – gegebenenfalls wegen fehlender Leistungsfähigkeit (§ 170 I StGB) oder ausnahmsweise wegen Vorliegens eines Rechtfertigungs- oder Entschuldigungs-

[600] Neuheuser, JR 2002, 171 (172); Wolf, FPR 2001, 345 (350).
[601] Wolf, FPR 2001, 345 (350).
[602] Neuheuser, NStZ 2001, 175 (177).
[603] Mittenzwei bezeichnet dieses Ergebnis als kriminalpolitisch widersinnig. Während eine Frau, die ihr Kind abtreibe, weitgehend straffrei ausgehe, werde eine Mutter, die ihrem Kind das Leben schenke, es aber aus individueller Not bei einer Einrichtung abgebe, strafrechtlich verfolgt, ZRP 2002, 452 (452).

grundes[604]. Eine materiell-rechtliche Straflosigkeit der anonymen Kindesweggabe, welche a priori zur Verneinung eines Anfangsverdachts führen würde, ist abzulehnen. Erst individuelle Gründe, die in der Person der einzelnen Beschuldigten liegen, können trotz der durch die Weggabe bereits erfüllten Tatbestandsmerkmale im Einzelfall zur Straflosigkeit der Mutter führen. Für die Betreuer von Babyklappen und Anbieter anonymer Geburten bleibt festzuhalten, dass ihnen in einem Ermittlungsverfahren gegen die ihr Kind weggebende Mutter kein Zeugnisverweigerungsrecht zusteht. Zum Zwecke der Strafrechtspflege und insbesondere zur Wahrung der Rechte des neugeborenen Kindes sind die Zeugenaussagen der Betreuer unerlässlich.

II. Normative Vorgaben im Verfassungsrecht

Da sowohl Babyklappe als auch anonyme Geburt dazu führen, dass die leiblichen Eltern des Kindes unbekannt bleiben, berührt dies das bereits in der deutschen Rechtsordnung anerkannte und schützenswerte Recht auf Kenntnis der eigenen Abstammung und zwingt daher zu einer eingehenden Auseinandersetzung mit den verfassungsrechtlichen Problemen. Häufig wird die Diskussion um die anonyme Geburt auf den Interessengegensatz zwischen Mutter und Kind reduziert[605]. Die Problematik ist jedoch komplexer, da bereits in der Sphäre des Kindes gegenläufige Interessen berücksichtigt werden müssen[606]. Aus der Sicht des Kindes geht es nicht nur um sein Recht auf Kenntnis der eigenen Abstammung, sondern auch um sein Recht auf Leben und körperliche Unversehrtheit[607], sowie sein grundrechtlich geschütztes Recht auf ein familiäres Zusammenleben gemäß Art. 6 I GG.

1. Grundrechtliche Positionen des Kindes

a) Recht auf Leben und körperliche Unversehrtheit (Art. 2 II 1 GG)

Das menschliche Leben stellt innerhalb der grundgesetzlichen Ordnung einen Höchstwert dar und bildet die vitale Basis der Menschenwürde und die Voraussetzung für alle anderen Grundrechte[608]. Art. 2 II 1 GG statuiert neben einem Abwehrrecht

---

604 Ausführlich hierzu: Benöhr/Muth, KJ 2001, 405 (410, 411).

605 Vgl. Scheiwe, die im Rahmen einer verfassungsrechtlichen Prüfung der anonymen Geburt lediglich eine Abwägung zwischen den Interessen der Mutter an der Anonymität und dem Recht des Kindes auf Kenntnis seiner Abstammung vornimmt, ZRP 2001, 368 (372, 373).

606 Darauf weist der Entwurf des Gesetzes zur Regelung anonymer Geburten hin, BT-Drucksache 14/8856, S. 5.

607 So auch Hepting, FamRZ 2001, 1573 (1577); Schwarz, StAZ 2003, 33 (37); Benöhr/Muth, KJ 2001, 405 (412, 413).

608 Kunig, in v. Münch/Kunig, GG-Kommentar, Art. 2, Rdnr. 44; BVerfG, Urteil v. 25.2.1975, E 39, 1 (42).

eine aktive Verpflichtung des Staates, die jedem Menschen naturgegebene physische Existenz vor der Vernichtung zu schützen[609].

Der Schutz des noch ungeborenen Kindes in der Phase vor der Geburt ist Gegenstand der Entscheidungen des Bundesverfassungsgerichts zum Schwangerschaftsabbruch; bedeutsam ist insbesondere sein Urteil vom 28.5.1993[610]. Das Bundesverfassungsgericht hat festgestellt, dass der Staat grundsätzlich auch das ungeborene Leben zu schützen hat. Zur Erfüllung seiner Schutzpflicht müsse der Staat ausreichende Maßnahmen normativer und tatsächlicher Art ergreifen, die dazu führen, dass ein – unter Berücksichtigung entgegenstehender Rechtsgüter – angemessener und als solcher wirksamer Schutz erreicht wird[611]. Hierzu gehöre es auch, die Schwangere in ihrer Konfliktsituation durch individuelle Beratung und einen Appell an ihre Verantwortung gegenüber dem ungeborenen Leben, durch wirtschaftliche und soziale Förderung dafür zu gewinnen, sich der Aufgabe als Mutter nicht zu entziehen und somit auf den Schutz des ungeborenen Lebens hinzuwirken[612]. Abweichungen hiervon können allenfalls mit Rücksicht auf wichtige gegenläufige Grundrechtspositionen der Mutter ausnahmsweise zulässig sein[613].

Das Recht auf körperliche Unversehrtheit schützt vor allen Einwirkungen, die die menschliche Gesundheit im biologisch-physiologischen Sinne beeinträchtigen[614].

Im Interesse des nicht erwünschten Kindes, das gleich aus welchen Gründen nicht abgetrieben wurde, wird der Mutter durch die Babyklappe die Möglichkeit einer Trennung von ihrem Kind gegeben, um folgenschwere Kurzschlussreaktionen wie Aussetzung oder gar Tötung des Neugeborenen zu vermeiden. Mit Hilfe der anonymen Geburt soll Frauen in schweren Konfliktsituationen geholfen werden, ihr Kind unter medizinischer Betreuung zur Welt zu bringen und somit die gesundheitlichen Gefahren für sich und ihr Kind zu verringern. Durch die Institutionalisierung von Babyklappen und anonymer Geburt könnten die gesundheitlichen Risiken für das Kind minimiert und die Überlebenschancen erhöht werden[615]. Würde den Müttern nicht erlaubt, anonym zu bleiben, bestünde die Gefahr, dass sie den Geburtsvorgang in Alleinverantwortlichkeit durchführten, das Kind heimlich und unter bedenklichen Umständen zur Welt brächten, vielleicht sogar sich selbst überließen[616]. So würden das Leben und die körperliche Unversehrtheit des Kindes (und auch der Mutter) aufs höchste gefährdet[617].

---

[609] BVerfGE 39, 1 (41); Kunig, in v. Münch/Kunig, GG-Kommentar, Art. 2, Rdnr. 44.

[610] BVerfG, Urteil v. 28.5.1993, NJW 1993, 1751 ff.

[611] BVerfG, NJW 1993, 1751 (1751); zustimmend, Geiger/v. Lampe, Jura 1994, 20 (21); Starck, JZ 1993, 816 (816).

[612] BVerfG, NJW 1993, 1751 (1757); zustimmend Geiger/v. Lampe, Jura 1994, 20 (27); Starck, JZ 1993, 816 (820).

[613] BVerfG, NJW 1993, 1751 (1751).

[614] Jarass, in Jarass/Pieroth, GG-Kommentar, Art. 2, Rdnr. 62; BVerfG, Beschluß v. 14.1.1981, E 56, 54 (74).

[615] Schwarz, StAZ 2003, 33 (37); so auch Heyers, JR 2003, 45 (45); Wilmes, FPR 2001, 374 (375); Müller-Magdeburg, FPR 2003, 109 (111); Hepting, FamRZ 2001, 1573 (1578).

[616] Benöhr/Muth, KJ 2001, 405 (413).

[617] Müller-Magdeburg, FPR 2003, 109 (111).

b) Recht auf Kenntnis der eigenen Abstammung (Art. 2 I i.V.m. Art. 1 I GG)

Zentrale Bedeutung kommt bei Babyklappen und anonymer Geburt dem durch das Bundesverfassungsgericht[618] entwickelten und im Schrifttum[619] weitgehend anerkannten Recht auf Kenntnis der eigenen Abstammung zu. Insoweit verweise ich auf meine obigen Ausführungen[620]. Vor dem Hintergrund, dass die Kenntnis der genetischen Abstammung von zentraler Bedeutung für die Entwicklung der eigenen Identität und zuletzt für die Entfaltung der Persönlichkeit ist, sie damit auch der Integrität des eigenen Selbstverständnisses dient, hat das Bundesverfassungsgericht das Recht auf Kenntnis der eigenen Abstammung aus Art. 2 I i.V.m. Art. 1 I GG hergeleitet. Dabei ist zu berücksichtigen, dass dieses Recht nicht als subjektives Recht gegenüber dem Staat auf Verschaffung von Informationen verstanden werden kann, sondern vielmehr nur im Verhältnis zum Staat vor der Vorenthaltung erlangbarer Informationen schützt[621]. Die Rechtsordnung hat dafür Sorge zu tragen, dass im Rahmen der schutzwürdigen Rechte und Belange Anderer niemandem ermittelbare, festhaltbare und daher erlangbare Informationen über seine Herkunft und Identität vorenthalten werden dürfen, so dass Verfahren, die systematisch darauf abzielen, solche Informationen zu verschleiern, gegen die Verfassung verstoßen[622].

Mit der gesetzlichen Institutionalisierung von Babyklappen und anonymer Geburt – aber auch mit der staatlichen Billigung dieser Einrichtungen – würde eine prinzipiell erlangbare Information, nämlich die über die Identität der Eltern, dem Grunde nach auf gesetzlicher Grundlage ausgeschlossen. Die Eltern sind zu keinem Zeitpunkt als Person greifbar und bleiben auf Dauer unbekannt. Damit ist es dem Kind praktisch unmöglich, später seine genetische Herkunft zu ermitteln, so dass man hier einen Grundrechtseingriff bejahen muss[623]. Die Gewährleistung dieses Rechts auf Kenntnis der eigenen Abstammung ist allerdings nicht schrankenlos; vielmehr unterliegt es als Bestandteil des allgemeinen Persönlichkeitsrechts auch dessen Schranken, Art. 2 I, 2. HS GG. Einschränkungen, die im überwiegenden Allgemeininteresse oder im Hinblick auf grundrechtlich geschützte Interessen Dritter unter Wahrung des Verhältnismäßigkeitsprinzips vorgenommen werden, sind verfassungsrechtlich zulässig[624]. Diese Schranken finden ihre Rechtfertigung darin, dass das Grundgesetz nicht vom isolierten Individuum ausgeht, sondern vom gemeinschaftsbezogenen und

---

618 BVerfGE 79, 256 ff.; BVerfGE 96, 56 ff.

619 Vgl. insoweit aus dem Schrifttum: Coester-Waltjen, Jura 1989, 520 ff.; Starck, JZ 1989, 338; Münder, RdJB 1989, 459 ff.; Enders, NJW 1989, 881 ff.; Giesen, JZ 1989, 364 ff.; Moritz, Jura 1990, 134 ff.; Degenhart, JuS 1992, 361 ff.; Eidenmüller, JuS 1998, 789 ff.

620 Diese Problematik wurde grundlegend im 1. Kapitel, S. 26 ff. erörtert.

621 BVerfGE 79, 256 (269); BVerfGE 96, 56 (63).

622 Starck, JZ 1989, 338 (338); Giesen, JZ 1989, 364 (369).

623 Scheiwe, ZRP 2001, 368 (372); siehe auch Schwarz, StAZ 2003, 33 (36, 37), die den Eingriff allerdings für verhältnismäßig hält.

624 BVerfGE 79, 256 (269); Scheiwe, ZRP 2001, 368 (372); Starck, JZ 1989, 338 (338); Giesen, JZ 1989, 364 (370).

gemeinschaftsgebundenen Menschen[625]. Das Recht auf Kenntnis der eigenen Abstammung hat mithin dort seine Grenzen, wo seine Verwirklichung andere Menschen in ihren geschützten Rechtspositionen verletzt oder wo das soziale Zusammenleben betroffen ist[626].

Die Gewährleistung des Rechts des Kindes auf Kenntnis seiner genetischen Abstammung berührt sowohl individuelle Rechtspositionen als auch Belange der Allgemeinheit[627]. Zu den ersteren zählen neben dem Recht des Kindes auf Leben und körperliche Unversehrtheit auch die Persönlichkeitsrechte der Mutter. Durch die gesetzliche Verpflichtung der Mutter, bei der Geburtsanzeige ihres Kindes beim Standesamt persönliche Daten wie Name, Anschrift und Beruf zu offenbaren, wird sie in ihrem Persönlichkeitsrecht berührt. Daher hat der Gesetzgeber eine ausgleichende Abwägung der widerstreitenden Rechte nach dem Grad ihrer Schutzwürdigkeit vorzunehmen. Die Rechtmäßigkeit einer Legalisierung der anonymen Kindesabgabe, die die Möglichkeit der Klärung der Kindesabstammung gänzlich ausschließt, ist vor allem am Grundsatz der Verhältnismäßigkeit zu messen[628].

c) Schutz der Familie (Art. 6 I GG)

Art. 6 I GG enthält einen umfassenden, allgemeinen Schutzauftrag für den privaten Lebensraum von Ehe und Familie[629]. Die Schutzstatuierung des Art. 6 I GG bedeutet positiv die Aufgabe des Staates, Ehe und Familie gleichrangig vor Drittbeeinträchtigungen zu bewahren und durch geeignete Maßnahmen zu fördern und negativ das Verbot für den Staat selbst, diese zu beeinträchtigen[630]. Familie i.S.d. Art. 6 I GG ist in erster Linie die Gemeinschaft von verheirateten Eltern mit ihren minderjährigen Kindern (sog. moderne Kleinfamilie)[631]. Einbezogen werden aber auch Mütter, Väter und Elternpaare mit nichtehelichen Kindern, Elternteile mit ehelichen Kindern und Ehepaare mit Kindern eines der Ehegatten[632].

Als bindendes Verfassungsrecht werden Art. 6 I GG drei Gewährleistungskomponenten entnommen[633]. Er enthält sowohl eine Institutsgarantie wie ein Grundrecht

---

[625] BVerfG, Beschluß v. 20.7.1954, E 4, 7 (15).

[626] Giesen, JZ 1989, 364 (369).

[627] Giesen, JZ 1989, 364 (369).

[628] Vgl. Di Fabio, in Maunz/Dürig, GG-Kommentar, Art. 2, Rdnr. 212.

[629] Kingreen, Jura 1997, 401 (401).

[630] Schmitt-Kammler, in Sachs, GG-Kommentar, Art. 6, Rdnr. 17; Kannengießer, in Schmidt-Bleibtreu/Klein, GG-Kommentar, Art. 6, Rdnr. 7.

[631] Schmitt-Kammler, in Sachs, GG-Kommentar, Art. 6, Rdnr. 16, bezeichnet die Kleinfamilie als „familiales Grundmuster" mit der größten Gewähr für die Erfüllung der Familienfunktionen; so auch Ipsen, Staatsrecht II, § 7, Rdnr. 324; Coester-Waltjen, in v. Münch/Kunig, GG-Kommentar, Art. 6, Rdnr. 11; kritisch hierzu: Jarass/Pieroth, GG-Kommentar, Art. 6, Rdnr. 4; Pieroth/Schlink, Grundrecht, § 15, Rdnr. 643.

[632] Schmitt-Kammler, in Sachs, GG-Kommentar, Art. 6, Rdnr. 16 m.w.N.

[633] Kingreen, Jura 1997, 401 (401); vgl. auch Schmitt-Kammler, in Sachs, GG-Kommentar, Art. 6, Rdnr. 19.

auf Schutz vor störenden Eingriffen des Staates und darüber hinaus eine wertentscheidende Grundsatznorm für das gesamte Ehe und Familie betreffende Recht[634]. Als Institutsgarantie gewährleistet Art. 6 I GG den Bestand der privatrechtlichen Rechtseinrichtungen Ehe und Familie im Sinne der Festschreibung der Strukturprinzipien, des überkommenen Kernbestandes der das Familienrecht bildenden Vorschriften[635]. Diesen „Ordnungskern" hat der Gesetzgeber bei Ausgestaltung des Rechtsinstituts zu beachten[636]. In seiner Eigenschaft als Grundrecht verstärkt Art. 6 I GG die Entfaltungsfreiheit des Art. 2 I GG im privaten Lebensbereich und schützt das ungestörte Zusammenleben in Ehe und Familie nach familiärer Eigengesetzlichkeit[637]. Die Grundrechtsverbürgung erfolgt vorbehaltlos und erlaubt Beschränkungen nur im Interesse kollidierenden Verfassungsrechts[638]. Ferner gilt Art. 6 I GG als objektivrechtliche „Grundsatznorm", woraus sich eine Pflicht zum Schutze und zur Förderung von Ehe und Familie ergibt[639]. Dem Gesetzgeber bleibt ein beachtlicher Gestaltungsspielraum bei der Wahrnehmung seiner Schutz- und Förderungsaufgabe[640].

Da die Familie – ebenso wie die Ehe – ein Rechtsinstitut darstellt, obliegt dem Gesetzgeber die Ausgestaltung. Nicht jede ehe- und familienbezogene Regelung stellt einen Eingriff dar[641]. Vielmehr kann es sich um eine der Regelungen handeln, die Ehe und Familie als rechtliche Gebilde definieren. Die definierenden Regelungen des Ehe- und Familienrechts sind aber stets am verfassungsrechtlichen Ehe- und Familienbegriff zu messen[642]. Wenn sie ihm nicht entsprechen, schlägt die versuchte, aber nicht gelungene Definition in einen Eingriff um[643]. Hier bemüht das Bundesverfassungsgericht mitunter den Grundsatz der Verhältnismäßigkeit[644] und untersucht, ob es rechtfertigende, in der Natur von Ehe und Familie liegende Gründe für die ausgestaltende Regelung gibt[645].

Die familienrechtlichen Abstammungsregeln ordnen ein Kind stets bestimmten Eltern unmittelbar zu, um die Elternlosigkeit eines Kindes zu vermeiden[646]. Aus Gründen der Rechtssicherheit und des Familienfriedens toleriert das Gesetz auch von der genetischen Abstammung abweichende rechtliche Zuordnungen in gewissem Umfang mit Rücksicht auf den Willen und die Interessen der Beteiligten. Hierbei ist vor allem zu beachten, dass der Gesetzgeber im Rahmen der Kindschaftsrechtsreform

---

[634] Kannengießer, in Schmidt-Bleibtreu/Klein, GG-Kommentar, Art. 6, Rdnr. 1.
[635] Schmitt-Kammler, in Sachs, GG-Kommentar, Art. 6, Rdnr. 27.
[636] Schmitt-Kammler, in Sachs, GG-Kommentar, Art. 6, Rdnr. 27.
[637] Schmitt-Kammler, in Sachs, GG-Kommentar, Art. 6, Rdnr. 20.
[638] Schmitt-Kammler, in Sachs, GG-Kommentar, Art. 6, Rdnr. 21; Kingreen, Jura 1997, 401 (404).
[639] Schmitt-Kammler, in Sachs, GG-Kommentar, Art. 6, Rdnr. 30.
[640] Schmitt-Kammler, in Sachs, GG-Kommentar, Art. 6, Rdnr. 31.
[641] Pieroth/Schlink, Grundrechte, § 15, Rdnr. 647; Kingreen, Jura 1997, 401 (403).
[642] Pieroth, in Jarass/Pieroth, GG-Kommentar, Art. 6, Rdnr. 13; Pieroth/Schlink, Grundrechte, § 15, Rdnr. 649.
[643] Pieroth/Schlink, Grundrechte, § 15, Rdnr. 649.
[644] BVerfG, Beschluß v. 24.7.1968, E 24, 104 (111 ff.); BVerfG, Beschluß v., 4.5.1971, E 31, 58 (70).
[645] BVerfG, Beschluß v. 3.10.1989, E 81, 1 (7).
[646] Heyers, JR 2003, 45 (47); Scheiwe, ZRP 2001, 368 (372).

die Mutterschaft in § 1591 BGB erstmalig gesetzlich verankert hat, um eine sofortige und sichere Zuordnung und damit auch die rechtliche Verantwortung für das Kind[647] zu ermöglichen, das besonders in dieser Phase seines Lebens dringend auf die Hilfe der Frau angewiesen ist, die es gebiert, selbst wenn die Fürsorge Dritter zur Stelle ist[648]. Die Norm hat keineswegs nur eine biologische Komponente, sondern will Verwandtschaft im Sinne des § 1589 BGB und somit eine feste Zuordnung zur Familie, dokumentiert in öffentlichen Büchern gemäß dem Personenstandsgesetz[649], vermitteln und die rechtliche Elternlosigkeit von Kindern verhindern[650]. Das Beziehungsverhältnis zwischen Eltern und Kindern kann jedoch nur definiert werden, wenn und soweit die Identität der Beteiligten bekannt ist. Diesen gesetzgeberischen Grundentscheidungen würde die zivilrechtliche Institutionalisierung der anonymen Geburt widersprechen. Denn eine solche lässt sich rechtskonstruktiv nur begreifen als Beseitigung der kraft Gesetzes eintretenden rechtlichen Zuordnung der Mutterschaft mit der Geburt und der dadurch unmittelbar entstehenden verwandtschaftlichen Beziehungen[651]. Eine Mutter wäre eine solche im Rechtssinne nicht, wenn die Anonymität gewahrt würde. Tatsächlich handelt es sich um eine „Austrittsregelung" als Ausnahme vom Grundprinzip der rechtlichen Zuordnung der Mutterschaft aufgrund der Geburt, die dem Willen des Gesetzgebers zuwiderläuft[652]. Mit der Möglichkeit der anonymen Abgabe eines Kindes würde der Staat die Identifizierung der Eltern verhindern und dem Kind sein Recht auf ein familiäres Zusammenleben verwehren. Eine solche Möglichkeit kann daher nicht mehr als eine definierende Regelung von Familie interpretiert werden, sondern vielmehr als ein Eingriff in Art. 6 I GG.

Wegen der vorbehaltlosen Gewährleistung des Grundrechtes kann ein Eingriff in Art. 6 I GG seine Legitimation allenfalls in kollidierendem Verfassungsrecht finden[653]. In Betracht kommt das Recht des Kindes auf Schutz seines Lebens und seiner körperlichen Unversehrtheit, Art. 2 II GG[654]. Einerseits besteht die staatliche Verpflichtung, das Leben und die körperliche Unversehrtheit des Kindes zu schützen, andererseits aber hat das Kind ein verfassungsrechtlich geschütztes Recht auf familiäres Zusammenleben. Durch die Institutionalisierung der anonymen Geburt wird ein Konflikt zwischen verschiedenen grundrechtlich geschützten Interessen des Kindes hervorgerufen. Die Zulässigkeit einer Lösung von Grundrechtskonflikten innerhalb ein und derselben Person durch Interessenabwägung ist von Rechtsprechung und

---

647 MünchKomm/Seidel, § 1591, Rdnr. 2; Schlüter, Familienrecht, § 20, Rdnr. 268; Gaul, FamRZ 1997, 1441 (1463).
648 MünchKomm/Seidel, § 1591, Rdnr. 1168.
649 MünchKomm/Seidel, Vor § 1591, Rdnr. 16 (FN 36).
650 Scheiwe, ZRP 2001, 368 (372).
651 Heyers, JR 2003, 45 (48); Wolf, FPR 2003, 112 (114).
652 Scheiwe, ZRP 2001, 368 (371); Heyers, JR 2003, 45 (48).
653 Pieroth, in Jarass/Pieroth, GG-Kommentar, Art. 6, Rdnr. 14; Pieroth/Schlink, Grundrechte, § 15, Rdnr. 653; Kingreen, Jura 1997, 401 (404).
654 Heyers, JR 2003, 45 (47).

Schrifttum in anderem Zusammenhang anerkannt[655], jedoch – soweit ersichtlich – hinsichtlich ihrer grundrechtsdogmatischen Verortung nicht abschließend geklärt worden. Diese Verfassungsrechtssätze, die im Falle der Legalisierung der anonymen Geburt in ein Spannungsverhältnis zueinander treten würden, müssten harmonisiert und in Konkordanz zueinander gebracht werden[656]. Aus der Einheit der Verfassung folgt die Aufgabe der Harmonisierung von Verfassungsrechtssätzen, indem ein Ausgleich herbeizuführen ist, damit beide zu optimaler Wirksamkeit gelangen können[657]. Der Ausgleich zwischen diesen kollidierenden Grundrechtspositionen des Kindes kann nur durch eine Interessenabwägung gefunden werden[658]. Diese mit dem Begriff der „intrapersonalen Abwägung" anschaulich umgeschriebene Beurteilung, die in erster Linie dem Gesetzgeber aufgegeben ist, hat damit die teilweise gegenläufigen Rechtspositionen ein und derselben Person zueinander ins Verhältnis zu setzen. Ob und in welchem Umfang dabei ein Einschätzungsspielraum der Legislative besteht, ist je nach Regelungsbereich im Einzelfall zu erörtern.

Das Ergebnis der Abwägung in den hier zu entscheidenden Fallkonstellationen steht und fällt mit der Frage, ob das Angebot einer anonymen Abgabe in eine Babyklappe bzw. die anonyme Entbindung geeignet ist, Leben und Gesundheit des Kindes zu schützen. Nur wenn dies zutrifft, ist es möglich, das Recht auf Leben und körperliche Unversehrtheit in die Güterabwägung einzubringen und daraus Argumente für die rechtliche Gestaltung der anonymen Geburt und Babyklappen abzuleiten. Erfahrungen belegen zwar, dass schwangere Frauen aus den unterschiedlichsten Gründen ein Interesse an einer anonymen Entbindung haben, sie erlauben jedoch keinen zwingenden Schluss, dass all diese Frauen sonst ihr Kind abgetrieben, unter lebensbedrohenden Umständen ausgesetzt oder gar das Kind getötet hätten. Sie belegen somit nicht, dass Leben und Gesundheit effektiv geschützt werden, da die Anonymität gerade die Feststellung und statistische Erfassung derartiger Zusammenhänge verhindert[659]. In der gesamten Diskussion wird davon ausgegangen, dass es „die verzweifelten Mütter"[660] sind, die ihre Kinder töten, aussetzen oder in Babyklappen legen. Darüber gibt es keinerlei gesicherten Erkenntnisse. Dem Kind in

[655] Vgl. BVerwG, Urteil v. 13.12.1963, E 17, 267 (274, 275); BVerwG, Urteil v. 27.4.1989, E 82, 45 (48, 49) sieht ein Spannungsverhältnis zwischen der Ausübung des Selbstbestimmungsrechts gemäß Art. 2 I GG mit dem Risiko der Selbstgefährdung und der staatlichen Schutzverpflichtung nach Art. 2 II 1 GG und löst diesen Konflikt durch Abwägung der widerstreitenden verfassungsrechtlich geschützten Interessen; vgl. aus dem Schrifttum zur Problematik der indirekten Sterbehilfe, Schreiber, NStZ 1986, 337 (341); Uhlenbruck, ZRP 1986, 209 (214); siehe auch v. Münch, FS Ipsen, S. 113 ff.

[656] Vgl. Stern, Staatsrecht I, § 4 III 8, S. 133.

[657] Stern, Staatsrecht I, § 4 III 8, S. 133.

[658] Vgl. BVerwGE 17, 267 (274).

[659] So auch Benda, NJW 2003, 533 (538); Frank/Helms, FamRZ 2001, 1340 (1347); Scheiwe, ZRP 2001, 368 (370); Swientek, FPR 2001, 353 (354);Wolf, FPR 2001, 345 (352); Hepting räumt zwar ein, dass es sich lediglich um eine Vermutung handele, hält es jedoch für „sehr wahrscheinlich, dass ein zumindest beträchtlicher Prozentsatz der anonym Geborenen sonst vor oder nach der Geburt getötet worden wären, FamRZ 2001, 1573 (1577).

[660] Anke/Rass, ZRP 2002, 451 (451); Müller-Magdeburg, FPR 2003, 109 (109); Heyers, JR 2003, 45 (45); Schwarz, StAZ 2003, 33 (37).

der Klappe, auf der Parkbank, auf der Müllkippe (...) sieht niemand an, wer es aus welchen Gründen dorthin gebracht hat. Wir kennen weder die eigentlichen Ursachen, noch kennen wir die Täter; uns bleiben nur einige Anhaltspunkte und Vermutungen[661]. Eine generelle Aussage, neugeborene Kinder seien immer in Gefahr, von ihren in Not geratenen Müttern ausgesetzt oder gar getötet zu werden, kann nicht gelten[662]. Eine pauschale Rechtfertigung der Anonymität durch die Aussage, dadurch würden Leben gerettet werden, ist unseriös[663]. Daher kann der Aspekt des Lebensschutzes für das Kind nicht allgemein als verfassungsrechtliche Rechtfertigung für einen Eingriff in sein grundrechtlich geschütztes Recht auf Schutz der Familie gemäß Art. 6 Abs. 1 GG dienen. Demzufolge kann eine zivilrechtliche Institutionalisierung der anonymen Kindesabgabe dem Schutzgehalt des Art. 6 I GG nicht standhalten.

2. Grundrechtliche Positionen der Mutter

Die grundrechtlich geschützten Positionen der Mutter während der Schwangerschaft sind ebenfalls in der erwähnten Rechtsprechung des Bundesverfassungsgerichts zum Schwangerschaftsabbruch näher beschrieben worden. Betroffen sind ihr Persönlichkeitsrecht, sowie ihr Recht auf Leben und körperliche Unversehrtheit, Art. 1 I, 2 I GG[664]. Kriterium ist, ob die Mutter ein solches Maß an eigenen Lebenswerten zugunsten des Kindes aufopfern müsste, dass es für sie unzumutbar wäre, das Kind auszutragen[665]. Die Konkurrenz des Kindesrechts auf Leben und des Persönlichkeitsrechts der Mutter hat das Bundesverfassungsgericht in den ersten zwölf Wochen der Schwangerschaft zu Gunsten der Mutter gelöst[666].

Eine neue Qualität bekommt der Interessengegensatz, sobald das Kind geboren worden ist. Nunmehr steht fest, dass sein Recht auf Leben jedenfalls gewahrt wurde. Daher reduziert sich der Konflikt ausschließlich auf den Interessengegensatz zwischen Mutter und Kind bezogen auf die Zukunft. Die Mutter kann sich auf das allgemeine Persönlichkeitsrecht gemäß Art. 2 I i.V.m. Art. 1 I GG berufen, das auf die Abwehr von Beeinträchtigungen der engeren persönlichen Lebenssphäre, der Selbstbestimmung, Selbstdarstellung und der Grundbedingungen der Persönlichkeitsentfaltung abzielt. Als grundrechtliches Schutzgut bedeutet Persönlichkeit des Menschen

---

661 Wilmes, KindPrax 2003, 97 (98); Benda, NJW 2003, 533 (538); Weiß vom „Bund der Deutschen Hebammen" in ihrer Stellungnahme zur Legalisierung anonymer Geburten: (www.bundestag.de/gremien/a13/a13_anh/a13_anh67.html), S. 5.

662 Wolf, Pressekonferenz v. 14.05.2002 (siehe oben FN 265), S. 2.

663 Swientek, FPR 2001, 353 (355);Wolf, FPR 2001, 345 (351); Scheiwe, ZRP 2001, 368 (371); Benda, NJW 2003, 533 (537); a.A. Benöhr/Muth, KJ 2001, 405 (413); Heyers, JR 2003, 45 (46); Anke/Rass, ZRP 2002, 451 (451).

664 Müller-Magdeburg, FPR 2003, 109 (111); Geiger/v. Lampe, Jura 1994, 20 (24); Starck, JZ 1993, 816 (818); a.A. Tröndle, der die Möglichkeit der Mutter, ihre Rechte gegenüber dem ungeborenen Leben durchzusetzen, ablehnt, NJW 1995, 3009 (3018).

665 BVerfGE, NJW 1993, 1751 (1767).

666 BVerfG, NJW 1993, 1751 (1770).

autonome Bestimmung der Lebensgestaltung und zwar in der geerbten und gewachsenen Identität der Person und ihrer hieraus abzuleitenden Individualität[667].

Aufbauend auf diesem Gedanken hat das Bundesverfassungsgericht die sog. „Sphärentheorie“[668] entwickelt, wonach Art. 2 I i.V.m. Art. 1 I GG einen „Kernbereich privater Lebensgestaltung“ (Intimsphäre) als absolut unantastbar schützt. In diesem „Innenraum“ privater Lebensgestaltung besitzt der Mensch sich selbst und muss sich dorthin ohne Zutrittsmöglichkeit der Umwelt, insbesondere der öffentlichen Gewalt, zurückziehen können. Ein Eingriff soll dort unter keinen Umständen zu rechtfertigen sein[669].

Im Sinne der Grundbedeutung des Rechts auf Selbstdarstellung als zusätzliche Komponente neben dem reinen Privatsphärenschutz[670] hat das Bundesverfassungsgericht für den Schutz persönlicher Daten ein Recht auf informationelle Selbstbestimmung[671] abgeleitet. Dem Grundrechtsträger steht hiernach die Befugnis zu, grundsätzlich „selbst über die Preisgabe und Verwendung persönlicher Daten zu bestimmen“[672]. Das informationelle Selbstbestimmungsrecht will Garantie der Entscheidungsfreiheit des Menschen sein[673]. Denn „wer nicht mit hinreichender Sicherheit überschauen kann, welche ihn betreffenden Informationen in bestimmten Bereichen seiner sozialen Umwelt bekannt sind, und wer das mögliche Wissen möglicher Kommunikationspartner nicht einigermaßen abzuschätzen vermag, kann in seiner Freiheit wesentlich gehemmt werden, aus eigener Selbstbestimmung zu planen oder zu entscheiden.“[674]. Der Begriff der persönlichen Daten bzw. Informationen als Schutzobjekt deckt sich mit der Legaldefinition des § 3 I BDSG und erfasst damit alle Einzelangaben über persönliche oder sachliche Verhältnisse einer bestimmten oder bestimmbaren Person[675].

Das Recht auf informationelle Selbstbestimmung als Unterfall des allgemeinen Persönlichkeitsrechts wird jedoch nicht schrankenlos gewährleistet[676]. Der Staat bedarf vielfach zur Erledigung seiner Aufgaben – etwa in der Gefahrenabwehr zum Schutz der Bürger und der planvollen Daseinsvorsorge – vorrätiger Informationen, um effektiv handeln zu können[677]. Einschränkungen auf Basis einer gesetzlichen Ermächtigungsgrundlage[678] hat der Einzelne hinzunehmen, wenn sie im

---

[667] Di Fabio, in Maunz/Dürig, GG-Kommentar, Art. 2, Rdnr. 147.
[668] BVerfG, Beschluß v. 15.1.1970, E 27, 344 (351); BVerfG, Beschluß v. 8.3.1972, E 32, 373 (379).
[669] BVerfGE 27, 344 (351); BVerfGE 32, 373 (379).
[670] Di Fabio, in Maunz/Dürig, GG-Kommentar, Art. 2, Rdnr. 173.
[671] BVerfG, Urteil v. 15.12.1983, E 65, 1 ff.; BVerfG, Beschluß v. 9.3.1988, E 78, 77 (84 ff.); BVerfG, Beschluß v. 11.6.1991, E 84, 192 (194 ff.).
[672] BVerfGE, 65, 1 (43); BVerfGE, 78, 77 (84); Ipsen, Staatsrecht II, § 6, Rdnr. 299; Jarass, in Jarass/Pieroth, GG-Kommentar, Art. 2, Rdnr. 32; Krause, JuS 1984, 268 (270).
[673] Di Fabio, in Maunz/Dürig, GG-Kommentar, Art. 2, Rdnr. 175.
[674] BVerfGE 65, 1 (42).
[675] Di Fabio, in Maunz/Dürig, GG-Kommentar, Art. 2, Rdnr. 175.
[676] Di Fabio, in Maunz/Dürig, GG-Kommentar, Art. 2, Rdnr. 179; Krause, JuS 1984, 268 (271).
[677] Di Fabio, in Maunz/Dürig, GG-Kommentar, Art. 2, Rdnr. 179.
[678] BVerfG 65, 1 (44); Di Fabio, in Maunz/Dürig, GG-Kommentar, Art. 2, Rdnr. 179.

überwiegenden Allgemeininteresse oder im Hinblick auf grundrechtlich geschützte Interessen Dritter unter strikter Wahrung der Verhältnismäßigkeit geboten sind[679].

Die Geburt eines Kindes muss gemäß § 16 PStG dem Standesbeamten binnen einer Woche angezeigt werden. Der Umfang der Geburtsanzeige bezieht sich auf die in § 21 I PStG vorgeschriebenen Angaben, wie die Namen der Eltern, ihre Berufe und Wohnort. Zur Anzeige verpflichtet ist nach § 17 I Nr. 5 PStG auch die Mutter. Zunächst ist festzuhalten, dass es sich bei einer Schwangerschaft sowie Geburt eines Kindes um höchstpersönliche Lebenssachverhalte der Frau handelt[680]. Die gesetzliche Verpflichtung der Mutter zur Anzeige einer Geburt und somit zur Angabe personenbezogener Daten berührt jedoch nicht ihren unantastbaren Bereich der privaten Lebensgestaltung. Durch die gesetzliche Verpflichtung der Mutter, persönliche Daten zu offenbaren, liegt eine Beeinträchtigung ihres informationellen Selbstbestimmungsrechts vor[681], die einer verfassungsrechtlichen Rechtfertigung bedarf.

3. Abwägung der Grundrechtskollision

Die Kollision mit einem anderen Grundrecht oder einem sonstigen Verfassungsgut ist durch eine Abwägung aller Umstände des Einzelfalles aufzulösen. Dabei müssen die betroffenen Grundrechte im Konfliktfall nach Möglichkeit zum Ausgleich mit dem Ziel ihrer Optimierung gebracht werden[682]. Über die Abwägung der verfassungsrechtlich geschützten Rechtspositionen der Mutter und des Kindes – als Vorgabe für die einfachgesetzliche Normierung der anonymen Geburt – hinaus muss auch die intrapersonale Rechtsgutskollision des Kindes berücksichtigt werden[683].

a) Konflikt zwischen gegenläufigen Interessen des Kindes

Ein Interessenausgleich zwischen dem Recht auf Kenntnis der eigenen Abstammung und dem Recht auf Leben und körperliche Unversehrtheit ist nur dann ein echter Ausgleich, wenn es dem Gesetzgeber gelingt, zwischen beiden Verfassungsgütern eine „praktische Konkordanz“[684] herzustellen. Das bedeutet, dass die Möglichkeit des

---

679 BVerfGE, 65, 1 (44); Di Fabio, in Maunz/Dürig, GG-Kommentar, Art. 2, Rdnr. 181; Jarass, in Jarass/Pieroth, GG-Kommentar, Art. 2, Rdnr. 46.

680 Benöhr/Muth, KJ 2001, 405 (412).

681 Vgl. LG Magdeburg, Beschluß v. 15.7.2001, StAZ 2003, 216 (216); Jarass, in Jarass/Pieroth, GG-Kommentar, Art. 2, Rdnr. 40.

682 Vgl. Jarass, in Jarass/Pieroth, GG-Kommentar, Vorb. vor Art. 1, Rdnr. 49; BVerfG, Beschluß v. 7.3.1990, E 81, 278 (292).

683 Vgl. oben S. 148; ferner Heyers, JR 2001, 45 (46); Frank/Helms, FamRZ 2001, 1340 (1347); so auch BT-Drucksache 14/8856, S. 5.

684 Vgl. Jarass, in Jarass/Pieroth, GG-Kommentar, Vorb. vor Art. 1, Rdnr. 49.

Kindes, Kenntnis von seiner Abstammung zu erhalten, nicht a priori ausgeschlossen werden darf[685].

An dieser Stelle ist erneut zu fragen, ob die anonyme Kindesabgabe geeignet ist, den angestrebten Erfolg, namentlich die Verhinderung von Kindesaussetzungen, gar Tötungen zu erreichen. Bislang ist nicht erwiesen, ob zwischen dem Schutz gefährdeten Lebens und der geforderten Anonymität der Geburt ein kausaler Zusammenhang besteht[686]. Auch kann nur spekulativ erwogen werden, ob ein unter der heute geltenden Rechtslage in ungünstigen Verhältnissen geborenes oder ausgesetztes Kind hätte gerettet werden können, wäre der Mutter Anonymität zugesichert worden[687]. In Anbetracht der wenigen verlässlichen und zugänglichen Zahlen, ist die Effektivität einer solchen Lösung daher zu bezweifeln. Auf diesem Unwissen lassen sich schwerlich gesetzliche Regelungen zur Legalisierung der anonymen Geburt aufbauen.

Auch erscheint zweifelhaft, ob Mütter, die in einer Panikreaktion unmittelbar vor und nach der Geburt mit dem Gedanken spielen, ihr Kind auszusetzen oder zu töten, überhaupt zu rationalem Handeln fähig sind, ob sie also bereit und in der Lage sind, sich in ihrer Not nach der nächstmöglichen Babyklappe zu erkundigen. In Panik[688] handelt niemand rational und zielgerichtet. Es besteht eher die Befürchtung, dass die Schwangeren, die sich in den zuvor beschriebenen psychischen Ausnahmesituationen befinden, die einige wenige von ihnen sogar zu einer Tötung ihres Kindes veranlassen, nicht von diesen Hilfsmöglichkeiten Gebrauch machen werden. In einer solchen verzweifelten Ausnahmesituation ist die Wahrscheinlichkeit sehr groß, dass über alle Vernunft hinweg auch die neuen Hilfsangebote nicht in Anspruch genommen werden[689]. Demnach besteht keine Garantie, dass mit derartigen Einrichtungen gerade jene Probleme tatsächlich gelöst werden, deren Lösung sie dienen sollen. Für Frauen mit einer solchen Problematik wird die Möglichkeit der anonymen Entbindung keine Hilfe sein, da sie aufgrund ihrer Persönlichkeitsdefizite nicht in der Lage wären, Hilfsangebote auch tatsächlich anzunehmen[690].

Die Deutsche Gesellschaft für Psychosomatische Frauenheilkunde und Geburtshilfe schreibt in ihrer Stellungnahme über das Problem des Neonatizides[691], das am ehesten bei jungen, sehr unreifen Frauen mit Persönlichkeitsproblematiken besteht: „Die

---

685 Schwarz, StAZ 2003, 33 (37); Scheiwe, ZRP 2001, 368 (371).

686 Benda, NJW 2003, 533 (537); Wolf, FPR 2003, 112 (120); Frank/Helms, FamRZ 2001, 1340 (1345); Scheiwe, ZRP 2001, 368 (371).

687 Benda, NJW 2003, 533 (537); Swientek, FPR 2001, 353 (354).

688 Panik bedeutet Anfall einer alles überwältigenden Angst, vgl. Swientek, Wiederentdeckung der Schande, S. 105.

689 So auch Swientek, FPR 2001, 353 (354); Scheiwe, ZRP 2001, 368 (370).

690 Benda, NJW 2003, 533 (537); Wilmes, KindPrax 2003, 97 (98); a.A. Heyers, der einen Vergleich mit Frankreich heranzieht, wo eine anonyme Geburt seit 1941 möglich ist. Es sei äußerst wahrscheinlich, dass ein signifikanter Prozentsatz anonym Geborener ohne die Möglichkeit der Wahrung der Anonymität getötet worden wäre, JR 2003, 45 (46). Auch hier wird wieder deutlich, dass es sich lediglich um eine Vermutung handelt.

691 „Neonatizid" bedeutet die Tötung des eigenen Kindes innerhalb der ersten 24 Stunden nach der Geburt.

Persönlichkeitsproblematik führt dazu, dass die Frauen nicht in der Lage sind, die üblichen adäquaten Lösungswege zu gehen und Hilfsangebote in Anspruch zu nehmen. Nach einer verheimlichten bzw. verleugneten Schwangerschaft wird die betroffene Frau von der Geburt überrascht; im Sinne einer Streß- und Panikreaktion kommt es dann möglicherweise zur Tötung des Neugeborenen oder auch zur Aussetzung. Frauen mit einer solchen Problematik werden aufgrund ihrer Persönlichkeitsstruktur und der mangelnden Bewältigungsmechanismen nicht in der Lage sein, die Möglichkeit einer anonymen Geburt oder Babyklappe anzunehmen.“[692].

Nicht gerechtfertigt wäre die Inanspruchnahme der Babyklappe oder der anonymen Geburt in dem theoretischen Fall, dass eine Mutter ihr Kind leichtfertig preisgeben will, ohne sich in einer Zwangslage zu befinden. Ein derartiger Missbrauch wird von Kritikern zu Recht befürchtet[693] und ließe sich praktisch auch kaum verhindern, da die äußeren Umstände einer anonymen Kindesweggabe die Feststellung von Rahmenbedingungen und genauen Motiven typischerweise ausschließen. Eine Babyklappe oder die anonyme Entbindung in einem Krankenhaus kann immer nur im Einzelfall und nur dann gerechtfertigt sein, wenn von einem bestimmten Kind oder einer bestimmten Mutter eine drohende Gefahr abgewendet wird. Die Anbieter kennen jedoch nicht die Umstände, die die Mutter zur Abgabe des Kindes bewegen. Sie können und wollen auch nicht prüfen, ob die Mutter oder das Kind an Leben, Leib oder Freiheit gefährdet ist. Eine konkrete Rechtfertigung fehlt demnach; eine generelle Befugnis, Abstammungslosigkeit durch Anonymität herbeizuführen, gibt es nicht.

Bejahte man die Geeignetheit, müssten die Maßnahmen auch tatsächlich erforderlich sein. In Anbetracht der rückläufigen Zahlen von Kindestötungen in der Geschichte der Bundesrepublik [694] und der kleinen Zielgruppe, die das Angebot anspricht, ist zu bedenken, dass eine zusätzliche Möglichkeit geschaffen wird für alle Mütter (in Bezug auf die anonyme Geburt) und noch erweitert für Vater, Familie und Angehörige (in Bezug auf die Babyklappe), die sich ihrer unerwünschten Kinder entledigen könnten. Hier wird demnach ein Angebot geschaffen, für das zuvor keine

---

[692] Schriftliche Stellungnahme der DGPFG e.V. zu dem Entwurf eines Gesetzes zur Änderung des PStG, abgedruckt in: Swientek, Wiederentdeckung der Schande, S. 249-252; zustimmend Frank/Helms, FamRZ 2001, 1340 (1347); Swientek, FPR 2001, 353 (353); Benda, NJW 2003, 533 (537).

[693] Wolf, FPR 2001, 345 (352); Scheiwe, ZRP 2001, 368 (370); Wilmes, KindPrax 2003, 97 (97); Swientek, Wiederentdeckung der Schande, S. 197 ff.; schriftliche Stellungnahme der „terre des hommes Deutschland e.V.“ zu Babyklappen und anonymer Geburt, abgedruckt in Swientek, Wiederentdeckung der Schande, S. 232.

[694] Im Jahre 1954 verzeichnete man 153 Fälle, 1971 waren es 55 und 1997 nur noch 20 Fälle (siehe Arbeitspapier des AGJ-Fachausschusses: „Die Babyklappe aus jugendrechtlicher und jugendpolitischer Sicht“, www.agj.de/agj.news.) Da der Straftatbestand der Kindestötung durch die Strafrechtsreform im Jahre 1998 abgeschafft wurde, sind derartige Delikte nunmehr als Totschlag zu qualifizieren und werden in der Kriminalistik nicht mehr gesondert ausgewiesen. Was die Kindesaussetzungen § 221 StGB anbelangt, so wurden im Jahre 1990 23 Aburteilungen registriert, im Jahre 1995 waren es 17 und im Jahre 1999 noch 12; siehe zur Statistik Frank/Helms, FamRZ 2001, 1340 (1341) mit Berufung auf die Kriminalstatistik.

Nachfrage bestand[695]. Die Missbrauchsgefahren – wie etwa der Kinderhandel[696] – sind dabei ebenso zu beachten, wie die schon bestehenden Hilfsmöglichkeiten[697], die den Zweck, Kinder in extremen Belastungssituationen vor Risiken während oder nach dem Geburtsvorgang oder dem befürchteten „sicheren Tod“ durch Aussetzung oder eine aktive Tötung zu retten, gleichermaßen erreichen würden, sich dabei aber erheblich weniger belastend für Einzelne (Kinder, Mütter, Väter) und die Allgemeinheit darstellen. Als Möglichkeit sei vor allem die nachträgliche Veränderung der Statusbeziehungen durch Adoption zu nennen, die einen geringeren Eingriff in das Recht des Kindes auf Kenntnis seiner Abstammung darstellt, ohne dass dieses zunächst rechtlich ohne Eltern bliebe[698]. Letztendlich kann der Gesetzgeber zwar eine Einschätzungsprärogative wahrnehmen, jedoch ist ein Erfolg dieser Einrichtungen ohne verlässliche Schätzungen und sozialwissenschaftliche sowie psychologische Erkenntnisse nur vage zu vermuten[699].

Zu erwähnen ist in diesem Zusammenhang insbesondere die Entscheidung des Bundesverfassungsgerichts vom 31. Januar 1989, wonach das Recht eines Kindes auf Kenntnis der eigenen Abstammung nicht durch „abstrakte Gefährdung“ des Familienfriedens eingeschränkt werden kann; soweit die §§ 1593, 1598 i.V.m. § 1596 I BGB a.F. dem volljährigen Kind, von den gesetzlichen Anfechtungstatbeständen abgesehen, die gerichtliche Klärung seiner Abstammung ausnahmslos verwehrten, seien diese verfassungswidrig[700]. Eine erweiterte Auslegung dieser Urteilsbegründung fällt nicht schwer. Wenn die abstrakte Gefährdung des Familienfriedens das Recht des Kindes auf Kenntnis der eigenen Abstammung nicht zu vereiteln vermag, kann auch eine abstrakte, lediglich auf Vermutungen basierende Gefährdung des Kindeslebens nicht die Vorenthaltung seines Grundrechts auf Kenntnis der eigenen Abstammung rechtfertigen.

Die Institutionalisierung der Babyklappe und der anonymen Geburt stellt somit ein Instrument dar, welches spekulativ agiert, um die Vermeidung der nur vermuteten Gefahren in Ausnahmefällen zu erreichen. Da eine endgültige Klärung der Wirkungszusammenhänge jedoch kaum möglich ist, würde sich die Zulassung einer lediglich vorläufigen anonymen Kindesabgabe[701] wohl noch im Rahmen des gesetzgeberischen Einschätzungs- und Gestaltungsspielraums bewegen, da es beim Schutz von Leben und Gesundheit um höchste Rechtsgüter geht. Bevor ein Kind sein Recht auf Abstammung geltend machen kann, muss es erst einmal leben, ist das

---

695 So auch Swientek, Wiederentdeckung der Schande, S. 98; Frank/Helms, FamRZ 2001, 1340 (1341).

696 Benöhr/Muth, ZRP 2002, 452 (452); Frank/Helms, FamRZ 2001, 1340 (1342).

697 Hierzu im Folgenden „Schlussbetrachtung“.

698 So auch Scheiwe, ZRP 2001, 368 (373); ablehnend Anke/Rass, ZRP 2002, 451 (451), die die Möglichkeit der nachträglichen Adoption als milderes Mittel für untauglich halten.

699 Swientek, FPR 2001, 353 (356); Wilmes, KindPrax 2003, 97 (97); a.A. Hepting, der den Erfolg der Einrichtungen unterstellt, FamRZ 2001, 1573 (1577).

700 BVerfGE, 79, 256 ff.

701 Die Mutter hat der Klinik oder der Schwangerenberatungsstelle ihre Identität zu offenbaren, die ihren Wunsch auf Anonymität vorerst zu wahren und schützen hat. Somit bestände zumindest die Möglichkeit, dem Kind die Kenntnis seiner Herkunft zu ermöglichen.

richtige Argument der Befürworter der anonymen Geburt und Betreiber von Babyklappen[702]. Angesichts der bestehenden Unsicherheiten ist umgekehrt der Gesetzgeber jedoch nicht verpflichtet, eine solche Regelung zum Schutz des ungeborenen Kindes[703] einzuführen[704].

b) Anspruch des Kindes auf Kenntnis seiner Abstammung versus Recht der Mutter auf informationelle Selbstbestimmung

Sowohl die Mutter wie auch das Kind können sich auf das allgemeine Persönlichkeitsrecht berufen, wobei das Interesse des Kindes auf Kenntnis seiner Abstammung dem Schutz des mütterlichen Rechts auf informationelle Selbstbestimmung und damit der Nicht-Preisgabe ihrer Daten gegenübersteht.

Das Recht der Mutter auf Herrschaft über ihre Daten gilt nicht absolut und nicht uneingeschränkt. Ein Eingriff in das Recht auf informationelle Selbstbestimmung ist im überwiegenden Allgemeininteresse möglich, falls hierfür eine gesetzliche Grundlage besteht[705]. In diesem Kontext ist insbesondere § 17 I Nr. 5 PStG zu sehen. Diese Vorschrift legt die Reihenfolge der Anzeigepflicht bei einer Geburt fest. Danach trifft die Mutter, sofern sie bei der Geburt des Kindes allein war, die Pflicht zur Anzeige beim zuständigen Standesbeamten. Kommt sie dieser Pflicht nicht nach, wovon man bei der anonymen Abgabe des Neugeborenen ausgehen kann, handelt sie gemäß § 21 I i.V.m. §§ 68, 17 I Nr. 5 OWiG gesetzeswidrig. Die Erfassung von persönlichen Daten wie Name, Geburtstag, Namen der Eltern sowie sonstige Einzeldaten über äußere Verhältnisse ist für ein geordnetes Zusammenleben der Menschen unentbehrlich[706]. Gerade in einem derart empfindlichen Bereich wie der Erfassung von Neugeborenen ist die Gesellschaft auf Kooperation angewiesen[707]. Zum Schutz des Einzelnen und der Allgemeinheit, um potentielle Gefahren für das Neugeborene abzuwenden, bedarf der Staat gesetzlich normierter Registrierungspflichten. Als Beispiel für Gefährdungen sei etwa der Kinderhandel genannt, da ein nicht registriertes (gesundes) Neugeborenes rechtlich nicht existieren würde und somit profitabel auf dem derzeit „leergefegten" Adoptionsmarkt vermittelt werden könnte. Auch zur effektiven Sicherung finanzieller Ansprüche des Kindes bedarf der Staat Informationen[708]. Diesem Schutz dient das formalisierte

---

[702] So Anke/Raoo, ZRP 2001, 451 (451); Hepting, FamRZ 2001, 1573 (1578); Benöhr/Muth, KJ 2001, 405 (413).

[703] Nach Aussage des BVerfG ist der Staat verpflichtet, das Ungeborene durch besondere Maßnahmen zu schützen, vgl. BVerfG, NJW 1993, 1751 (1755).

[704] Frank/Helms, FamRZ 2001, 1340 (1348); a.A. Schwarz, StAZ 2003, 33 (38); Hepting, FamRZ 2001, 1573 (1578).

[705] Starck, in v. Mangolt/Klein/Starck, Bonner GG, Art. 2, Rdnr. 108; BVerfGE 65, 1 (44).

[706] Starck, in v. Mangolt/Klein/Starck, Bonner GG, Art. 2, Rdnr. 111.

[707] Benöhr/Muth, KJ 2001, 405 (412).

[708] Di Fabio, in Maunz/Dürig, GG-Kommentar, Art. 2, Rdnr. 179.

Personenstandsgesetz, das auf exakte Erfassung im Geburtenregister abzielt[709]. Gleichzeitig werden die Kriterien der Rechtsprechung des Bundesverfassungsgerichts erfüllt, da staatlicherseits das Kind auf diesem Wege vor der Vorenthaltung erlangbarer Informationen über seine Identität geschützt wird[710]. Insoweit stellt § 17 I Nr. 5 PStG eine zulässige Informationsvorsorge nach Maßgabe gesetzlicher Ermächtigung dar, der den Eingriff in das informationelle Selbstbestimmungsrecht der Mutter rechtfertigt. Folglich gebührt dem Recht des Kindes auf Kenntnis seiner Abstammung der Vorrang vor dem Recht der Mutter auf informationelle Selbstbestimmung über ihre Anonymität; die anonyme Kindesabgabe unterläuft ungerechtfertigterweise diesen Anspruch des Kindes[711].

c) Schlussbetrachtung

Das Grundgesetz fordert als Teil der Menschenwürde und des Persönlichkeitsrechts (Art. 2 I i.V.m. 1 I GG) die Kenntnis der eigenen Identität und Abstammung als Grundlage eines menschenwürdigen Lebens. Die Institutionalisierung der anonymen Kindesabgabe führt zur Verdeckung der Abstammungsverhältnisse und gewissermaßen zu einer „Enteignung von Biographie"[712].

Bislang ist keinerlei Nachweis dafür erbracht, dass zwischen der Vorenthaltung der Identität und dem Entschluss der Schwangeren, die Schwangerschaft nicht zu unterbrechen oder das Kind nicht auszusetzen oder zu töten, ein Kausalzusammenhang bestehe. Für den schließlich geborenen Menschen wird sich die Frage nach seiner Identität und nach den Gründen, die seine Mutter zur Weggabe veranlasst haben, niemals dadurch beantworten, dass er „dafür" das Leben erhalten/behalten hat. Allein Vermutungen vermögen aber nicht zu rechtfertigen, einer auch nur kleinen Gruppe von Menschen das Grundrecht auf Kenntnis der eigenen Abstammung vorzuenthalten und sie der dauerhaften Lüge und Ungewissheit auszusetzen.

Sollte sich die These erhärten lassen, dass die Möglichkeit der anonymen Geburt die Gefahr einer Aussetzung bzw. Kindestötung signifikant vermindere, ist für eine Art diskrete Geburt im Außenverhältnis zu plädieren[713]. Darunter zu verstehen ist eine gesetzlich vorgesehene und datenschutzrechtlich abgesicherte Vertraulichkeit in Bezug auf die Meldung der Geburt und der Personalien der Mutter und des Kindes[714]. Dies

---

709 Müller-Magdeburg, FPR 2003, 109 (111).

710 BVerfGE 79, 256 (269).

711 Wilmes, KindPrax 2003, 97 (97); Scheiwe betont, dass die Statusfeststellung des Kindes nicht der Privatautonomie unterliegt, ZRP 2001, 368 (372, 373); ähnlich Wolf, FPR 2001, 345 (352).

712 So die Bezeichnung von Damm, im Rahmen der Diskussion über die Zulässigkeit der heterologen Insemination für eine Regelung, die die Anonymität des Samenspenders garantiert, JZ 1998, 926 (932).

713 So etwa Swientek, FPR 2001, 353 (354); Hepting, FamRZ 2001 1573 (1581).

714 So auch der Vorschlag vom „Deutschen Juristinnenbund e.V." in einer Stellungnahme zum Entwurf eines Gesetzes zur Änderung des Personenstandsgesetzes, BT-Drucksache 14/4425 (www.djb.de/content.php/pmsn-24.html), S. 7.

könnte als Alternative in Betracht gezogen werden, sofern die Geburt eine „Gefährdung“ für das Wohl von Mutter und Kind darstellen sollte. Das setzt eine entsprechende Beratung und Betreuung voraus. Dem Kind, das dann wegen der Unmöglichkeit des Verbleibs bei der leiblichen Mutter an Adoptiveltern vermittelt wird, sollte jedoch eine Dokumentation zukommen, die die Identität der Mutter preisgibt und die Lebenssachverhalte darstellt, die sie dazu nötigten, ihr Kind abzugeben. Derartige Möglichkeiten, die einen nicht vollständigen Identitätsverlust beinhalten und sowohl Kind wie abgebende Mutter die Möglichkeit zur Aufdeckung erhalten, sollten vorrangig in Betracht gezogen werden.

Vor dem Hintergrund der Erwägung, dass mit zunehmendem zeitlichen Abstand von der Geburt die Schutzwürdigkeit der anonymen Mutter nachlässt und insoweit das verfassungsrechtlich gewährleistete Recht auf Kenntnis der eigenen Abstammung an Bedeutung gewinnt, wird man Regelungen, die der Mutter uneingeschränkte Anonymität zusprechen, verfassungsrechtlich für äußerst bedenklich halten müssen. Das bedeutet aber auch, dass die Babyklappe stärkeren verfassungsrechtlichen Bedenken begegnet als die anonyme Geburt, weil die mit der Abgabe des Kindes in die Babyklappe entstandene Anonymität zu einem späteren Zeitpunkt nicht mehr durchbrochen werden kann und damit die Möglichkeit der Geltendmachung des Rechts auf Kenntnis der eigenen Abstammung mit Wirkung pro futuro ausgeschlossen ist[715].

Gelder, die für teure, scheinbar lebensrettende Einrichtungen wie Babyklappe und anonyme Geburt verbraucht werden[716], sollten meines Erachtens in erster Linie in Beratung und Betreuungsprogramme fließen, damit ungewollte Schwangerschaften nicht entstehen oder Projekte wie etwa Frauenhäuser oder betreutes Wohnen von jugendlichen Müttern mit ihren Kindern in Anspruch genommen werden. Den Frauen muss in extremen Notsituationen Hilfe zuteil werden, die es ihnen ermöglicht, ihrer Verantwortung gerecht zu werden und sich dieser nicht zu entziehen. Der Gedanke der Lebensrettung ist zwar lobenswert, wenn er jedoch sein Ziel verfehlt und zudem negative Anreize erzeugt, ist die Idee nicht haltbar.

III. Bestehende internationale Abkommen

Von Bedeutung für eine zivilrechtliche Institutionalisierung der anonymen Geburt sind auch völkerrechtliche Vorgaben. Die fundamentale Verbindung von Eltern und Kindern ist in der Europäischen Menschenrechtskonvention (Art. 8) und im Übereinkommen der Vereinten Nationen über die Rechte des Kindes (Art 7) völkerrechtlich gesichert. Zwar kommt diesen in Deutschland kein Verfassungsrang zu, es besteht aber eine Bindung des nationalen Gesetzgebers kraft völkerrechtlicher

[715] So auch die Bedenken des Zentralkomitees der Deutschen Katholiken, vorbereitende Stellungnahme zur Expertenanhörung am 30.5.2001, Protokoll Nr. 61 der öffentlichen Sachverständigenanhörung im Innenausschuss, 14. Wahlperiode.

[716] Zur Finanzierung: Benöhr/Muth, KJ 2001, 405 (408).

Verpflichtung[717]. Um Divergenzen zu vermeiden[718], zieht das Bundesverfassungsgericht die Rechtsprechung des EGMR als Auslegungshilfe heran, wenn es darum geht, Inhalt und Reichweite von Grundrechten und rechtsstaatlichen Gründsätzen des Grundgesetzes zu bestimmen[719].

1. Europäische Menschenrechtskonvention

Zu diskutieren ist, ob die Babyklappe und die anonyme Geburt gegen Art. 8 I der EMRK, wonach jeder Person ein Recht auf Achtung ihres Privat- und Familienlebens zusteht, verstoßen. Erstmalig hat der Europäische Gerichtshof für Menschenrechte (EGMR) in seinem Urteil „Odièvre gegen Frankreich“[720] die Vereinbarkeit der anonymen Geburt, insbesondere wie sie seit dem Gesetz vom 22.1.2002 praktiziert wird, mit Art. 8 EMRK dargestellt. Das Recht auf Achtung des Privatlebens nach Art. 8 I EMRK schütze die persönliche Integrität und Entwicklung des Einzelnen, für die unter anderem die Identität der leiblichen Eltern von überragender Bedeutung sei. Daher sei das in Art. 8 I EMRK verbürgte Recht auf Privatleben als Prüfungsmaßstab heranzuziehen. Die dem EGMR gestellte Frage lautete, ob ein anonym zur Welt gebrachtes Kind einen Anspruch habe, Näheres über seine Herkunft zu erfahren und demzufolge die gesetzliche Ermöglichung der Auskunftsverweigerung gegen den durch Art. 8 EMRK garantierten Schutz des Privatlebens verstoße. Das Gericht hat – mit zehn zu sieben Stimmen – festgestellt, dass das französische System der anonymen Geburt mit der europäischen Menschenrechtskonvention vereinbar sei. Dieses Urteil und seine Konsequenzen für die deutsche Debatte über die Einführung der anonymen Geburt gilt es zu beleuchten.

a) Anonyme Geburt in Frankreich

Die Tradition der anonymen Geburt reicht in Frankreich mehrere Jahrhunderte zurück, wurde durch das Vichy-Regime im Jahre 1941 gesetzlich bestätigt – um Abtreibungen zu verhindern, die gleichzeitig mit der Todesstrafe bedroht wurden – und ist heute im „Code de l'action sociale et de la famille“[721] geregelt[722]. Durch das Gesetz „Projet de loi relatif à l'accès aux origines personnelles“ („Gesetz über den Zugang von

---

[717] Limbach, NJW 2001, 2913 (2914); Heyers, JR 2003, 45 (45).
[718] Limbach, NJW 2001, 2913 (2915).
[719] BVerfG, Beschluß v. 26.3.1987, E 74, 358 (370).
[720] EGMR, Urteil v. 13.2.2003, NJW 2003, 2145 ff.
[721] Die entsprechenden Vorschriften für die anonyme Geburt abgedruckt in EuGRZ 2003, 585 ff.; Frank/Helms, FamRZ 2001, 1340 (1344 ff.).
[722] Zur historischen Entwicklung in Frankreich, z.B. zur Einrichtung von Drehklappen für Findelkinder und auch zur nicht vorhandenen rechtlichen Verwandtschaft zwischen Mutter und Kind: EGMR, abrufbar unter (www.hudoc.echr.coe.int), Rdnr. 15 ff.; ferner Frank/Helms, FamRZ 2001, 1340 (1343 ff.).

Adoptierten und Pflegekindern zu Informationen über ihre Abstammung") vom 22. Januar 2002[723] ist an die Stelle der völligen Anonymität eine besser „geheim" zu nennende Geburt eingeführt worden, deren „Geheimnis" später unter bestimmten Voraussetzungen gelüftet werden kann. Von einem speziell geschaffenen Organ, dem „Conseil national d'accès aux origines personnelles", wird die Mutter betreut, beraten und ersucht, persönliche Daten sowie allgemeine Angaben über ihre persönliche Vorgeschichte unter dem Siegel der Verschwiegenheit zu hinterlassen. Wenn das volljährige oder mit Zustimmung seines gesetzlichen Vertreters auch das minderjährige Kind später nach seinen Ursprüngen sucht, vermittelt der „Conseil national" zwischen Mutter und Kind und gewährt beiden psychologischen Beistand. Er versucht, die Mutter zur Offenbarung ihrer Identität aufgrund der Bedeutung der Abstammungserkenntnis für das Kind zu bewegen. Ohne Einwilligung der Mutter ist das völlige Aufheben ihrer Anonymität jedoch auch nach dem neuen Reformmodell nicht möglich. Lehnt die Mutter die Preisgabe ihres Namens ab, bleibt es dann bei der Übermittlung der allgemeinen, die Identität nicht erkennbar machenden Angaben über die Mutter.

b) EGMR, Urteil v. 13. Februar 2003 (Odièvre / Frankreich)

Diesem Urteil lag folgender Sachverhalt zugrunde:
Die französische Beschwerdeführerin wurde auf ausdrücklichen Wunsch ihrer Mutter im Jahre 1965 anonym geboren und zur Adoption freigegeben. Im Jahre 1998 beantragte sie die Aufhebung der Geheimhaltung ihrer Geburt sowie die Herausgabe aller Personenstandsurkunden, um die Umstände ihrer Geburt und des Verzichts ihrer leiblichen Eltern auf sie, einschließlich deren Identität und der ihrer Brüder zu erfahren. Der Antrag, ihr über ihre leiblichen Verwandten Auskunft zu geben, wurde vom Landgericht Paris „tribunal de grande instance" abgelehnt, mit der Begründung, das verletze die Geheimhaltung der Geburt. Die anonyme Geburt habe in Frankreich eine lange Tradition und sei seit 1638 bekannt. Daraufhin hat sich die Beschwerdeführerin an den EGMR gewandt und geltend gemacht, die Geheimhaltung ihrer Geburt und die sich daraus ergebende Unkenntnis ihrer Abstammung verletze ihre in Art. 8 EMRK garantierten Rechte und sei außerdem eine nach Art. 14 EMRK verbotene Diskriminierung.

In der ausführlichen Begründung verwies der Gerichtshof zunächst auf die Bedeutung der Abstammungskenntnis, die für die Erhaltung seelischer Ausgeglichenheit eine unabdingbare Voraussetzung sei[724]. Zu der persönlichen Entwicklung gehöre die Kenntnis von Einzelheiten über die persönliche Identität und weiter das von der Konvention geschützte vitale Interesse daran, für die Wahrheitsfindung notwendige Informationen über wesentliche Aspekte der persönlichen Identität zu erfahren, beispielsweise über die Identität seiner Eltern. Die

[723] Gesetz-Nr. 2002-93; dazu EGMR, EuGRZ 2003, 584 (587).
[724] EGMR, NJW 2003, 2145 (2146).

Geburt und insbesondere die Umstände, unter denen ein Kind geboren ist, seien Teil des Privatlebens eines Kindes und später des Erwachsenen, das von Art. 8 EMRK geschützt werde[725].

Der Ausdruck „jede Person“ in Art. 8 EMRK erfasse das Kind in gleicher Weise wie die Mutter. Es gebe zwei private Interessen, die nicht ohne weiteres miteinander versöhnt werden könnten. Einerseits gebe es das Recht des Kindes, seine Herkunft zu erfahren, das aus einer weiten Auslegung des Begriffs „Privatleben“ abgeleitet wird. Diesem Recht stehe gleichwertig das Interesse der Mutter gegenüber, anonym zu bleiben und so eine Geburt in einer medizinisch gesicherten Umgebung für sich und ihr Kind zu ermöglichen[726]. Zu diesem Interessenkonflikt komme hinzu, dass die Problematik der anonymen Geburt nicht ohne die Frage des Schutzes Dritter, insbesondere der Adoptiveltern und des Vaters oder der anderen Mitglieder der leiblichen Familie[727], erörtert werden könne. Daher müssten bei der Anwendung von Art. 8 EMRK auf Regelungen der anonymen Geburt die Interessen aller Beteiligten abgewogen werden, einschließlich des öffentlichen Interesses daran, die Gesundheit von Mutter und Kind zu schützen, sowie Abtreibungen und das wilde Aussetzen von Kindern zu vermeiden. Die Aufhebung der Geheimhaltung der Geburt ohne Zustimmung der Beteiligten könne erhebliche Risiken mit sich bringen, nicht nur für die Mutter selbst, sondern auch für die Adoptivfamilie, die alle auch ihrerseits ein Recht auf Achtung ihres Privat- und Familienlebens haben[728]. In der Art und Weise, wie dieser Interessenausgleich geschehen solle, gesteht der Gerichtshof dem nationalen Gesetzgeber einen gewissen Ermessensspielraum zu[729].

Mit der neueren französischen Gesetzgebung, die den Grundsatz der anonymen Geburt bekräftige und die Möglichkeit verstärke, die Geheimhaltung der Identität bei Zustimmung der Mutter aufzuheben, werde ein angemessener Interessenausgleich gefunden, der die Grenzen des – den Konventionsstaaten zustehenden – Beurteilungsspielraums nicht übersteige. Da im vorliegenden Falle die Beschwerdeführerin Zugang zu allgemeinen Informationen betreffend ihre leibliche Mutter und ihre Familie habe, mit denen sie einige Erkenntnisse über ihre Herkunft unter Achtung des Schutzes der Interessen Dritter gewinnen könne, sei Art. 8 EMRK nicht verletzt worden. Ein anderes Ergebnis lasse sich auch unter dem Gesichtspunkt von Art. 14 I EMRK nicht herleiten. Die Beschwerdeführerin könne zwar ihre Abstammung nicht erfahren und erlange somit keine Kenntnis von einer verwandtschaftlichen Beziehung, die ihr ein Erbrecht geben würde. Sie habe jedoch einerseits eine vorhandene Beziehung mit vermögensrechtlichen und erbrechtlichen Inhalten zu ihren Adoptiveltern und andererseits könne sie nicht geltend machen, dass sie sich im Verhältnis zu ihrer leiblichen Mutter in einer vergleichbaren Lage wie ein Kind befinde, dessen Abstammung von seiner Mutter bekannt sei[730].

---

725 EGMR, NJW 2003, 2145 (2146).
726 EGMR, NJW 2003, 2145 (2147).
727 EGMR, NJW 2003, 2145 (2148).
728 EGMR, NJW 2003, 2145 (2148).
729 Vgl. EGMR, NJW 2003, 2145 (2148).
730 EGMR, NJW 2003, 2145 (2149).

Im Anschluss an diese Entscheidung des EGMR haben einige Richter[731], die die Auffassung der Mehrheit nicht vertreten, ihre Gegenposition begründet. Ihrer Ansicht nach hat der Gerichtshof bei der Abwägung der Interessenlage und der Überprüfung, ob das französische System einen vernünftigen Ausgleich zwischen den widerstreitenden Rechten herbeiführe, verkannt, dass ein solches Vorgehen keinesfalls einen Ausgleich sichern kann. Tatsächlich sehe das französische Recht in der Entscheidung der Mutter ein absolutes Hindernis bei der Suche nach Informationen über die eigene Herkunft. Ihre Weigerung gilt zwingend unabänderlich für das Kind, dem kein rechtliches Mittel zur Verfügung steht, gegen die einseitige Willensentscheidung der Mutter vorzugehen. Das der Mutter zustehende einfache Vetorecht habe zur Folge, dass die in der Konvention anerkannten Rechte des Kindes völlig vernachlässigt würden. Außerdem könne die Mutter in gleicher Weise die Rechte Dritter, insbesondere die des leiblichen Vaters oder der Geschwister leerlaufen lassen, die ebenfalls ihre in Art. 8 EMRK garantierten Rechte verlören[732]. Daher werde durch die französische Gesetzgebung kein angemessener Ausgleich zwischen den betreffenden Interessen ermöglicht und somit Art. 8 EMRK verletzt[733].

c) Stellungnahme

Der dieser Entscheidung zugrunde liegende Sachverhalt unterscheidet sich von dem Bild, das oft gezeichnet wird, um die auch bei uns erhobene Forderung zu begründen, Frauen in schweren Konfliktsituationen mit Hilfe der anonymen Geburt zu helfen. Dieser Fall bekräftigt die befürchtete Missbrauchsgefahr solcher Einrichtungen, wo sich die Mütter ihrer unerwünschten Kinder „entledigen" können. Als die Antragsstellerin geboren wurde, lehnte der Partner ihrer Mutter es ab, das Kind aufzunehmen, weil er diese „zusätzliche Last" nicht tragen könne, da er „nur ein bescheidenes Einkommen" habe. Daraufhin habe die Mutter sich mit der Entscheidung ihres Partners einverstanden erklärt und das Kind nach der Entbindung anonym im Krankenhaus zurückgelassen.

Legt man die in der Entscheidung des EGMR mitgeteilten Umstände zugrunde, so ergibt sich nicht das Bild, dass die Mutter sich in einer extremen Notlage befunden hätte, die sie unausweichlich daran hinderte, das neugeborene Kind bei sich aufzunehmen und für dieses Verantwortung zu übernehmen. Wie sich die Mutter verhalten hätte, wäre ihr nicht durch das französische Recht der Weg in die anonyme Geburt eröffnet worden, ist kaum einzuschätzen. Aber es liegt meines Erachtens nicht sehr nah, dass in einer solchen Lage das Leben des Kindes in ernsthafter Gefahr gewesen wäre. Der EGMR hat die Möglichkeit oder die Wahrscheinlichkeit einer solchen Entwicklung nicht erörtert, nimmt jedoch eine Abwägung zwischen dem

[731] Gemeinsame abweichende Meinung der Richter Wildhaber, Bratza, Bonello, Loucaides, Cabral Barreto, Tulkens und Pellonpää, übersetzt und bearbeitet von Dr. Jens Meyer-Ladewig und Prof. Dr. Herbert Petzold in: NJW 2003, 2149 ff.
[732] EGMR, NJW 2003, 2145 (2149).
[733] EGMR, NJW 2003, 2145 (2150).

Recht des Kindes auf Kenntnis der eigenen Abstammung und der staatlichen Pflicht zum Schutz des kindlichen Lebens vor, ohne dass der Antragsstellerin konkret eine Lebensgefahr gedroht hätte. Auch in der Urteilsbegründung fehlt jede Bezugnahme auf eine objektive Notlage oder eine subjektiv empfundene Konfliktsituation. Hierbei entsteht der Eindruck, als seien nicht die Motive für die Weggabe des Kindes ausschlaggebend, sondern allein die Entscheidung der Mutter, die Annahme des Kindes abzulehnen. Dieser vom EGMR entschiedene Fall belegt, dass eine gesetzliche Regelung nicht nur Frauen in Extremsituationen erfasst, sondern jeden Fall der Ablehnung eines Kindes[734], wie anerkennens- oder verachtenswert die Motive auch sein mögen. Ob das System der anonymen Geburt tatsächlich zur Verhinderung von Abtreibung, Aussetzung oder gar Tötung führt – worüber es keine gesicherten Erkenntnisse gibt – ist ein anderer Aspekt des bestehenden Konflikts[735].

Zu Recht weist der Gerichtshof darauf hin, dass die Suche nach der wesensmäßigen Identität als Teil des Privatlebens in Art. 8 I EMRK verankert ist und den Anspruch begründet, unter dem Gesichtspunkt der biologischen Wahrheit die eigene persönliche Geschichte zu erfahren. Die anonyme Geburt, die für das betroffene Kind meist ein Leben ohne Kenntnis seiner Herkunft bedeutet, kann jedoch nicht allein als ein „Recht der Frau“ qualifiziert werden. Die Suche nach den leiblichen Eltern ist die Suche nach der persönlichen Identität, ohne die eine stabile Entwicklung, seelische Ausgeglichenheit und das Führen eines normalen Familienlebens, frei von Fragen, Ängsten und Minderwertigkeitsgefühlen fragwürdig erscheint. Demzufolge ist diesem Aspekt bei der Suche nach einem gerechten Ausgleich zwischen den betroffenen Rechten wesentliche Beachtung zu schenken. An dieser Stelle setzt die Kritik an der Entscheidung des EGMR an. Nach französischem Recht gibt es keine Abwägung zwischen den entgegenstehenden Interessen. Vielmehr hat die Mutter das absolute und von keinen weiteren Umständen als ihrer eigenen Entscheidung abhängige Recht, dem Kind die für seine Zukunft relevanten Informationen auf Lebenszeit zu verweigern. Ihr wird mit Hilfe der anonymen Geburt das Recht eingeräumt, ein Kind zur Welt zu bringen und es für sein ganzes Leben lang zur Ungewissheit über seine Abstammung zu verdammen. In dieser Form, bei der sich im Ergebnis immer der Wunsch der Mutter auf Geheimhaltung ihrer Identität durchsetzt, dient die Regelung ausschließlich dem Schutze der Mutter; die Interessen des Kindes werden gänzlich übersehen. Inwieweit hier von einem angemessenen Interessenausgleich gesprochen werden kann, erscheint daher zweifelhaft[736].

Eine interessengerechte Lösung für Frankreich könnte wie folgt aussehen: Für den Fall der Beibehaltung der anonymen Geburt könnte ein unabhängiges Organ auf der Grundlage der rechtlichen Voraussetzungen, unter Beachtung aller Interessen über die Aufhebung der Geheimhaltung entscheiden, falls die Mutter bei ihrer ablehnenden

[734] So schon die Befürchtung von Swientek, Wiederentdeckung der Schande, S. 98 ff.; Frank/Helms, FamRZ 2001, 1340 (1341); Wilmes, KindPrax 2003, 97 (98).
[735] Siehe hierzu in diesem Kapitel Punkt A II 3 a.
[736] Benda, NJW 2003, 533 (534); a.A. Wittinger, NJW 2003, 2138 (2139).

Haltung bleibt[737]. In der jetzigen Situation, wo es an einem Mechanismus fehlt, der eine Abwägung des Rechts des Kindes auf Kenntnis seiner Herkunft und der anderen widerstreitenden Rechte und Interessen ermöglicht, wird dem alleinigen Interesse der Mutter Vorrang eingeräumt und damit dem Kind das Recht, seine leibliche Familie zu kennen, endgültig versagt.

Pascale Odièvre soll nach der Urteilsverkündung erklärt haben, sie wolle nun einen Detektiv beauftragen, um ihre leibliche Mutter zu finden[738]. Diese Reaktion ist als Ausdruck von Enttäuschung und Hilflosigkeit zu bewerten. Man kann sich daher fragen, ob es wirklich Detektiven überlassen werden sollte, Identitäten zu lüften – und nicht besser gesetzlichen Vorschriften, die einem Kind letzten Endes einen Anspruch geben, den Namen der Mutter zu erfahren.

2. Kinderkonvention der Vereinten Nationen

Die Bedeutung des Rechts auf Kenntnis der eigenen Abstammung wird bestätigt durch Art. 7 I der VN-Konvention, welcher dem Kind das Recht einräumt, „soweit möglich (...) seine Eltern zu kennen"[739].

Unstreitig erfüllt das Personenstandsgesetz sowohl in Bezug auf die mütterliche Meldepflicht gemäß § 17 I Nr. 5, wie auch hinsichtlich derjenigen des Leiters der Anstalt gemäß §§ 18, 19, 21 PStG die Vorgaben der VN-Konvention[740]. Die Institutionalisierung der anonymen Geburt sowie der Babyklappe mit der Einschränkung der Möglichkeit, die leiblichen Eltern zu erfahren, würde gegen Art. 7 I der VN-Konvention verstoßen[741]. Die Formulierung „soweit möglich" impliziert zwar, dass der normative Schutz nur im Rahmen des Möglichen besteht, dem nationalen Recht mithin ein Gestaltungsspielraum eröffnet ist[742]. Unter Berücksichtigung der Zielsetzung der Konvention kann dieser Passus jedoch nur dahingehend interpretiert werden, dass eine Einschränkung nur in den Fällen statthaft ist, in denen eine Kenntniserlangung aufgrund tatsächlicher Umstände nicht möglich ist. Dies bedeutet, dass der nationale Gesetzgeber dieses Recht auf gesetzlicher Ebene sicherzustellen hat; mit der Legalisierung von Babyklappen und anonymen Geburten würde er diesen Anspruch des Kindes aus Art. 7 I VN-Konvention jedoch vereiteln.

---

[737] So auch die Minderheitsmeinung des EGMR, NJW 2003, 2145 (2150); zustimmend Benda, NJW 2003, 533 (536).

[738] Wittinger, NJW 2003, 2138 (2140).

[739] Edenfeld, FuR 1996, 190 (195); Scheiwe, ZRP 2001, 368 (371); Hepting, FamRZ 2001, 1573 (1576); Benöhr/Muth, KJ 2001, 405 (421); Heyers, JR 2003, 45 (47).

[740] Benöhr/Muth, KJ 2001, 405 (421); ausführlich hierzu: Bethke, UN-Konvention und seine Umsetzung in der BRD, 1996, S. 73 ff.

[741] Scheiwe, ZRP 2001, 368 (371); Heyers bejaht zwar die Verletzung dieses Rechts, hält diesen Eingriff jedoch wegen Art. 6 VN-Konvention für gerechtfertigt, JR 2003, 45 (47).

[742] Anke/Rass, ZRP 2002, 451 (451); Schwarz, StAZ 2003, 33 (36).

Einige Stimmen in der Literatur[743] argumentieren weiterhin mit Art. 6 der VN-Konvention[744], wonach die Vertragsstaaten verpflichtet sind, Gesundheit und Leben des Kindes bestmöglich zu schützen. Die drastische Einschränkung des Rechts auf Identitätsfindung durch eine Legalisierung der Babyklappe und anonymen Geburt kann nicht mit der Intention, Gesundheit und Leben des Kindes bestmöglich zu schützen, gerechtfertigt werden[745]. In Anbetracht der ungeklärten Kausalität zwischen der anonymen Weggabe des Kindes und dem Leben der betreffenden Kinder sollten geringer wirkende Eingriffe in deren Grundrechte erwogen werden. Derartige „Hilfs-Maßnahmen" wie die Babyklappe und anonyme Geburt, die einen vollständigen Identitätsverlust beinhalten, ohne den bezweckten Erfolg herbeizuführen, sind als unverhältnismäßig zu bewerten[746]. Insoweit ist auf die obigen Ausführungen zu verweisen[747]. Daher kann die Behauptung, mit solchen Einrichtungen werde das Leben von Kindern gerettet, die Beseitigung völkerrechtlicher Schutzrechte für Kinder nicht rechtfertigen. Dem Recht auf Kenntnis der eigenen Abstammung ist unter diesen Bedingungen Vorrang zu gewähren[748]. Somit würde die gesetzliche Institutionalisierung der anonymen Geburt wie auch der Babyklappe zu einem Verstoß gegen Art. 7 I der VN-Kinderrechtskonvention führen[749].

IV. Psychosoziale Erkenntnisse und Folgen für die Betroffenen

Die Anonymität zu Beginn des Lebens bleibt als lebenslange Belastung für abgebende Mütter, für die Adoptiveltern und für die Adoptivkinder bestehen. Die Folgen der endgültigen Verhinderung der Kenntnisnahme über die eigene Herkunft werden von Adoptionsforschern und Psychologen benannt.

---

743 Schwarz, StAZ 2003, 33 (36); Heyers, JR 2003, 45 (47); Benöhr/Muth, KJ 2001, 405 (422).

744 Art. 6 UN-Konvention: Recht auf Leben
Die Vertragsstaaten erkennen an, dass jedes Kind ein angeborenes Recht auf Leben hat.
Die Vertragsstaaten gewährleisten in größtmöglichem Umfang das Überleben und die Entwicklung des Kindes.

745 So auch Scheiwe, die die „Erforderlichkeit" der anonymen Geburt zu dem Zweck, Leben und Gesundheit des Kindes zu schützen, für äußerst fraglich hält, ZRP 2001, 368 (372); Wolf, Pressekonferenz v. 14.05.2002 (vgl. oben FN 265), S. 1.

746 Benda, JZ 2003, 533 (536); Scheiwe, ZRP 2001, 368 (372); Frank/Helms, FamRZ 2001, 1340 (1347); Wilmes, KindPrax 2003, 97 (98); So auch der „Deutsche Juristinnenbund e.V.", vorbereitende Stellungnahme zur Expertenanhörung am 30.5.2001, Protokoll Nr. 61 der öffentlichen Sachverständigenanhörung im Innenausschuss, 14. Wahlperiode.

747 Siehe Punkt II 3 a.

748 So auch Benda, JZ 2003, 533 (536); Scheiwe, ZRP 2001, 368 (372); Wolf, Pressekonferenz am 14. Mai 2002; a.A. Schwarz, StAZ 2003, 33 (36); Heyers, JR 2003, 45 (47); Benöhr/Muth, KJ 2001, 405 (422).

749 Scheiwe, ZRP 2001, 368 (372); Wolf, Pressekonferenz v. 14.5.2002 (vgl. oben FN 265), S. 1; Rakete-Dombek, Stellungnahme der Bundesrechtsanwaltskammer zu den Gesetzesentwürfen zur Regelung der anonymen Geburt, Juni 2002, S. 1; a.A. Schwarz, StAZ 2003, 33 (36); Heyers, JR 2003, 45 (47); Benöhr/Muth, KJ 2001, 405 (422).

1. Aussetzende und anonym gebärende Mütter

Ausgehend von der Prämisse, dass die Frauen die Möglichkeit der Babyklappe oder anonymen Geburt freiwillig in Anspruch genommen haben – somit nicht gezwungen oder manipuliert wurden – sind diese nur kurzfristig entlastet. Die meisten von ihnen werden zeitlebens mit Schuld- und Versagensgefühlen leben müssen. Wissenschaftliche Forschungen über Frauen, die ihr Kind mehr oder weniger freiwillig zur Adoption freigegeben haben, belegen, dass diese Frauen häufig selbstmordgefährdet sind, dass sie unter psychosomatischen Erkrankungen leiden und dass sie die Freigabe, die Trennung von ihrem Kind sehr schwer oder gar nicht verarbeiten können[750]. Im Falle der Inanspruchnahme von Babyklappen und anonymer Geburt sind die Mütter im Vergleich zu den abgebenden Müttern im Adoptionsverfahren noch sprach- und gesichtsloser[751]. Sie haben ihr Kind nicht durch ein geregeltes Verfahren, das ihnen einen hohen Mitwirkungsgrad garantiert und damit ihre Verantwortung stärkt, für andere ausgesuchte Eltern freigegeben, sondern anonym, in der Annahme, dass „irgendwer" schon sorgen werde; wenngleich ihnen von den Einrichtungen suggeriert wird, sie täten das Beste für ihr Kind. Der andere schwerwiegende Aspekt ist, dass die Frauen, die ihr Kind anonym geboren oder in eine Babyklappe abgegeben haben, nie wieder Zugang zu diesem Kind finden können, so sehr sie sich dies auch später wünschen mögen.

2. Adoptiveltern

Wenn die Kinder mit fortgeschrittenem Alter zu fragen beginnen, werden die Adoptiveltern hilflos sein und können dem Kind keinerlei Auskünfte erteilen, so oft diese auch fragen und so wenig sie mit ihrem Abgabeschicksal fertig werden. Adoption ist meist ein lebenslanges Gespräch zwischen Eltern und Kindern; ein solches Gespräch ist bei anonymer Geburt und Weggabe in eine Babyklappe nicht möglich. Adoptiveltern stehen dann sehr schnell vor der Frage, ob sie dem Kind offenbaren: „Du warst ein in einer Babyklappe ausgesetztes Kind" oder „Dich hat deine Mutter im Krankenhaus anonym zurückgelassen". Alles Weitere muss für sie und das Kind Spekulation bleiben. Die Alternative wäre zu lügen und zu behaupten, dass es ein leibliches Kind sei. Den Adoptionsexperten liegen jedoch zahlreiche Erkenntnisse vor, die zeigen, dass dieses Arrangement nicht funktioniert. Kinder merken schnell, wenn sie belogen werden; sie haben dann große Probleme und Schwierigkeiten mit sich selbst und ihrer Umwelt, wenn sie in einer Atmosphäre der Verlogenheit aufwachsen[752].

---

[750] Swientek, Wiederentdeckung der Schande, S. 152 ff.; Bockenheimer-Lucius, EthikMed 2002, 20 (23); Wilmes, KindPrax 2003, 97 (98).

[751] Swientek, Wiederentdeckung der Schande, S. 158.

[752] Swientek, FPR 2001, 353 (355); Rohde, Babyklappen und anonyme Geburten, (www.oneworldweb.de/tdh/themen/babyklappe/hintergrundinfos_rohde.html.), S. 2.

3. Findel- und Adoptivkinder

Welche Bedeutung die Kenntnis der eigenen Vergangenheit für jeden Menschen hat, ist vor allem für adoptierte Findelkinder aus sozialwissenschaftlicher Sicht eingehend untersucht und geschildert worden. Sie beschreiben ihr Verlangen oft mit den Worten, sie würden ihr „richtiges Ich", ihre „wahre Identität", ihr „eigentliches Sein" suchen[753]. Das Wissen um die eigene Herkunft wird allgemein als wichtiger Aspekt der eigenen Identität gesehen. Sie sind die eigentlich schwer Betroffenen, denn sie haben nie die Chance, ihre Wurzeln, ihre Vergangenheit, ihre Eltern während der Zeit des Heranwachsens aus dem Erzählen der Adoptiveltern kennenzulernen. Wir alle wissen, von wem wir abstammen, wir kennen unsere genealogische Linie und wir sind in der Geschichte unserer Familie verwurzelt und verankert. Für uns ist unsere biologische Abstammung eine Selbstverständlichkeit, die wir nie hinterfragen. Für Adoptierte ist dieses Thema immer ein großes Problem, mit dem sie auch dann zu kämpfen haben, wenn einige Informationen vorliegen[754]. Sie sind einmal fortgegeben und verlassen worden, bevor jemand anderes sie dann aufnahm. Sie leben mit dem Bewusstsein, aus zwei Familien zu stammen, und sie müssen von vornherein die Möglichkeit haben, sich in beiden Familien zu verwurzeln. Im Falle der anonymen Weggabe stehen sie vor dem Nichts[755].

V. Resümee

Dass Menschen in Not Hilfe benötigen und in einem Sozialstaat bekommen müssen, ist unbestritten. Dass Hilfe dort ansetzen muss, wo sie am sinnvollsten ist, wo sie den größten Nutzen stiftet und den geringsten Schaden anrichtet – das heißt, wo sie am effektivsten ist – gehört zu den Grundregeln sozialpolitischer Entscheidungen und sozialpädagogischen Handelns. Dass die Zukunft in alle Erwägungen einbezogen werden muss, auch wenn es um die Bewältigung akuter Not geht, versteht sich von selbst, wenn die Probleme in einigen Jahren qualitativ und quantitativ nicht umfangreicher sein sollen als die derzeitig zu bearbeitenden.

Fest steht, dass es nicht genügt, an Krankenhäusern eine Babyklappe zu installieren und dann das Problem als gelöst zu betrachten. Auch mit einem Gesetz, das lediglich das Fehlen des Namens der Mutter bei der Eintragung in die Personenstandsbücher legitimiert, ist es nicht getan. Die vom „guten Willen" getragene Einführung von Babyklappen und die Möglichkeit der anonymen Entbindung haben faktisch zur Entstehung eines rechtsfreien Raumes geführt, in dem die Rechte der Neugeborenen massiv gefährdet sind. Einige Fälle haben aufgezeigt, dass solche Einrichtungen nicht die Tötung von Neugeborenen und Kleinstkindern verhindern, sondern vielmehr zum Missbrauch verleiten können. Ein jahrhundertealtes Problem kann nicht dadurch aus

---

753 Swientek, Wer sagt mir, wessen Kind ich bin, S. 22 ff.; Wilmes, KindPrax 2003, 97 (98).

754 Rohde (FN 752), S. 3.

755 Diesen Aspekt betonen vor allem Wilmes, KindPrax 2003, 97 (98); Swientek, FPR 2001, 353 (355).

der Welt geschaffen werden, dass ein sehr viel umfangreicheres Problem für wesentlich mehr Menschen geschaffen wird. Es ist zu hoffen, dass der Gesetzgeber die bisher verbreiteten Babyklappen-Konzepte nicht in seine zukünftige gesetzliche Regelung übernimmt. Vielmehr ist daran zu denken, die im Bereich der Beratung und Jugendhilfe bestehenden diskreten staatlichen Angebote vermehrt publik zu machen und zu verbessern[756].

[756] So der ausdrückliche Aufruf von „terre des hommes Deutschland e.V.", abgedruckt in Swientek, Wiederentdeckung der Schande, S. 230-234; Neuheuser, ZfL 2002, 10 (13).

B. Geplante Gesetzesänderungen zur Ermöglichung anonymer Geburten

Ausgehend von der Erwägung, dass „diejenigen, die einem Kind das Leben geben, von Natur aus bereit und berufen sind, die Verantwortung für seine Pflege und Erziehung zu übernehmen“,[757] stellt sich die Frage, wie die Rechtsordnung auf eine Situation reagieren soll, in der gerade die Adressaten dieser Aussage nicht bereit sind, sich ihrer durch das Grundgesetz in Art. 6 II 1 GG normierten Pflicht[758] zu stellen. Sowohl die anonyme Geburt als auch das Betreiben von Babyklappen wird in Deutschland sanktionslos hingenommen, um mögliche Kindesaussetzungen und Kindestötungen zu verhindern. Um die mit der anonymen Geburt zusammenhängenden rechtlichen Unsicherheiten zu beseitigen, gibt es Versuche[759], sie zu legalisieren. Im Folgenden konzentriert sich die Darstellung auf die wesentlichen geplanten Gesetzesänderungen und beleuchtet sie kritisch.

I. Entwurf der CDU/CSU-Fraktion zur Änderung des PStG

Der Entwurf[760] befasst sich nur mit der anonymen Geburt in vernetzten Schwangerenberatungsstellen.

1. Zielbestimmung der vorgesehenen Neuregelung

Der Gesetzesentwurf sieht zwei Ergänzungen zum Personenstandsgesetz vor. Zum einen soll die Meldefrist nach § 16 PStG von einer Woche auf zehn Wochen verlängert werden, wenn die Mutter von einer staatlich anerkannten Schwangerenberatungsstelle betreut wird. Weiterhin soll § 17 PStG dahingehend erweitert werden, dass – wenn die Geburt nicht innerhalb einer Woche angezeigt ist – die Anzeigepflichten der in § 17 PStG aufgeführten Personen entfallen und nur noch der Schwangerenberatungsstelle obliegen. Diese Regelung ermöglicht es der Mutter jedoch nicht, ihre Anonymität dauerhaft zu wahren. Nach Ablauf der auf zehn Wochen verlängerten Anmeldefrist muss die Identität der Mutter aufgedeckt werden und zwar von eben derselben Stelle,

---

[757] BVerfGE 24, 119 (150).

[758] Schmitt-Kammler, in Sachs, GG-Kommentar, Art. 6, Rdnr. 46; Coester-Waltjen, in v. Münch/Kunig, GG-Kommentar, Art. 6, Rdnr. 83; zum Doppelcharakter von Art. 6 II 1 GG als Grundrecht und komplementäre Grundpflicht, vgl. Badura, DVBl. 1982, 861 (867 ff.).

[759] Folgende drei Gesetzesentwürfe wurden eingebracht und beraten:
Entwurf zur Änderung des PStG der CDU/CSU-Fraktion v. 12.10.2000 (BT-Drucksache 14/4425);
Entwurf eines Gesetzes zur Regelung anonymer Geburten der Fraktion CDU/CSU, der SPD, von BÜNDNIS 90/Die Grünen und der FDP v. 23.4.2002 (BT-Drucksache 14/8856);
Entwurf eines Gesetzes zur Regelung anonymer Geburten des Landes Baden-Württemberg v. 6.6.2002 (BR-Drucksache 506/02).

[760] BT-Drucksache 14/4425.

an die sich die Mutter mit ihrem Wunsch nach Anonymität gewandt hat und gemäß § 16 I 3 PStG-E auch wenden muss. Damit wird eine – wie es in der Begründung selbst heißt[761] – vorläufige Anonymität erreicht[762].

Ziel der geplanten Gesetzesänderung ist es, „geheime Geburten, Aussetzungen oder gar Tötung von Neugeborenen" dadurch zu verhindern, dass „Mütter in einer Konfliktsituation sich an eine besonders dafür geeignete Schwangerenberatungsstelle wenden, gleichzeitig aber zunächst anonym bleiben können"[763]. Durch die Verlängerung der Anzeigepflicht haben die Schwangerenberatungsstellen Zeit, auf die Lösung der Konflikte der Mutter hinzuwirken und heimliche Geburten mit der Gefahr für Mutter und Kind zu verhindern[764].

2. Dogmatische Bewertung des Gesetzesentwurfs

Der Gesetzesentwurf zeichnet sich durch seine Lückenhaftigkeit aus[765]. So, wie der an § 17 I PStG anzuhängende Satz 3 formuliert ist, soll die Anzeigepflicht der in Nr. 1-3 der Vorschrift genannten Personen nicht beseitigt werden. Demnach besteht die Pflicht dieser Personen weiter, die, wenn sie ihr nicht nachkommen, durch Zwangsgeld dazu angehalten werden können, § 69 PStG. Nun soll sich nach dem Wortlaut des Gesetzesentwurfs auch die Meldefrist für die in § 17 I Nr. 1-3 PStG genannten Personen auf zehn Wochen verlängern, wenn die Voraussetzung des an § 16 anzuhängenden dritten Satzes erfüllt ist. Es ist nicht erkennbar, wie die übrigen und nach § 17 I 2 PStG vorrangig meldepflichtigen Personen davon Kenntnis erlangen sollen, dass die ihnen obliegende Meldung nicht innerhalb einer Woche, sondern ausnahmsweise erst innerhalb von zehn Wochen erfolgen muss[766]. Ein Widerspruch bleibt, dass der Gesetzesentwurf zwar unter den genannten Voraussetzungen die Anzeigefrist von einer auf zehn Wochen verlängern will, aber die Anzeigefrist für die primär oder allein Verpflichteten nicht ausdrücklich verlängert.

Nicht ganz auszuschließen ist auch, dass die Geburt in einem Entbindungs-, Hebammen- oder Krankenhaus erfolgt. Wenn es sich dabei um eine öffentlich-rechtliche Anstalt handelt, trifft die Verpflichtung zur Anzeige nach § 18 I PStG ausschließlich den Leiter der Anstalt oder den von der zuständigen Behörde ermächtigten Beamten oder Angestellten; d.h. für die in § 17 I PStG genannten Personen entfällt die Anzeigepflicht. Dasselbe gilt, wenn die Entbindung in einer privat geführten Anstalt erfolgt, wenn die zuständige Verwaltungsbehörde deren Leitung die schriftliche Anzeige gestattet hat (§ 19 PStG), sowie bei Geburten in

---

761 BT-Drucksache 14/425, S. 3.
762 Hepting, FamRZ 2001, 1573 (1581); Wolf, FPR 2001, 345 (352).
763 BT-Drucksache 14/4425, S. 1.
764 BT-Drucksache 14/4425, S. 3.
765 Wolf, FPR 2003, 112 (114); Hepting, FamRZ 2001, 1573 (1581); So auch der "Deutsche Juristinnenbund" in einer Stellungnahme zum Entwurf eines Gesetzes zur Änderung des Personenstandsgesetzes, BT-Drucksache 14/4425 (www.djb.de/content.php/pmsn-24.html), S. 2.
766 So auch die Kritik des Deutschen Juristinnenbundes (FN 765), S. 3.

öffentlichen Heil-, Pflege- und Entziehungsanstalten, in Gefangenenanstalten, in denen eine mit Freiheitsentziehung verbundene Maßregel der Besserung und Sicherung vollzogen wird, § 18 II PStG. Die im Entwurf vorgesehene Fristverlängerung nimmt jedoch auf diese nach §§ 18, 19 PStG Meldepflichtigen keinen Bezug. Demzufolge müsste, falls das Kind doch in einer Klinik geboren wird, deren Leiter die Geburt und die Abstammung des Kindes innerhalb einer Woche melden, § 21 PStG; für ihn/die Klinik soll die Fristverlängerung offenbar gerade nicht gelten. Die Änderung des § 17 PStG ist auch deshalb nicht zielführend, weil ein Kind nach einer anonymen Geburt und in der Babyklappe wegen der Unbekanntheit seiner Identität ein Findelkind i.S.d. § 25 PStG ist[767] und nach dieser Vorschrift von jedermann spätestens am nächsten Tag der Ortspolizeibehörde zu melden ist.

Bemerkenswert ist, dass die vorgeschlagene Regelung Vorgänge unterstützen soll, die als rechtswidrig anerkannt sind[768], ohne die Rechtswidrigkeit aufzulösen oder die wohl weitgehend tolerierte Praxis zu unterbinden. Nach einer Sachverständigenanhörung des Innenausschusses, des Rechtsausschusses und des Ausschusses für Familie, Senioren, Frauen und Jugend des Bundestages am 13.5.2001 wurde der Entwurf als ungeeignet erachtet und nicht weiter verfolgt[769].

II. Interfraktioneller Entwurf eines Gesetzes zur Regelung anonymer Geburten

Den Initiatoren[770] ist es im Bundestag gelungen, bis auf die PDS-Partei alle Fraktionen für einen Gesetzesentwurf zur Regelung von Babyklappen und anonymen Geburten zu gewinnen. Der Entwurf vom 23.4.2002[771], der schon am 25.4.2002 in erster Lesung ohne Aussprache dem Plenum vorlag, sollte ohne Beratung in den Ausschüssen, ohne Beteiligung der federführenden Ministerien und ohne öffentliche Debatten noch vor der am 22.9.2002 anstehenden Neuwahl des Bundestages verabschiedet werden. Dieses Verfahren ist am aufkommenden Widerstand gescheitert[772]. Der Entwurf enthält im Vergleich zu dem Gesetzesentwurf der CDU/CSU-Fraktion vom 12.10.2000 umfangreichere Regelungen, die sich jedoch vor allem auf die Einschränkungen von Meldepflichten im Personenstandsgesetz konzentrieren.

[767] Hepting, FamRZ 2001, 1573 (1575); Wolf, FPR 2001, 345 (348).

[768] Vgl. BT-Drucksache 14/8856, S. 1; die verfassungsrechtliche Problematik wird eingehend am „Interfraktionellen Gesetzesentwurf zur Regelung anonymer Geburten" v. 23.4.2002 erörtert.

[769] Vgl. das Protokoll der 61. Sitzung des Innenausschusses mit der Liste der Sachverständigen, dem vorbereitenden Fragenkatalog und den schriftlichen Stellungnahmen, BT-Drucksache 14/4425 (neu).

[770] Initiator war insbesondere MdB Friese (SPD).

[771] BT-Drucksache 14/8856.

[772] Vgl. z.B. v. Renesse, MdB, Der Spiegel, Nr. 20/2002, S. 180.

1. Änderung des Staatsangehörigkeitsgesetzes

Zur Lösung der staatsangehörigkeitsrechtlichen Problematik[773] sollte die bisher auf Findelkinder beschränkte Regelung des § 4 II StAG auf anonym geborene Kinder und Kinder, die nach der Geburt bei einer Anstalt oder Einrichtung abgegeben wurden, ausgedehnt werden. Eine Beibehaltung der jetzigen Regelung würde zu einer Rechtsunsicherheit darüber führen, ob die neugeborenen Kinder ohne Eltern analog der Findelkinder-Regelung behandelt werden könnten oder als Staatenlose zu gelten hätten[774].

2. Änderung des Personenstandsgesetzes

Zentrale Bedeutung kommt den geplanten Änderungen des Personenstandsgesetzes zu. Bei der Anzeige einer Geburt besteht die allgemeine Anzeigepflicht einer jeden Person, die von der Geburt des Kindes weiß (§ 17 PStG) sowie die besondere Anzeigepflicht bei Geburten in einer öffentlichen oder privaten Einrichtung (§§ 18, 19 PStG). Um die Anonymität der Mutter (und somit die Verdeckung der Abstammung des Kindes) zu sichern, werden in § 17 I PStG-E die Anzeigepflicht der Mutter und des sorgeberechtigten Vaters aufgehoben.

Um sofort tätig werden zu können (Vormundschaft über das Kind, Einleitung einer Adoptionspflegschaft), nicht zuletzt aber auch, um Missbrauchsfällen entgegenzuwirken, hat nach § 21b PStG-E der Standesbeamte die Geburt eines Kindes, dessen Mutter keine Angaben zu ihrer Person machen will (§ 21c I PStG-E), unverzüglich dem Jugendamt anzuzeigen.

Nach dem Entwurf soll ein neuer § 21c PStG-E in das Gesetz aufgenommen werden. Wenn Dritte, z.B. der Vater, andere Verwandte oder Anstalten doch noch vollständige Angaben gemäß § 21 PStG machen, sollen diese Angaben bei einem entgegenstehenden Willen der Mutter gemäß § 21c I PStG-E nicht eingetragen werden. Dabei wird der Mutter eine achtwöchige Bedenkzeit eingeräumt, innerhalb derer sie die Anonymität durch geeignete Angaben gegenüber dem Standesbeamten beenden kann. Dass der Gesetzgeber den Interessen der Mutter an ihrer Anonymität gegenüber dem Recht des Kindes auf Kenntnis seiner Abstammung den Vorrang einräumt, wird auch in der Regelung des § 21c V PStG-E hervorgehoben, wonach der Mutter die Möglichkeit eingeräumt wird, jederzeit die Herausgabe der von ihr hinterlegten Informationen zu verlangen.

Da im geltenden Recht eine spezielle Regelung für die anonyme Abgabe von Kindern fehlt, hat sich die Praxis mit der analogen Anwendung der bestehenden Regelung für Findelkinder gemäß § 25 PStG beholfen. Die Verwaltungsbehörde bestimmt Namen und Vornamen des Kindes und setzt den vermutlichen Geburtszeitpunkt fest. Diese Anordnung wird ins Geburtenbuch eingetragen. Ziel der

---

773 Vgl. 3. Kapitel, A I 3.

774 Amtliche Begründung in BT-Drucksache 14/8856, S. 5.

Vorschrift des § 25 PStG ist jedoch, den Personenstand des Kindes festzustellen. Deshalb ist jeder, der ein neugeborenes Kind findet, verpflichtet, den Fund der Ortspolizeibehörde sofort anzuzeigen, die ihrerseits Ermittlungen zur Klärung des Personenstandes einleiten muss.

Um das Vorgehen nach § 25 PStG zu beenden und die Einleitung eines Ermittlungsverfahrens zur Klärung des Personenstandes zu vermeiden, soll mit dem neuen § 26 II PStG-E das Verfahren der Geburtsbeurkundung durch die zuständige Verwaltungsbehörde nach anonymer Abgabe von Kindern in hierfür vorgesehenen Vorrichtungen sichergestellt werden[775].

§ 61 PStG soll nach dem Entwurf dahingehend erweitert werden, dass die von der Mutter bei anonymer Geburt hinterlegte Nachricht dem über sechzehn Jahre alten Kind auf „seinen Wunsch" ausgehändigt wird[776]. Mit dieser Regelung soll es der freien Entscheidung des Kindes überlassen bleiben, die Nachricht einzusehen und insbesondere Näheres über die Umstände seiner Geburt, über die Person der Mutter und gegebenenfalls des Vaters zu erfahren.

Die neue Nr. 12 des § 70 PStG-E ermächtigt das Bundesministerium des Innern zum Erlass von Durchführungsvorschriften über das Verfahren für die Hinterlegung und Ergänzung einer Nachricht der Mutter an ihr Kind, die etwaige Rückgabe der Nachricht an die Mutter und schließlich die Aushändigung der Nachricht an das Kind[777].

3. Änderung des Bürgerlichen Gesetzbuches

Eine Mutter, die anonym bleiben will, kann ohne Gefährdung ihrer Anonymität weder tatsächlich für das Kind sorgen, noch es im Außenverhältnis rechtsgeschäftlich vertreten. Damit in dieser Situation gleichwohl die notwendigen Maßnahmen zur Versorgung und Betreuung des Kindes, etwa die Unterbringung in einer Pflegefamilie, getroffen werden können, soll das anonym geborene Kind einen Vormund erhalten[778]. § 1773 II BGB soll dahingehend ergänzt werden, dass ein Vormund auch dann zu bestellen ist, wenn ein Kind nach der Geburt bei einer Anstalt oder Einrichtung abgegeben wird oder seine Mutter keine Angaben zu ihrer Person machen will.

In allen Fällen der anonymen Geburt oder der Abgabe des Kindes nach der Geburt bei einer Anstalt oder Einrichtung soll das Jugendamt zum Amtsvormund des anonym geborenen Kindes bestellt werden und in dieser Funktion auch die erforderliche Einwilligung zur Adoption erteilen, § 1791c BGB-E. Mit dieser Regelung sollen insbesondere Vereine und Organisationen, die die Möglichkeit für eine anonyme Geburt eröffnen oder eine entsprechende Einrichtung betreiben, davor bewahrt werden, in den Verdacht des Kinderhandels[779] zu geraten[780].

---

[775] Amtliche Begründung in BT-Drucksache 14/8856, S. 7.
[776] Amtliche Begründung in BT-Drucksache 14/8856, S. 7.
[777] Amtliche Begründung in BT-Drucksache 14/8856, S. 7.
[778] Amtliche Begründung in BT-Drucksache 14/8856, S. 7.
[779] So vor allem die Befürchtung von Swientek, Wiederentdeckung der Schande, S. 149.

4. Änderung des Gesetzes über die Angelegenheiten der freiwilligen Gerichtsbarkeit

In § 1773 II Nr. 3 BGB-E ist vorgesehen, dass das Kind einen Vormund erhält, wenn dessen Mutter keine Angaben zu ihrer Person machen will (§ 21c PStG). Die Vormundschaft hat das Vormundschaftsgericht gemäß § 1774 BGB von Amts wegen anzuordnen. Damit das Vormundschaftsgericht von der Geburt eines Kindes, dessen Mutter keine Angaben zu ihrer Person machen will, Kenntnis erlangt[781], soll nach dem Entwurf § 48 FGG um eine entsprechende Anzeigepflicht des Standesbeamten ergänzt werden.

5. Rechtliche Einwände

Ungeachtet des Bestrebens der Anbieter, das Leben des Neugeborenen zu retten und den Müttern einen Ausweg anzubieten, bestehen gegen die zivilrechtliche Institutionalisierung anonymer Geburten und Babyklappen verfassungsrechtliche Bedenken[782].

a) Institutsgarantie der Familie (Art. 6 I GG) und das Abstammungsrecht

Große Bedeutung für die hier zu untersuchende Problematik kommt Art. 6 GG zu, der dem Staat für den Umgang mit Ehe und Familie, Eltern und Kindern verbindliche Maßstäbe vorgibt[783]. Der Staat hat die Pflicht, die Familie vor Beeinträchtigungen durch andere Kräfte zu bewahren und durch geeignete Maßnahmen zu fördern[784]. Die Pflicht zur Förderung der Familie umfasst insbesondere den wirtschaftlichen Zusammenhalt der Familie[785].

Um des Kindeswohles willen und zum Schutze der Familie verlangt die Rechtspraxis nach einfach feststellbaren Regelungsgrundlagen für die Zuordnung eines Kindes zu einem Elternteil, die nicht nach der Geburt lange in der Schwebe bleiben darf (Publizitätswirkung für die Statusklarheit)[786]. Durch das Kindschaftsrechtsreformgesetz ist erstmals die Abstammung eines Kindes von der Mutter in § 1591 BGB ausdrücklich geregelt worden, damit unmittelbar mit der

[780] Amtliche Begründung in BT-Drucksache 14/8856, S. 7.
[781] Amtliche Begründung in BT-Drucksache 14/8856, S. 8.
[782] Vgl. auch die obigen Ausführungen, S. 106 ff.
[783] Pieroth/Schlink, Grundrechte, § 15, Rdnr. 635.
[784] Pieroth, in Jarass/Pieroth, GG-Kommentar, Art. 6, Rdnr. 9; BVerfG, Beschluß v. 17.1.1957, E 6, 55 (76); Papier, NJW 2002, 2129 (2130).
[785] BVerfG, Beschluß v. 23.6.1982, E 61, 18 (25); Pieroth, in Jarass/Pieroth, GG-Kommentar, Art. 6, Rdnr. 10.
[786] MünchKomm/Seidel, Vor § 1591, Rdnr. 3, 18.

Geburt dem Kind ein bestimmter Status als Personenstand gegeben werden kann[787]. Gewollt ist eine feste Zuordnung zur Familie und Verwandtschaft, dokumentiert in öffentlichen Büchern gemäß dem Personenstandsgesetz[788].

Mit der Institutionalisierung der anonymen Geburt würde die kraft Gesetzes eintretende rechtliche Zuordnung der Mutterschaft auf Grund der Geburt und die dadurch unmittelbar entstehenden verwandtschaftlichen Beziehungen beseitigt werden[789]. Mit einer gesetzlichen Normierung der anonymen Kindesabgabe würde der Gesetzgeber die unauflösliche, durch die Natur begründete Eltern-Kind-Beziehung mit der lebenslangen Verpflichtung, einander Beistand zu leisten[790], beseitigen und somit seine Pflicht aus Art. 6 I GG verletzen, Ehe und Familie vor Beeinträchtigungen zu schützen. Im Falle der Legalisierung der anonymen Geburt würde durch Gesetz für rechtens erklärt, dass Mütter, die ihre familienrechtliche Verbindung zu ihrem Kind nicht anzugeben wünschen, dieses daran hindern dürften, seine ihm verfassungsrechtlich zustehenden Rechte, wie das Recht auf Kenntnis der eigenen Abstammung (Art. 2 I i.V.m. Art. 1 I GG), auf familiäres Zusammenleben (Art. 6 I GG) sowie erbrechtliche Ansprüche (Art. 14 I 1 GG) zu verwirklichen. Die Garantie von Rechten und erst recht von Grundrechten darf in einem Rechtsstaat nicht der unkontrollierbaren Entscheidungsgewalt anonym bleibender Personen anvertraut werden; auch wenn man damit die Hoffnung verbindet, nur bei extremen Notlagen[791] würde hiervon Gebrauch gemacht werden.

Sucht man diesen verfassungsrechtlich äußerst bedenklichen und dem deutschen Abstammungsrecht widersprechenden „radikalen Systembruch“[792] zu vermeiden, bleibt als Alternative lediglich, die Mutter zu verpflichten, eine – erschwert zugängliche – Mitteilung über ihre Identität, etwa beim Notar, bei einer Schwangerenberatungsstelle oder bei einer zentralisierten Stelle zu hinterlegen. Somit bestünde die Möglichkeit, dem Kind die spätere Kenntnis seiner Herkunft zu verschaffen.

Tatsächlich sieht der nun eingebrachte Gesetzesentwurf in § 21c V PStG-E eine ähnliche Regelung vor, die den verfassungsrechtlichen Anforderungen gleichwohl nicht gerecht werden kann. Der amtlichen Begründung zufolge soll mit dieser Regelung dem berechtigten Anliegen eines Menschen, seine Herkunft zu erfahren, dadurch Rechnung getragen werden, dass die Mutter, die ihr Kind nicht annimmt, diesem eine Nachricht mit Angaben über die Eltern und die Familie hinterlassen „kann“, welche dem Kind auf dessen Wunsch hin nach seinem 16. Geburtstag ausgehändigt werden muss[793]. Durch die Ausgestaltung des § 21c V PStG-E als bloße

---

[787] MünchKomm/Seidel, § 1591, Rdnr. 1.
[788] MünchKomm/Seidel, Vor § 1591, Rdnr. 16 (FN 36).
[789] Heyers, JR 2003, 45 (48); Wolf, FPR 2003, 112 (114).
[790] Coester-Waltjen, in v. Münch/Kunig, GG-Kommentar, Art. 6, Rdnr. 11.
[791] Zu verweisen ist insbesondere auf den vom Europäischen Gerichtshof am 13.2.2003 entschiedenen Fall, wo selbst bei einer wohlwollenden Auslegung des Sachverhaltes gewiss nicht von einer Not- bzw. Zwangslage gesprochen werden kann, vgl. in diesem Kapitel Punkt A III 1 b.
[792] So Scheiwe, ZRP 2001, 368 (371).
[793] Amtliche Begründung in BT-Drucksache 14/8856, S. 5.

Kann-Vorschrift wird aber weder der Vorgabe des § 1591 BGB, noch dem verfassungsrechtlich geschützten Recht auf Kenntnis der genetischen Abstammung in ausreichender Weise Genüge getan. Das Recht des Kindes auf Leben und Gesundheit kann mangels klärbaren Kausalzusammenhangs nicht als vorrangig gegenüber dem allgemeinen Persönlichkeitsrecht des Kindes und dem daraus resultierenden Recht auf Kenntnis der eigenen Abstammung angesehen werden[794]. Gewiss gehört es zu den grundlegenden staatlichen Verpflichtungen, Leben zu erhalten und bedrohtes Leben zu retten. Bei der Frage, wie dies am besten geschehen kann, hat der Staat eine Einschätzungs- und Entscheidungsbefugnis[795]. Die vom Bundesverfassungsgericht akzeptierten Regelungen zum Schwangerschaftsabbruch zeigen, dass die Pflicht zum Lebensschutz zurücktritt, wenn ihr andere gewichtige Rechtsgüter entgegenstehen. Es ist nicht ohne weiteres einleuchtend, dass alle von der Einführung der anonymen Geburt potenziell betroffenen Kinder auf das ihnen zustehende Grundrecht auf Kenntnis der eigenen Abstammung verzichten müssen, damit in einem möglichen, aber wahrscheinlich nur selten eintretenden Einzelfall das Leben eines anderen Kindes gerettet werden kann. Indem der Gesetzesentwurf lediglich der Mutter das Recht und die Möglichkeit einräumt, die genetische Abstammung des Kindes aufzuklären, wird nicht dem verfassungsrechtlichen Postulat entsprochen, Grundrechtskollisionen nach dem Prinzip des schonenden Ausgleichs oder der praktischen Konkordanz zu lösen[796].

Es erscheint höchst problematisch, verfassungsrechtlich geschützte Rechte des Kindes allein und unkontrolliert einer anonymen Person zu überlassen, zumal dann, wenn solchen Hoffnungen die realen Grundlagen fehlen[797]. Auch mit den Worten „wenn die Mutter keine Angaben zur Person machen will", begründet und rechtfertigt der Entwurf die Entstehung eines Findelkindes, nach dessen Eltern nicht gesucht werden soll, allein mit dem Willen der Mutter. Dies gilt auch dann, wenn identifizierende Angaben für das Kind vorliegen, § 21c I PStG-E. Diese Entscheidung der Mutter ist an keine Voraussetzung gebunden, sondern vielmehr auf die Hoffnung gestützt, nur verzweifelte Mütter, in Versuchung ihr Kind zu töten oder dem Tode auszusetzen, würden davon Gebrauch machen.

Es ist deshalb zu verlangen, dass eine Regelung in das Gesetz aufgenommen wird, wonach die Mutter ihre Identität in jedem Fall bei einer entsprechenden Stelle hinterlegen muss. Dadurch entspräche man dem in § 1591 BGB niedergelegten Prinzip, wonach mit der Geburt verwandtschaftliche Bindungen entstehen müssen.

Die Widersprüchlichkeit des Entwurfs wird auch an einer anderen Stelle deutlich. Zum Zwecke der Anonymitätswahrung der Mutter sollen nach § 17 I 3 PStG-E die Meldepflichten der Eltern aufgehoben werden. Diese Regelung führt jedoch die Verfasser nicht ans Ziel, weil die Hebamme, der Arzt und andere bei der Geburt Anwesende, sowie der Leiter einer öffentlichen Anstalt (§ 18 PStG), einer privaten Anstalt (§ 19 PStG) und die Gemeindebehörde (§ 19a PStG) meldepflichtig bleiben[798].

---

[794] Benda, JZ 2003, 533 (537); vgl. auch die obigen Ausführungen hierzu in diesem Kapitel A II 3 a.
[795] BVerfG, Beschluß v. 16.10.1977, E 46, 160 (164).
[796] A.A. Heyers, JR 2003, 45 (50); Schwarz, StAZ 2003, 33 (37).
[797] Wolf, FPR 2003, 112 (115).
[798] So auch Wolf, FPR 2003, 112 (114).

Deren Anmeldungen müssen die persönlichen Daten der Eltern gemäß § 21 PStG enthalten.

b) Elternrecht (Art. 6 II 1 GG)

Gegenüber dem in Art. 6 I GG enthaltenen allgemeinen Schutz der Familie als geschlossener und eigenständiger Lebensbereich betrifft Art. 6 II GG als spezielle Bestimmung die Beziehungen zwischen Eltern und Kindern in der Familie und außerdem Aufgaben und Grenzen staatlicher Stellen bei der Kindererziehung[799]. Als Institutsgarantie enthält die Vorschrift einen Ordnungsauftrag an den Gesetzgeber, die Rechtsbeziehungen so zu gestalten, dass die Eltern die Familienerziehung nach innen und außen wahrnehmen und Dritte abwehren können[800]. Das Elternrecht bezieht sich auf „Pflege" sowie auf „Erziehung" als Vermittlung von Wissen und wertbezogene Einwirkung[801]. Wenn Erziehung Elternbefugnis ist und wenn Kinder erzogen werden müssen, folgt daraus zwingend eine Elternverpflichtung zur Ausübung des Elternrechts[802]. Dass Art. 6 II 1 GG das einzige subjektive Recht des Grundgesetzes darstellt, das zugleich Pflicht ist, bringt die Grundstruktur des Eltern-Kind-Verhältnisses bestens zum Ausdruck: Buchstäblich vom ersten Schrei des Säuglings an ist Elternschaft auf Antwort und damit im ursprünglich dialogischen Sinne auf Verantwortung angelegt[803]. In Art. 6 II 1 GG sind Recht und Pflicht von vornherein unlöslich miteinander verbunden; die Pflicht ist nicht eine das Recht begrenzende Schranke, sondern ein wesensbestimmender Bestandteil dieses Elternrechts, das insoweit treffender als Elternverantwortung[804] bezeichnet werden kann[805].

„Eltern" im Sinne des Art. 6 II 1 GG sind alle biologischen oder rechtlich einem bestimmten Kind zugeordneten Eltern[806]. Der leibliche Vater eines Kindes, gleichgültig, ob er mit der Kindesmutter verheiratet ist oder nicht, ob seine Vaterschaft festgestellt ist oder nicht, fällt unter den verfassungsrechtlichen Elternbegriff[807]. Ferner ist zu prüfen, ob er auch Träger des Elternrechts sein kann. In seiner Entscheidung vom 9. April 2003 hat das Bundesverfassungsgericht festgestellt, dass Art. 6 II 1 GG den leiblichen Vater in seinem Interesse, die Rechtsstellung als Vater seines Kindes zu erlangen, schützt[808]. Dies sei jedoch nicht dahingehend zu verstehen, dass ihm in jedem Falle vorrangig vor dem rechtlichen Vater die Vaterstellung einzuräumen wäre. Der Gesetzgeber habe ihm jedoch die Möglichkeit zu eröffnen, die

[799] Coester-Waltjen, in v. Münch/Kunig, GG-Kommentar, Art. 6, Rdnr. 57.
[800] Coester-Waltjen, in v. Münch/Kunig, GG-Kommentar, Art. 6, Rdnr. 59.
[801] Schmitt-Kammler, in Sachs, GG-Kommentar, Art. 6, Rdnr. 52.
[802] Schmitt-Kammler, in Sachs, GG-Kommentar, Art. 6, Rdnr. 56.
[803] Dreier-Gröschner, GG-Kommentar, Art. 6, Rdnr. 66.
[804] BVerfGE 24, 119 (143).
[805] Dreier-Gröschner, GG-Kommentar, Art. 6, Rdnr. 68; BVerfG, 24, 119 (143).
[806] Coester-Waltjen, in v. Münch/Kunig, GG-Kommentar, Art. 6, Rdnr. 70.
[807] Coester-Waltjen, in v. Münch/Kunig, GG-Kommentar, Art. 6, Rdnr. 75.
[808] BVerfG, NJW 2003, 2151 (2154).

rechtliche Vaterposition zu erhalten, wenn der Schutz einer familiären Beziehung zwischen dem Kind und seinen rechtlichen Eltern dem nicht entgegenstehe[809].

Der Gesetzesentwurf ignoriert den Umstand, dass das Kind einen Vater hat, vielleicht sogar einen ehelichen Vater, der Inhaber der elterlichen Sorge ist. Wenn die Mutter im Falle der Legalisierung der anonymen Kindesabgabe Angaben über ihre Identität und damit die des Kindes verweigern darf, hat dies zur Folge, dass der leibliche Vater, der hiervon nichts erfährt, keinerlei Mitwirkungsmöglichkeiten hat, wenn die Amtsvormundschaft bestimmt und ein Adoptionsverfahren eingeleitet wird. Bei Adoptionsentscheidungen sind auch seine Interessen zu beachten[810]. Das natürliche Recht der Eltern im Sinne des Art. 6 II 1 GG und die zuvörderst ihnen obliegende Pflicht, ihr Kind zu pflegen und zu erziehen, stellt ein unbeschranktes, unveräußerliches Grundrecht dar[811]. Sein in Bezug auf das Kind bestehendes Recht auf Pflege und Erziehung nach Art. 6 II 1 GG[812] wird nicht nur verkürzt, sondern praktisch beseitigt. Das Institut der Elternverantwortung schützt den natürlichen Vorrang der Eltern im familiären Innenverhältnis[813] als Ort bestmöglicher Förderung des Kindes[814]. Eine gesetzliche Regelung, die diesen – vielleicht unfreiwilligen – Verzicht des leiblichen Vaters auf sein Grundrecht und seine Grundpflicht auf Pflege und Erziehung vorsieht, wäre mit der verfassungsrechtlichen Rechtsstellung des leiblichen Vaters unvereinbar und daher als Eingriff in sein Elternrecht im Sinne des Art. 6 II 1 GG zu qualifizieren.

c) Staatliches Wächteramt (Art. 6 II 2 GG) und Trennung des Kindes von der Familie (Art. 6 III GG) als verfassungsrechtliche Rechtfertigung

Bei Überschreitungen der Elternrechtsgrenzen eröffnet Art. 6 II 2 GG, konkretisiert in Art. 6 III GG und einfachem Gesetzesrecht, staatliche Interventionen[815]. Das staatliche Wächteramt besteht allein zum Wohle des Kindes, muss also immer an diesem orientiert sein[816] und ist durch dieses legitimiert[817]. Bei allen Maßnahmen, die der Staat aufgrund seines Wächteramtes ergreift, muss er das Elternrecht soweit wie möglich respektieren[818]. Die staatliche Gemeinschaft tritt kraft ihres Wächteramtes subsidiär in die Elternverantwortung ein.

---

[809] BVerfG, NJW 2003, 2151 (2154).
[810] Robbers, in v. Mangolt/Klein/Starck, GG-Kommentar, Art. 6, Rdnr. 231.
[811] Schmitt-Kammler, in Sachs, GG-Kommentar, Art. 6, Rdnr. 47.
[812] Vgl. Schmitt-Kammler, in Sachs, GG-Kommentar, Art. 6, Rdnr. 52; Coester-Waltjen, in v. Münch/Kunig, GG-Kommentar, Art. 6, Rdnr. 63.
[813] Dreier-Gröschner, GG-Kommentar, Art. 6, Rdnr. 73.
[814] Schmitt-Kammler, in Sachs, GG-Kommentar, Art. 6, Rdnr. 51.
[815] Schmitt-Kammler, in Sachs, GG-Kommentar, Art. 6, Rdnr. 66.
[816] Schmitt-Kammler, in Sachs, GG-Kommentar, Art. 6, Rdnr. 69.
[817] Coester-Waltjen, in v. Münch/Kunig, GG-Kommentar, Art. 6, Rdnr. 93.
[818] Coester-Waltjen, in v. Münch/Kunig, GG-Kommentar, Art. 6, Rdnr. 93.

Im Hinblick auf bestimmte (Trennungs-) Befugnisse des Wächteramtes steht Art. 6 III GG als lex specialis in engem Zusammenhang zu Art. 6 II 2 GG[819]. Für die besonders gravierende Trennung des Kindes von der Familie gegen den Willen der Erziehungsberechtigten wird in Art. 6 III GG ein qualifizierter Gesetzesvorbehalt normiert[820]. Art. 6 III GG enthält ein Abwehrrecht der Eltern gegen staatliche Maßnahmen, durch die ohne gesetzliche Grundlage oder ohne das Vorliegen bestimmter Voraussetzungen Kinder von ihrer Familie getrennt werden sollen[821]. Trennung bedeutet die tatsächliche Trennung ohne Beendigung des rechtlichen Bandes, wobei das Erziehungsrecht aber auf den Staat übergeht. Die Trennung des Kindes von den Eltern ist nur statthaft bei einem Versagen der Erziehungsberechtigten in Form einer nachhaltigen Nichterfüllung der Erziehungspflichten oder bei Verwahrlosungsgefahr, die die Aufrechterhaltung der Familiengemeinschaft als nicht mehr verantwortbar erscheinen ließe[822].

Im Falle der gesetzlichen Normierung der anonymen Kindesabgabe wird lediglich auf die Interessen und Bedürfnisse der „verzweifelten" Mutter abgestellt, die eine Trennung von ihrem Kinde wünscht. Der leibliche Vater dagegen, dem unter Umständen die Schwangerschaft unbekannt ist, wird aus seiner (wenn auch nur biologischen) Vaterschaft „entlassen"; ihm wird somit sein Elternrecht entzogen. Da im Rahmen der Diskussion immer wieder allein auf die Wünsche und Bedürfnisse der Mutter abgestellt wird, kann man daraus schließen, dass die Befürworter der anonymen Geburt und der Babyklappen davon ausgehen, der leibliche Vater sei mit der Vorgehensweise der Mutter einverstanden. Die Annahme, der leibliche Vater habe kein Interesse an seinem (wahrscheinlich) nichtehelichen Kind und sei daher mit der anonymen Kindesabgabe einverstanden, bleibt eine sehr vage, zweifelhafte Vermutung, die einen so schwerwiegenden Eingriff in das elterliche Erziehungsrecht verfassungsrechtlich nicht zu rechtfertigen vermag. Da man aufgrund der Anonymität keine schlüssigen Ermittlungen anstellen kann, wird mit einer zweifelhaften Vermutung gearbeitet. Der Entzug des Elternrechts des leiblichen Vaters lässt sich damit nicht begründen. Dieser kann nur unter den Voraussetzungen des Art. 6 III GG gestattet werden[823].

Ausgehend von der Tatsache, dass bei der Entscheidung für die anonyme Kindesabgabe allein auf die subjektive Empfindung der Mutter abgestellt wird und das Mitspracherecht des Vaters völlig unterminiert wird, kann eine gesetzliche Regelung den verfassungsrechtlichen Anforderungen an den Verhältnismäßigkeitsgrundsatz, an den im Rahmen des Art. 6 III GG besonders strenge Anforderungen zu stellen ist[824], wohl kaum standhalten. Der Staat darf die Elternverantwortung schützen, fordern und

---

[819] Schmitt-Kammler, in Sachs, GG-Kommentar, Art. 6, Rdnr. 73.

[820] Schmitt-Kammler, in Sachs, GG-Kommentar, Art. 6, Rdnr. 73.

[821] Schmitt-Kammler, in Sachs, GG-Kommentar, Art. 6, Rdnr. 73.

[822] Schmitt-Kammler, in Sachs, GG-Kommentar, Art. 6, Rdnr. 74.

[823] Vgl. Schmitt-Kammler, in Sachs, GG-Kommentar, Art. 6, Rdnr. 75; Pieroth, in Jarass/Pieroth, GG-Kommentar, Art. 6, Rdnr. 41; Pieroth/Schlink, Grundrechte, § 15, Rdnr. 661

[824] BVerfG spricht insoweit von „strikter Wahrung des Grundsatzes der Verhältnismäßigkeit", BVerfG, Beschluß v. 17.2.1982, NJW 1982, 1379 (LS 2).

über ihre Betätigung wachen, sie aber nicht verdrängen oder verkürzen[825]. Dem leiblichen Vater kann zumindest nicht per se die Möglichkeit genommen werden, die Vaterschaft aufzudecken und gemäß § 1672 I BGB die elterliche Sorge zu erlangen, um seiner Elternverantwortung gerecht zu werden. Damit würde dem Kind der Zusammenhalt mit seinem leiblichen Vater zumindest ermöglicht und nicht von vornherein praktisch unmöglich gemacht. Indem der Gesetzesentwurf lediglich auf die Kindesmutter abstellt, die verfassungsrechtlich geschützten Interessen des Vaters jedoch vollkommen außer Acht lässt, verstößt er gegen sein Elternrecht aus Art. 6 II 1 und ist daher verfassungswidrig[826].

Die – zum Teil nicht bedachte – Problematik dieses Gesetzesentwurfs wurde bei einem Fachgespräch am 3.6.2002 in Berlin erörtert[827]. Danach wurde übereinstimmend beschlossen, den Gesetzesentwurf in der Bundestag-Drucksache 14/8856 nicht mehr weiterzuverfolgen. Der Entwurf ist nach dem Grundsatz der Diskontinuität[828] mit Ablauf der 14. Legislaturperiode erledigt.

III. Entwurf des Landes Baden-Württemberg

Der Entwurf des Landes Baden-Württemberg vom 6. Juni 2002[829] will nach seiner Überschrift und seiner Begründung nur die anonyme Geburt regeln. In der Begründung wird wie selbstverständlich davon ausgegangen, dass Babyklappen zulässig und wohl deshalb keine weiteren Regelungen für sie notwendig seien. Es heißt dort: „An den Babyklappen können Mütter bereits heute völlig anonym und für alle Beteiligten straffrei Neugeborene abgeben.“[830]. Der Entwurf enthält überwiegend die gleichen Regelungen wie der interfraktionelle Entwurf aus der Mitte des Bundestages[831]; daher wird nur auf wichtige Besonderheiten eingegangen.

1. Änderung des Bürgerlichen Gesetzbuches

Der Entwurf beginnt im BGB mit einer neu einzufügenden Beratungsvorschrift in § 1591a BGB. Schon aus systematischen Gesichtspunkten lässt sich diese Regelung in das Konzept des Abstammungsrechts nicht überzeugend einfügen[832]. Das

---

825 Robbers, in v. Mangolt/Klein/Starck, Bonner GG, Art. 6, Rdnr. 243.
826 Wolf, FPR 2001, 345 (350); Benda, JZ 2003, 533 (539).
827 Für die Rechtsprobleme des Entwurfs wurden gehört: Prof. Dr. Hepting; Prof. Dr. Schlink und Prof. Dr. Wolf; vgl. Wolf, FPR 2003, 112 (117).
828 Sachliche Diskontinuität bedeutet, dass mit dem Ende der Wahlperiode grundsätzlich alle Beschlussvorlagen als erledigt gelten, vgl. § 125 GeschOBT; Pieroth, in Jarass/Pieroth, GG-Kommentar, Art. 39, Rdnr. 4.
829 BR-Drucksache 506/02.
830 BR-Drucksache 506/02, S. 1.
831 BT-Drucksache 14/8856.
832 Schwarz, StAZ 2003, 33 (38).

Abstammungsrecht (§§ 1591 ff. BGB) ermöglicht die Zuordnung des Kindes zu bestimmten Eltern, wobei die rechtliche Eltern-Kind-Beziehung entweder schon von Geburt an besteht oder bei der Vaterschaft erst durch bestimmte Rechtsakte (Anerkennung oder gerichtliche Feststellung) geschaffen werden muss[833]. Nach § 1591a BGB-E hat die öffentliche Anstalt i.S.v. § 18 PStG „im Falle einer anonymen Geburt" die Mutter auf geeignete Beratungsstellen hinzuweisen, bei denen sie Hilfe in ihrer Konfliktsituation finden könne. Diese Norm betrifft nicht unmittelbar die rechtliche Zuordnung eines Kindes zu bestimmten Eltern, sondern normiert die verfahrensrechtliche Seite solcher für den Personenstand maßgeblichen Umstände, die durch das Personenstandsgesetz zu regeln ist[834]. Ferner ist zu berücksichtigen, dass die öffentliche Anstalt die Mutter zwar auf geeignete Beratungsstellen hinweisen muss, eine Beratungspflicht für die Mutter jedoch ausgeschlossen wird[835]. In Bezug auf die Wahrung der Kindesinteressen ist eine solche Regelung nicht tragbar. Gerade die Möglichkeit, mit einer schwangeren Frau über Ursachen und Motive des Wunsches nach einer anonymen Entbindung ins Gespräch zu kommen, sie zu betreuen und von dem psychischen Druck zu befreien, damit sie sich doch noch zu ihrem Kind bekennt, wird von vielen Hilfsorganisationen[836] und vom Gesetzgeber[837] selbst befürwortet. Es wird konstatiert, dass bei rund 50% der betroffenen Frauen die Konfliktsituationen nach intensiver Beratung und Betreuung hätten geklärt und gelöst werden können, so dass die Mütter ihr Kind im nachhinein angenommen und auf eine anonyme Geburt verzichtet hätten[838]. Aber wie können geeignete Beratungsstellen zur Konfliktlösung beitragen, wenn es der Mutter überlassen bleibt, ob sie sich einer solchen intensiven Beratung unterzieht oder nicht?

2. Personenstandsgesetz

Auch der Entwurf des Landes Baden-Württemberg „sucht" die zentrale Regelung im Personenstandsgesetz. Während der Entwurf des Bundestages in § 17 I PStG-E nur die Meldepflicht des Vaters in Nr. 1 und die Meldepflicht der Mutter in Nr. 5 beseitigen wollte, will dieser alle Meldepflichten des § 17 I PStG aufheben, was zur Folge hätte, dass das Kind völlig der öffentlichen Anstalt überlassen wird. Mit § 26a I PStG-E wird festgelegt, dass zur Anzeige einer anonymen Geburt beim Standesamt ausschließlich die öffentliche Anstalt verpflichtet ist, wobei allerdings der Mutter nach Abs. 2 Satz 1 das Recht eingeräumt wird, keine Angaben zu ihrer Person zu machen.

---

[833] Frank, StAZ 2003, 129 (129); Mutschler, FamRZ 1996, 1381 (1381).
[834] Hohloch, Familienrecht, § 24, Rdnr. 738; vgl. zum Personenstandsrecht und sein Verhältnis zum Familienrecht, Hohloch, Familienrecht, § 6, Rdnr. 160 ff.
[835] Amtliche Begründung, BR-Drucksache 506/02, Anlage, S. 10.
[836] Geiss-Wittmann, FPR 2001, 374 (375); SterniPark, Pressemitteilung v. 20.12.2002, S. 1; der „Deutsche Evangelische Krankenhausverband", Pressemitteilung v. 30.5.2002, S. 1.
[837] BT-Drucksache 14/8856, S. 5.
[838] BT-Drucksache 14/8856, S. 5.

3. Verfassungsrechtliche Bedenken

Auch der Gesetzesantrag des Landes Baden-Württemberg übersieht die verfassungsrechtliche Problematik der anonymen Kindesabgabe. Das Recht des Kindes auf Kenntnis der eigenen Abstammung ist sowohl verfassungsrechtlich gemäß Art. 2 I i.V.m. Art. 1 I GG, als auch völkerrechtlich in Art. 8 I EMRK und Art. 7 I VN-Konvention verankert. Die Verpflichtung zur Geburtsanzeige beim Standesamt nach §§ 17, 18, 19 PStG ist die notwendige Voraussetzung dafür, dass die für die Kenntnis der Abstammung des Kindes erforderlichen Daten erhoben und festgehalten werden. Nur so kann das Recht auf Kenntnis der eigenen Abstammung als Ausfluß des allgemeinen Persönlichkeitsrechts verwirklicht werden. Eine uneingeschränkte Anonymität ohne Dokumentierung der Daten der Mutter ist daher verfassungsrechtlich nicht zulässig.

In diesem Zusammenhang sei insbesondere auf die Rechtssituation in Frankreich, wie sie sich seit dem Gesetz vom 22.1.2002[839] darstellt, hingewiesen. Durch dieses Gesetz wurde ein „nationaler Rat für den Zugang zu Informationen über die persönliche Identität" geschaffen, dem die Aufgabe zukommt, Informationen über die Herkunft des Kindes aufzubewahren, zwischen Mutter und Kind zu vermitteln und im Falle der Einwilligung der Mutter, die Anonymität aufzuheben. Wenn das Kind bei diesem einen Antrag auf Zugang zu diesen Informationen stellt, hat der Rat bei der Mutter anzufragen, ob sie bereit ist, ihre Anonymität preiszugeben. Erklärt sie ihr Einverständnis oder widerspricht sie nicht ausdrücklich der Preisgabe ihrer Anonymität oder ist sie gar verstorben, dann kann dem Kind die gewünschte Information gewährt werden.

Diese Regelung unterscheidet sich deutlich von den deutschen Gesetzesentwürfen, die die Totalanonymität zur Folge haben[840]. Nach diesen „soll" (nicht muss) die Mutter dem Kind eine Nachricht mit der Möglichkeit der späteren Aushändigung hinterlassen. Hat die Mutter keine Nachricht hinterlassen, bleibt ihre Anonymität gewahrt; Anfragen des Kindes bei den Standesämtern bleiben ohne Erfolg. Die Mutter wird nach diesen Entwürfen also nicht mit dem Wunsch des Kindes konfrontiert, seine wahren Eltern kennenzulernen; auch ihr Schweigen wird nicht als Einverständnis gewertet. Ihre Identität bleibt auch nach ihrem Tode unbekannt, selbst dann, wenn sie nicht ausdrücklich auf postmortaler Anonymität bestanden hat.

Offensichtlich wird damit das Interesse der Mutter auf Wahrung ihrer Anonymität höher eingestuft als in der französischen Regelung. Eine wirkliche Abwägung der Interessen von Mutter und Kind mit dem Ziel, beiden Interessen Rechnung zu tragen, findet nicht statt. Ob eine solche Regelung sich noch innerhalb des Ermessensspielraums bewegt, den der EGMR dem staatlichen Gesetzgeber zubilligt, ist zweifelhaft[841].

---

[839] Gesetz über den Zugang von Adoptierten und Pflegekindern zu Informationen über ihre Abstammung, Gesetz-Nr. 2002-93; siehe in diesem Kapitel A III 1 a.

[840] Henrich, FamRZ 2003, 1370 (1370).

[841] Henrich, FamRZ 2003, 1370 (1370).

Wie im interfraktionellen Entwurf des Bundestages fehlen auch im Gesetzesantrag des Landes Baden-Württemberg notwendige Regelungen darüber, was im Eltern-Kind-Verhältnis im Falle der anonymen Geburt geschieht, wie das Kind seinen leiblichen Eltern zurückgegeben werden kann und wie die Annahme durch die Adoptiveltern geregelt sein soll. Die Kenntnis der eigenen Abstammung ist notwenige Voraussetzung dafür, dass das Kind und die Eltern ihre aus dem Eltern-Kind-Verhältnis folgenden und in Art. 6 I, II 1 GG garantierten Rechte geltend machen können. Betroffen ist vor allem das Grundrecht und zugleich die Grundpflicht des leiblichen Vaters auf Pflege und Erziehung des Kindes aus Art. 6 II 1 GG. Auf die Bemerkungen zum Bundestagsentwurf vom 23.4.2002[842] kann daher verwiesen werden. Durch die anonyme Abgabe eines Kindes kann zwar das Eltern-Kind-Verhältnis nicht aufgelöst werden, aufgrund der Anonymität kann der leibliche Vater jedoch seine Rechte und Pflichten nicht mehr geltend machen. Die Wahrnehmung elementarer Grundrechte des Kindes und auch des Vaters wird zur freien Disposition der Mutter gestellt, ohne dass Kontroll- und Sanktionsmöglichkeiten von Seiten des Staates bestünden.

Insgesamt erscheint jedenfalls die Feststellung gerechtfertigt, dass der Gesetzgeber an einer grundsätzlichen Änderung des deutschen materiellen Familienrechts nicht vorbeikommen würde, wollte er eine anonyme Geburt ermöglichen. Hierbei setzt ihm das Verfassungsrecht aber deutliche Grenzen. Art. 6 II GG steht einer Regelung entgegen, die es der beliebigen, durch keine weiteren Voraussetzungen eingeschränkten Entscheidung der Mutter ermöglichen würde, sich von ihrer Verantwortung und von den Verpflichtungen des Vaters durch einseitigen Willensentschluss loszusagen. Auch rechtspolitisch ist es angebracht, einen neuen Anlauf nicht ohne Klärung der verfassungsrechtlichen und einfachrechtlichen Konsequenzen vorzunehmen. Im Rechtsausschuss des Bundesrates wurde der Entwurf am 26.6.2002 beraten und auf Antrag Bayerns völlig zu Recht beschlossen, die Beratungen zu vertagen[843].

IV. Ausblick: Suche nach Alternativen

Für deutsche Befürworter von anonymen Geburten und Babyklappen erscheint das Urteil des EGMR als Fortschritt[844] auf dem Weg zur staatlichen Legalisierung von Babyklappen und anonymer Geburt in Deutschland. Mit der Entscheidung über die Vereinbarkeit der anonymen Geburt mit der EMRK ist jedoch noch keine Aussage

[842] Siehe in diesem Kapitel B II 5 b und c.

[843] Siehe Wolf, FPR 2003, 112 (118).

[844] SterniPark bezeichnete in einer Pressemitteilung am 13.2.2003 diese Entscheidung als klare Absage an Kritiker der anonymen Geburt, die eine Hexenjagd gegen Mütter beende, (www.sternipark.de/oeffentlichkeit/presse/2003/februar/pm_0213urteil.html.); Schnorr, ZRP 2003, 182 (182); die Stuttgarter Justizministerin, Corinna Werwigk-Hertneck sprach von einem ermutigenden Signal für eine klare Gesetzesregelung (siehe Pressemitteilung des Sterniparks vom 13.2.2003.

über ihre Vereinbarkeit mit dem Grundgesetz getroffen worden. Das Bundesverfassungsgericht verortet das Recht auf Kenntnis der eigenen Abstammung – mit Zustimmung der Literatur – im allgemeinen Persönlichkeitsrecht, Art. 2 I i.V.m. Art. 1 I GG. Dieses sichert im Sinne „des obersten Konstitutionsprinzips" der Würde des Menschen, die engere persönliche Lebenssphäre und die Erhaltung ihrer Grundbedingungen. Man hat eine Skala möglicher Wertungen zur Verfügung, die je nach Umständen des Falles bis zum absoluten, ohne weitere Abwägung zu gewährenden Schutz führen kann, dabei jedoch die zur Herstellung praktischer Konkordanz nötige Flexibilität nicht vermissen lässt[845].

Die Erhebung der Daten zur Identität der leiblichen Eltern und deren Mitteilung an das Kind, um dessen Recht auf Kenntnis der eigenen Abstammung zu sichern, beeinträchtigen zugleich das Recht der Mutter auf informationelle Selbstbestimmung aus Art. 2 I i.V.m. Art. 1 I GG. Vor dem Hintergrund des deutschen Grundgesetzes ist eine Abwägung der widerstreitenden Interessen erforderlich, welche in ihrer Komplexität noch dadurch gewinnt, dass Allgemein- und Drittinteressen, wie etwa die mögliche Vermeidung von Kindestötungen, sowie die Interessen des leiblichen Vaters zu berücksichtigen sind. Bei der Abwägung der verfassungsrechtlichen Positionen steht dem Gesetzgeber ein Spielraum zu[846], bei dessen Ausfüllung er sich aber vor allem an den verfassungsrechtlichen Maßstäben des rechtsstaatlichen Verhältnismäßigkeitsprinzips zu orientieren hat.

Die Legalisierung der anonymen Geburt unter der Prämisse eines Verzichts auf die Erhebung der Daten über die leiblichen Eltern wäre im Sinne des Verhältnismäßigkeitsgrundsatzes verfassungsrechtlich unzulässig. Das angestrebte Ziel, der Mutter in einer „ausweglosen Situation" Anonymität zu gewähren, um das Leben und die Gesundheit des Kindes und der Mutter zu schützen, ist ebenso gut durch die staatliche Zusage der Geheimhaltung der erhobenen Daten mit der Möglichkeit späterer Reversibilität des Geheimnisses zu erreichen[847]. Dies würde die Rechte des Kindes weniger stark beeinträchtigen, da es im Falle eines späteren Gesinnungswandels der Mutter noch die Möglichkeit bekäme, seine biologische Abstammung nachträglich zu erfahren.

1. Wahrung der Anonymität der Mutter bei der Geburt

Wenn man schon aufgrund der spekulativen Annahme[848], die Möglichkeit einer anonymen Geburt vermindere in einer nicht unbeträchtlichen Zahl von Fällen die Gefahr einer Kindesaussetzung oder gar Tötungen, solche Einrichtungen etablieren will, darf die Anonymität nur so weit gehen, wie es zur Erreichung dieses Zieles

[845] Siehe Enders, NJW 1989, 881 (882).
[846] BVerfGE 39, 1 (44); BVerGE 46, 160 (164).
[847] So auch der Vorschlag von Henrich, FamRZ 2003, 1370 (1370); Lux-Wesener, EuGRZ 2003, 555 (560); Hepting, FamRZ 2001, 1573 (1581); kritisch demgegenüber Frank/Helms, FamRZ 2001, 1340 (1348).
[848] Scheiwe, ZRP 2001, 368 (369); zustimmend Benda, JZ 2003, 533 (533).

notwendig ist. Um die nötige psychologische Entlastungswirkung zu entfalten, muss die Anonymität von der Mutter im Zeitraum der Schwangerschaft und Geburt als dauerhaft empfunden werden. Hierzu genügt die „äußere Anonymität“[849], in der Fachliteratur auch „diskrete Entbindung“[850] oder „vertrauliche Geburt“[851] genannt.

Um des Kindeswohles willen sollte eine sachkundige, erfahrene und am Schutz des Lebens orientierte Beratungsstelle eingeschaltet werden, die die wirklichen Konfliktfälle von denen scheidet, bei denen weniger achtenswerte Motive – etwa die Flucht aus der Verantwortung – zugrunde liegen. Die Beratungsstelle kann diese Aufgabe nur dann wirksam wahrnehmen, wenn an die Stelle der einer jeden Frau zustehenden und nur ihrem eigenen Willen unterliegenden Entscheidung, die rechtliche Verpflichtung gesetzt wird, mit der Beratungsstelle die Konfliktlage zu erörtern und über bestehende Hilfsangebote nachzudenken. Dies entspricht dem Grundgedanken der in der Minderheitsmeinung des EGMR vertretenen Auffassung, die Abwägung der gegeneinander stehenden Interessen sollte einer unabhängigen Stelle überlassen werden, die den Einzelfall prüft und zu einer an diesem orientierten Entscheidung gelangt[852]. Für den Fall, dass bei der Mutter tatsächlich eine nachvollziehbare Situation der Verzweiflung und Ratlosigkeit besteht, sollte die Institution die Anonymität der Mutter nach außen hin wahren und schützen, sich aber im Innenverhältnis um ihre Beratung und Betreuung sowie um die Versorgung und Vertretung des Kindes bemühen und zudem Informationen über die Person der Mutter sammeln, die dem Kind später zur Verfügung gestellt werden können. Falls die Mutter ihre Anonymität auch gegenüber der betreuenden Anstalt wahren will, kann man das derzeit praktizierte Modell in Frankreich heranziehen, wo die Mutter ihre Personenstandsdaten in einem verschlossenen Umschlag übergibt. Auf dem Kuvert stehen nur der Geburtszeitpunkt und der Geburtsort; ferner die Vornamen des Kindes, sofern die Mutter solche bestimmt hat. Als Regelungsvorbild für die Registrierung geheimer Daten könnte man das Verfahren zur Wahrung des Adoptionsgeheimnisses heranziehen[853].

Da die Mutter zwar nach außen anonym bleibt, im Innenverhältnis aber beraten und betreut wird, hat sie die Möglichkeit, während einer bestimmten Frist nach der Geburt ihre Entscheidung zu überdenken, die Anonymität aufzugeben und sich zu ihrem Kinde zu bekennen. Eine Studie des „SterniParks“, wonach bei fünf dort betreuten anonymen Geburten nur zwei Mütter das Kind nicht behielten, bekräftigt die Wirksamkeit einer solchen Vorgehensweise[854]. Ferner dürfte die Gewissheit, dass ihre Entscheidung für die Anonymität nicht unwiderruflich ist, sie bei und auch nach der Geburt psychisch erheblich entlasten.

---

849 Hepting, FamRZ 2001, 1573 (1581).

850 Swientek, FPR 2001, 353 (354).

851 Wolf, Juristische Bemerkungen zu „vertrauliche Geburt“ als Lösung für Frauen in Notlagen (www.oneworldweb.de/tdh/themen/babyklappe/vg_jur_bemerkungen.html.), S. 1.

852 EGMR, NJW 2003, 2145 (2150); zustimmend Benda, JZ 2003, 533 (540).

853 Ausführlich hierzu: Hepting, FamRZ 2001, 1573 (1583, 1584).

854 Siehe (www.sternipark.de/oeffentlichkeit/presse/2003/februar/pm_0213urteil.html.).

2. Durchbrechung der Anonymität zu einem späteren Zeitpunkt

Zu der Frage, ab welchem Alter dem Kind das Recht eingeräumt werden sollte, nach seiner genetischen Herkunft zu forschen, kann man formale Parallelen zu § 1600b III BGB[855] oder aber § 61 II PStG[856] ziehen. Wenn das Kind sein Recht auf Kenntnis der eigenen Abstammung realisieren will, könnte es mit der die mütterlichen Daten verwahrenden Stelle Kontakt aufnehmen. Es sollte eine gesetzliche Regelung vorgesehen werden, die sicherstellt, dass Anfragen und vor allem der Wunsch des Kindes nach Aufklärung seiner Abstammung seiner Mutter übermittelt werden, damit diese – Jahre nach der Geburt – ihre ursprüngliche Entscheidung für die Anonymität überdenken und eventuell revidieren kann. Ihr müsste im Rahmen einer umfassenden Betreuung nahe gelegt werden, wie schwerwiegend sich der Aspekt der Abstammungslosigkeit auf das Wohl des Kindes auswirken kann.

Hält die Mutter trotz der Betreuung dennoch an ihrer Entscheidung fest, ihre Anonymität weiterhin zu wahren, lebt der Interessenkonflikt zwischen Mutter und Kind wieder auf. Die Notwendigkeit, zwischen den verfassungsrechtlich garantierten Positionen von Mutter und Kind praktische Konkordanz herzustellen, führt dazu, dass eine Güterabwägung erneut durchzuführen ist, da sich die Gewichte im Laufe der Zeit verschoben haben können[857]. Während das Recht des Kindes auf Kenntnis seiner genetischen Herkunft mit dessen zunehmendem Alter immer größeres Gewicht erhält, dürfte das Interesse der Mutter an Wahrung ihrer Anonymität im Laufe der Zeit abnehmen[858]. Auch vor dem Hintergrund, dass ein elementarer Aspekt des Persönlichkeitsrechts des Kindes auf dem Spiele steht, bedarf die Abwägung der widerstreitenden Interessen größter Sorgfalt, wobei berührte Drittinteressen nicht vernachlässigt werden dürfen. Zunächst können sich sowohl die Mutter als auch das Kind auf ihr allgemeines Persönlichkeitsrecht berufen. Eine generelle Aussage, dass dem Schutz intimer Details aus dem eigenen Privatleben größeres Gewicht zukomme, als der Kenntnis der für Verständnis und Entfaltung der eigenen Individualität wesentlichen Abstammung, kann nicht getroffen werden.

Noch deutlicher wird der Vorrang des Kindesrechts bei der Abwägung mit dem Schutz der Ehe, Art. 6 I GG. Denn der Bestand der Ehe wird nicht durch das Begehren des Kindes nach Auskunft über seine Abstammung gefährdet, sondern bereits und vornehmlich durch das außereheliche Verhalten der Mutter. Das Interesse, sich Geschehenem nicht zu stellen und zum Nachteil des Kindes den Familienfrieden durch Vertuschung zu wahren, kann nicht gegenüber dem Kindespersönlichkeitsrecht

---

855 Nach § 1600b III BGB kann das Kind nach dem Eintritt der Volljährigkeit die Vaterschaft selbst anfechten.

856 Nach § 61 II PStG kann das adoptierte Kind mit Vollendung des 16. Lebensjahrs Einsicht in den Geburtseintrag verlangen.

857 Eine Beschränkung des allgemeinen Persönlichkeitsrechts ist nur zulässig, solange sie zum Schutz eines gewichtigen Gemeinschaftsgutes geeignet und erforderlich ist und der Schutzzweck so schwerwiegend ist, dass er die Beeinträchtigung in diesem Umfang rechtfertigt, siehe BVerfG, Urteil v. 31.1.1989, E 79, 256 (268).

858 Hepting, FamRZ 2001, 1573 (1582).

Vorrang genießen. Die Situation ist eine andere, wenn die Mutter nach Ansicht der Beratungsstelle psychisch labil und immer noch traumatisiert ist. Unter bestimmten Umständen kann es auch im Interesse des Kindes liegen, nur allgemeine Informationen über seine Mutter zu bekommen. Man müsste in diesem Falle der Beratungsstelle die Entscheidungsbefugnis überlassen, ob sie nach Abwägung aller Gesichtspunkte die Durchbrechung der Anonymität zulässt oder nicht. Im Zweifel sollte sie jedoch für die Persönlichkeitsentwicklung des Kindes, die durch die Tatsache der Abstammungslosigkeit erheblichen Belastungen ausgesetzt sein kann, entscheiden.

So könnten die rechtspolitischen Ziele der anonymen Geburt in verfassungskonformer Weise erreicht werden. Gewiss ist auch dieser Vorschlag mit Schwierigkeiten verbunden[859]; aber er ist einer Regelung vorzuziehen, die es der willkürlichen Entscheidung der Mutter überlässt, ob sie sich der Verantwortung für ihr neugeborenes Kind stellen will oder nicht.

[859] So auch Frank/Helms, FamRZ 2001, 1340 (1348).

Zusammenfassung Kapitel 3

Wenn in Deutschland jährlich etwa 100 Kinder mittels Babyklappen und anonyme Geburten herkunftslos gestellt werden, werden diesen Kindern und auch ihren leiblichen Eltern mitunter tiefgreifende seelische Verletzungen zugefügt. Sie sind nicht gerechtfertigt, weil das erklärte Ziel der Lebensrettung auf spekulativen Annahmen beruht und nicht erreicht wird. Diese These wird dadurch belegt, dass die Zahl getöteter Kinder nicht zurückgegangen ist, während die Zahl der Findelkinder stetig wächst. In der Öffentlichkeit ist der Eindruck entstanden, Mütter könnten, aus welchen Gründen auch immer, frei entscheiden, ob sie ihr Kind annehmen und aufziehen, oder ob sie dies folgenlos ablehnen wollen.

Mit dem Versuch, die Anonymität durch Gesetz in die Rechtsordnung einzuführen, wurde der Anschein erweckt, als sei die Zuordnung von Eltern und Kindern eine jedenfalls für den Gesetzgeber frei verfügbare Regelungsmaterie. Nicht nur das Privatrecht, sondern insbesondere auch die Grundrechte, der hohe kulturelle Wert der Unauflöslichkeit von Elternschaft und Kindschaft werden davon berührt und verletzt. „Noch“ findet sich im Art. 6 I GG der Satz, dass Ehe und Familie unter dem besonderen Schutze der staatlichen Ordnung stehen.

Kann die anonyme Geburt Leben retten? Ja, vielleicht im Einzelfall. Aber für eine Vielzahl betroffener Mütter, Kinder, und auch Väter kann sie zur Bedrohung der psychischen Konstitution werden und möglicherweise sogar Leben zerstören.

Schluss

Erinnern wir uns: Die Schwangere ist rechtlich verpflichtet, ihr Kind auszutragen; der Schwangerschaftsabbruch bleibt daher rechtswidrig. Es wird aber akzeptiert, dass es der Frau im Einzelfall nicht zumutbar sei, dieser Rechtspflicht nachzukommen.

Wie das Ungeborene mithin ein eigenes Lebensrecht hat, hat das geborene Kind ein Recht auf Kenntnis der eigenen Abstammung. So heißt es in einem Urteil des Bundesverfassungsgerichts: „Art. 2 I i.V.m. Art. 1 I GG sichert jedem Einzelnen einen autonomen Bereich privater Lebensgestaltung, in dem er seine Individualität entwickeln und wahren kann. Zu den Elementen, die für die Entfaltung der Persönlichkeit von entscheidender Bedeutung sein können, gehört die Kenntnis der eigenen Abstammung. Der Bezug zu den Vorfahren kann im Bewusstsein des Einzelnen eine Schlüsselstellung für sein Selbstverständnis und seine Stellung in der Gemeinschaft einnehmen. Die Kenntnis der Herkunft kann wichtige Anknüpfungspunkte für das Verständnis des familiären Zusammenhangs und für die Entwicklung der eigenen Persönlichkeit geben. Die Unmöglichkeit, die eigene Abstammung zu klären, kann den Einzelnen erheblich belasten und verunsichern."

Obgleich es sich doch bei dem Recht auf Kenntnis der eigenen Abstammung nach der Rechtsprechung des Bundesverfassungsgerichts (auch) um ein Abwehrrecht gegen die staatlichen Organe handelt, das vor der Vorenthaltung erlangbarer Informationen über die eigene Herkunft schützen soll, haben die Gesetzesentwürfe zur Legalisierung der anonymen Geburt genau eine solche „Vorenthaltung" zum Inhalt. Sie wollen dem Kinde den staatlichen Schutz vor der Vorenthaltung erlangbarer Informationen nehmen, indem sie das Recht der Mutter auf Schutz ihrer Anonymität höher bewerten.

Die verfassungsrechtliche Erörterung der Zulässigkeit der Einführung der anonymen Geburt hat gezeigt, dass es notwendig ist, ihre Ausgestaltung im einzelnen an den verfassungsrechtlichen Vorgaben auszurichten. Es ist deshalb vor übereilten Gesetzesänderungsvorhaben, wie sie während der letzten Jahre beobachtet werden konnten, zu warnen. Die gesetzliche Institutionalisierung anonymer Geburten oder gar die Bereitstellung von Babyklappen will gut überlegt sein. Obgleich das französische System der anonymen Geburt im Rahmen diesbezüglicher Überlegungen eine gewisse Vorbildwirkung entfalten mag, ist zu berücksichtigen, dass es sich hierbei um ein aus einer alten Tradition gewachsenes und sich deshalb in die französische Gesamtsrechtsordnung einfügendes System handelt, das außerdem nicht die „volle Anonymität" gewährleistet, während es im deutschen Rechtssystem prinzipiell einen Fremdköper bedeuten würde. Eine gesetzliche Regelung der anonymen Geburt will wohlintegriert sein und müsste eine ganze Reihe von Folgeregelungen und Änderungen des geltenden Rechts zwingend nach sich ziehen – welche jedoch den während der letzten Jahren eingebrachten Gesetzesentwürfen weitgehend fehlten.

Anhang

A. Entwurf der CDU/CSU-Fraktion vom 24. Oktober 2000 zur Änderung des PStG (BT-Drucksache 14/4425)

Der Bundestag hat folgendes Gesetz beschlossen:

Artikel 1
Änderung des Personenstandsgesetzes

1. In § 16 wird folgender Satz 3 angefügt:

   „Wird die Mutter von einer staatlich anerkannten Schwangerenberatungsstelle betreut (§ 17 Abs. 1 Satz 3), beträgt die Anzeigefrist nach Satz 1 zehn Wochen."

2. In § 17 Abs. 1 wird folgender Satz 3 angefügt:

   „Wird die Mutter von einer staatlich anerkannten Schwangerenberatungsstelle betreut, die mit Hilfe eigener Dienste und Angebote unmittelbar die Betreuung und ggf. die rechtliche Vertretung des Kindes gewährleisten kann, und wird die Geburt nicht innerhalb einer Woche angezeigt (§ 16 Satz 1), obliegt die Anzeigepflicht der Schwangerenberatungsstelle."

Artikel 2
Inkrafttreten

Dieses Gesetz tritt am Tage nach der Verkündung in Kraft.

B. Interfraktioneller Entwurf eines Gesetzes zur Regelung anonymer Geburten vom 23.4.2002 (BT-Drucksache 14/8856)

Der Bundestag hat mit Zustimmung des Bundesrates das folgende Gesetz beschlossen:

Artikel 1
Änderung des Staatsangehörigkeitsgesetzes

§ 4 Abs. 2 wird wie folgt gefasst:

„(2) Ein Kind, das im Inland
1. von einer Mutter geboren wird, die keine Angaben zu ihrer Person macht (21c Abs. 1 PStG) oder
2. nach der Geburt aufgefunden wird (§ 25 Abs. 1 PStG) oder
3. nach der Geburt bei einer Anstalt oder Einrichtung abgegeben wird (§ 26 Abs. 2 PStG), gilt bis zum Beweis des Gegenteils als Kind eines deutschen Staatsangehörigen.“

Artikel 2
Änderung des Personenstandsgesetzes

1. Dem § 17 Abs. 1 wird folgender Satz angefügt:

   „Im Falle des § 21c Abs. 1 entfällt die Anzeigepflicht nach den Nummern 1 und 5.“

2. § 21b wird wie folgt gefasst:

   „Der Standesbeamte hat die Geburt eines Kindes,
   1. dessen Eltern nicht miteinander verheiratet sind,
   2. dessen Mutter keine Angaben zu ihrer Person machen will (§ 21c Abs. 1), unverzüglich dem Jugendamt anzuzeigen.
   Ist im Falle der Nummer 1 die Mutter minderjährig, so ist ihr religiöses Bekenntnis anzugeben, wenn es im Geburtseintrag enthalten ist.“

3. Nach § 21b wird folgender neue § 21c eingefügt:

„§ 21c

(1) Die Angaben nach § 21 Abs. 1 Nr. 1 werden nicht eingetragen, wenn die Mutter des Kindes keine Angaben zu ihrer Person machen will; der Wille der Mutter muss der Anzeige der Geburt zu entnehmen sein. In diesem Falle stellt der Standesbeamte die Beurkundung der Geburt bis zum Ablauf der Frist nach Absatz 2 zurück; die Frist endet vorzeitig, wenn die Mutter die ergänzenden Angaben macht.

(2) Im Falle des Absatzes 1 Satz 1 kann die Mutter dem Standesbeamten die Angaben binnen einer Frist von acht Wochen nach der Geburt des Kindes über die Anstalt oder die Person, von der die Geburtsanzeige erstattet worden ist, zuleiten; der Standesbeamte berücksichtigt die Angaben bei der Beurkundung der Geburt. Für eine etwaige spätere Eintragung der Mutter nach der Beurkundung der Geburt des Kindes gilt § 30 Abs. 1.

(3) Die Mutter kann gegenüber dem Anzeigenden die Vornamen des Kindes auch dann bestimmen, wenn sie keine Angaben zu ihrer Person macht; die Vornamen sind mit einem Hinweis auf die Namensbestimmung durch die Mutter in der Geburtsanzeige anzugeben.

(4) Im Falle des Absatzes 1 Satz 1 bestimmt die zuständige Verwaltungsbehörde den Familiennamen und, sofern die Mutter nicht von ihrem Bestimmungsrecht gemäß Absatz 3 Gebrauch gemacht hat, auch die Vornamen des Kindes.

(5) Die Mutter kann dem Kind mit der Möglichkeit der späteren Aushändigung (§ 61 Abs. 4) eine Nachricht (z.B. mit Angaben über die Eltern des Kindes und deren Familie) hinterlassen. Die Nachricht ist der Geburtsanzeige in einem verschlossenen Umschlag beizufügen; sie kann von dem Anzeigenden oder der Mutter auch noch zu einem späteren Zeitpunkt abgegeben werden. Nach der Beurkundung der Geburt leitet der Standesbeamte den Umschlag zusammen mit einer beglaubigten Abschrift des Geburtseintrags dem für die Aufbewahrung der Nachricht zuständigen Standesbeamten zu. In jedem Land nimmt ein Standesbeamter diese Aufgabe zentral wahr; die Landesregierungen werden ermächtigt, den zuständigen Standesbeamten zu bestimmen. Der Standesbeamte hat die Nachricht auf Verlangen der Mutter an diese zurückzugeben."

4. § 26 wird wie folgt geändert:

a) Der bisherige Wortlaut wird Absatz 1.

b) Es wird folgender Absatz 2 angefügt:

„(2) Absatz 1 gilt entsprechend für Kinder, die in einer dafür vorgesehenen Vorrichtung einer Anstalt oder Einrichtung im Sinne der §§ 18 und 19 oder einer sonstigen Einrichtung der Mutter- oder Jungendhilfe abgegeben worden sind."

5. Dem § 61 wird folgender neue Absatz 4 angefügt:

„(4) Im Falle des § 21c Abs. 5 wird dem über sechzehn Jahre alten Kind auf seinen Wunsch die hinterlegte Nachricht ausgehändigt. Andere Personen und Behörden können weder die Einsicht in die Nachricht noch ihre Aushändigung verlangen; § 21c Abs. 5 Satz 5 bleibt unberührt."

6. In § 70 wird nach Nummer 11 folgende neue Nummer 12 eingefügt:

„12. die Hinterlegung, die Rückgabe und die Aushändigung einer Nachricht nach § 21c Abs. 5,".

Artikel 3
Änderung des Bürgerlichen Gesetzbuches

1. § 1773 Abs. 2 wird wie folgt gefasst:

„(2) Ein Minderjähriger erhält einen Vormund auch dann, wenn
1. sein Familienstand nicht zu ermitteln ist,
2. er nach der Geburt bei einer Anstalt oder Einrichtung abgegeben wird (§ 26 Abs. 2 des Personenstandsgesetzes),
3. die Mutter keine Angaben zu ihrer Person machen will (§ 21c Abs. 1 des Personenstandsgesetzes)."

2. § 1791c wird wie folgt geändert:

a) Nach Absatz 2 wird folgender Absatz 3 eingefügt:

„(3) Absatz 1 Satz 1 gilt entsprechend für ein Kind,
1. das nach der Geburt bei einer Anstalt oder Einrichtung abgegeben wird (§ 26 Abs. 2 des Personenstandsgesetzes) oder
2. dessen Mutter keine Angaben zu ihrer Person machen will (§ 21c Abs. 1 des Personenstandsgesetzes)."

b) Der bisherige Absatz 3 wird Absatz 4.

Artikel 4
Änderung des Gesetzes über die Angelegenheiten der freiwilligen Gerichtsbarkeit

§ 48

„Wird einem Standesbeamten
1. der Tod einer Person, die ein minderjähriges Kind hinterlassen hat,
2. die Geburt eines Kindes nach dem Tode des Vaters,
3. die Geburt eines Kindes, dessen Mutter keine Angaben zu ihrer Person machen will (§21c des Personenstandsgesetzes), oder
4. die Auffindung eines Minderjährigen, dessen Familienstand nicht zu ermitteln ist,
angezeigt, so hat der Standesbeamte hiervon dem Vormundschaftsgericht Anzeige zu machen."

Artikel 5
Inkrafttreten

Dieses Gesetz tritt am … in Kraft.

C. Antrag des Landes Baden-Württemberg: Entwurf eines Gesetzes zur Regelung der anonymen Geburt vom 06.06.2002 (BR-Drucksache 506/02)

Der Bundestag hat mit Zustimmung des Bundesrates das folgende Gesetz beschlossen:

Artikel 1
Änderung des Bürgerlichen Gesetzbuches

1. Folgender § 1591a wird eingefügt:

„§ 1591a
(1) Im Falle einer anonymen Geburt in einer öffentlichen Anstalt im Sinne von § 18 des Personenstandsgesetzes hat die Anstalt die Mutter auf geeignete Beratungsstellen hinzuweisen. Die Mutter soll sich über die Auswirkungen einer anonymen Geburt, die Möglichkeit einer Adoption sowie über weitere Hilfeangebote beraten lassen.

(2) Die Mutter kann verlangen, dass das Kind in die Obhut eines Trägers der Jugendhilfe gegeben wird, der eine Betreuung in geeigneten Pflegestellen und den anschließenden Übergang in die Adoptionspflege gewährleistet."

2. Folgender § 1791d wird eingefügt:

„§ 1791d
(1) In den Fällen des § 1591a wird das Jugendamt mit der Geburt des Kindes Vormund. § 1791c Abs. 3 gilt entsprechend.

(2) Die gesetzliche Vormundschaft des Jugendamtes endet, wenn die Mutter gegenüber dem Standesamt die zur Vervollständigung des Geburtseintrages notwendigen Angaben über ihre Person macht."

Artikel 2
Schwangerschaftskonfliktgesetz

In § 6 Abs. 2 wird folgender Satz eingefügt:

„Dies gilt ebenso für Frauen, die sich anlässlich einer anonymen Geburt über deren Auswirkungen sowie über die Möglichkeit der Adoption und weitere Hilfeangebote beraten lassen."

Artikel 3
Gesetz über die Angelegenheiten freiwillige Gerichtsbarkeit

§ 48 wird wie folgt gefasst:

„§ 48
Wird einem Standesbeamten der Tod einer Person, die ein minderjähriges Kind hinterlassen hat, oder die Geburt eines Kindes nach dem Tode des Vaters oder die Auffindung eines Minderjährigen, dessen Familienstand nicht zu ermitteln ist, oder die Geburt eines Kindes, dessen Mutter keine Angaben zu ihrer Person machen will (§ 26a des Personenstandsgesetzes), angezeigt, so hat der Standesbeamte hiervon dem Vormundschaftsgericht Anzeige zu machen."

Artikel 4
Änderung des Personenstandsgesetzes

1. § 21b wird wie folgt gefasst:

„§ 21 b
Der Standesbeamte hat die Geburt eines Kindes,
1. dessen Eltern nicht miteinander verheiratet sind,
2. dessen Mutter keine Angaben zu ihrer Person machen will (§ 26a),
unverzüglich dem Jugendamt anzuzeigen. Ist im Falle der Nummer 1 die Mutter minderjährig, so ist ihr religiöses Bekenntnis anzugeben, wenn es im Geburtseintrag enthalten ist."

2. Folgender § 26a wird eingefügt:

„§ 26 a
(1) Wird ein Kind in einer öffentlichen Anstalt im Sinne des § 18 anonym geboren, so ist ausschließlich die Anstalt verpflichtet, die Geburt binnen einer Woche anzuzeigen.

(2) Die Angaben nach § 21 Abs. 1 Nr. 1 werden nicht eingetragen, wenn die Mutter des Kindes keine Angaben zu ihrer Person machen will; der Wille der Mutter muss der Anzeige der Geburt zu entnehmen sein. In diesem Falle stellt der Standesbeamte die Beurkundung der Geburt bis zum Ablauf der Frist nach Absatz 3 zurück. Die Frist endet vorzeitig, wenn die Mutter ergänzende Angaben macht.

(3) Im Falle des Absatzes 2 Satz 1 kann die Mutter dem Standesbeamten die Angaben noch binnen einer Frist von acht Wochen nach der Geburt des Kindes über die Anstalt, von der die Geburtsanzeige erstattet worden ist, zuleiten. Der Standesbeamte berücksichtigt die Angaben bei der Beurkundung der Geburt. Für eine etwaige spätere Eintragung der Mutter nach der Beurkundung der Geburt des Kindes gilt § 30 Abs. 1.

(4) Die Mutter kann gegenüber der anzeigenden Anstalt die Vornamen des Kindes auch dann bestimmen, wenn sie keine Angaben zu ihrer Person macht. Die Vornamen sind mit einem Hinweis auf die Namensbestimmung durch die Mutter in der Geburtsanzeige anzugeben.

(5) Im Falle des Absatzes 2 Satz 1 bestimmt die zuständige Verwaltungsbehörde den Familiennamen und, sofern die Mutter nicht von ihrem Bestimmungsrecht nach Absatz 4 Gebrauch gemacht hat, auch die Vornamen des Kindes.

(6) Die Mutter kann eine Mitteilung über ihre Identität oder eine sonstige Nachricht für das Kind hinterlassen, die in einem verschlossenen Umschlag der Geburtsanzeige beizufügen ist. Sie kann dem Standesamt auch zu einem späteren Zeitpunkt übergeben werden. Der Standesbeamte hat die Nachricht auf Verlangen der Mutter an diese zurückzugeben. Ansonsten kann nur das Kind die Herausgabe der Nachricht ab Vollendung des 16. Lebensjahres verlangen."

Artikel 5
Änderung des Staatsangehörigkeitsgesetzes

§ 4 Abs. 2 wird wie folgt gefasst:

„(2) Ein Kind, das im Inland
1. von einer Mutter geboren wird, die keine Angaben zu ihrer Person macht (26a Abs. 2 des Personenstandsgesetzes), oder
2. nach der Geburt aufgefunden wird (§ 25 Abs. 1 des Personenstandsgesetzes),
gilt bis zum Beweis des Gegenteils als Kind eines deutschen Staatsangehörigen."

Artikel 6
Kostentragung

„Das Land, in dem die anonyme Geburt stattgefunden hat, erstattet dem Träger der Anstalt im Sinne des § 18 des Personenstandsgesetzes die durch die anonyme Geburt entstandenen Kosten. Macht die Mutter zu einem späteren Zeitpunkt gegenüber dem

Standesbeamten Angaben zu ihrer Person, gehen Ansprüche der Mutter aus einer Krankenversicherung in dem in Satz 1 genannten Umfang auf das Land über.“

Artikel 7
Inkrafttreten

Dieses Gesetz tritt am … in Kraft.

Literaturverzeichnis

Akademie für Deutsches Recht 1933-1945: Protokolle der Ausschüsse, Band III 2, Familienrechtsausschuss, hrsg. von Schubert, Berlin 1989 (Zit.: Autor – ADR III 2).

Alexy, Robert: Theorie der juristischen Argumentation, Frankfurt a. M. 1978 (Zit.: Alexy, Theorie der juristischen Argumentation).

Amtliche Begründung zu dem Gesetz über die Änderung und Ergänzung familienrechtlicher Vorschriften und über die Rechtsstellung der Staatenlosen vom 12. April 1938 (RGBl. I, S. 380), Deutsche Justiz 1938, S. 619-624 (Zit.: Amtliche Begründung zum Familienrechtsänderungsgesetz v. 1938, DJ).

Anke, Hans Ulrich/Rass, Jens: Babyklappe und anonyme Geburt, Zeitschrift für Rechtspolitik 2002, S. 451 (Zit.: Anke/Rass, ZRP).

Badura, Peter: Grundpflichten als verfassungsrechtliche Dimension, Deutsches Verwaltungsblatt 1982, S. 861-872 (Zit.: Badura, DVBl.).

Baer, Ingrid: Verabschiedung des UN-Übereinkommens über die Rechte des Kindes im November 1989 in New York, Familie und Recht 1990, S. 192-206 (Zit.: Baer, FuR).
- Übereinkommen der Vereinten Nationen über die Rechte des Kindes, Neue Juristische Wochenschrift 1993, S. 2209-2211 (Zit.: Baer, NJW).

Bärlein, Michael/Rixen, Stephan: „Babywiegen" – Ein Hilfskonzept eigener Art, Kriminalistik 2001, S. 54-56 (Zit.: Bärlein/Rixen, Kriminalistik).

Bartsch, Hans-Jürgen: Die Entwicklung des internationalen Menschenrechtsschutzes 1991-1993, Neue Juristische Wochenschrift 1994, S. 1321-1329 (Zit.: Bartsch, NJW).

Battes, Robert/Korenke, Thomas: Entwicklungstendenzen des Familienrechts im Ausland, Familie und Recht 1996, S. 196-204 (Zit.: Battes/Korenke, FuR).

Baumann, Jürgen: Ein Recht auf Kenntnis der biologischen Abstammung?, in Festschrift für Arthur Kaufmann, hrsg. von Haft/Hassemer/Neumann/Schild/Schroth, Heidelberg 1993, S. 537–543 (Zit.: Baumann, in FS Kaufmann).

Becker, Walter: Ethische und rechtliche Probleme um das Retorten-Kind, Zentralblatt für Jugendrecht und Jugendwohlfahrt 1979, S. 238-245 (Zit.: Becker, ZBlJR).

Beitzke, Günther: Reform der Ehelichkeitsanfechtung, in Festschrift für Wolfram Müller-Freienfels, hrsg. von Dieckmann/Frank/Hanisch/Simitis, Baden-Baden 1986, S. 31–53 (Zit.: Beitzke, in FS Müller-Freienfels).

Benda, Ernst: Die anonyme Geburt, Juristenzeitung 2003, S. 533-540 (Zit.: Benda, JZ).

Benöhr, Susanne/Muth, Iris A.: „Babyklappe“ und „Anonyme Geburt“ – im Widerstreit zwischen Hilfeleistung und Gesetzesverstoß, Kritische Justiz 2001, S. 405-423 (Zit.: Benöhr/Muth, KJ).
- Babyklappe und anonyme Geburt – Pro & Contra, Zeitschrift für Rechtspolitik 2002, S. 452 (Zit.: Benöhr/Muth, ZRP).

Bentert, Holger: Der Vater, aber nicht der Vater – Zur Neuregelung der Vaterschaftsanfechtung im Entwurf des Kindschaftsrechtsreformgesetzes, Zeitschrift für das gesamte Familienrecht 1996, S. 1386-1387 (Zit.: Bentert, FamRZ).

Berkemann, Jörg: Anmerkung, OLG Stuttgart, Urteil v. 18. Dezember 1973, Zeitschrift für das gesamte Familienrecht 1974, S. 294-295 (Zit.: Berkemann, FamRZ).

Beschlüsse des 44. Deutschen Juristentages in Hannover – zur Reform des Unehelichenrechts, Zeitschrift für das gesamte Familienrecht 1962, S. 401-411 (Zit.: Beschlüsse des 44. Deutschen Juristentages).

Bethke, Ralph: Das Übereinkommen der Vereinten Nationen über die Rechte des Kindes und seine Umsetzung in der Bundesrepublik Deutschland, Dissertation, München 1996 (Zit.: Bethke, UN-Konvention und seine Umsetzung in der BRD).

Bilsdorf, Peter: Rechtliche Probleme der In-vitro-Fertilisation und des Embryo-Transfers, Monatsschrift für Deutsches Recht 1984, S. 803-806 (Zit.: Bilsdorf, MDR).

Bleckmann, Albert: Verfassungsrang der Europäischen Menschenrechtskonvention, Europäische Grundrechte-Zeitschrift 1994, S. 149-155 (Zit.: Bleckmann, EuGRZ).

Bockenheimer-Lucius, Gisela: Babyklappe und anonyme Geburt – Hintergründe und Anmerkungen zu ethischen Problemen, Ethik in der Medizin 2002, S. 20-27 (Zit.: Bockenheimer-Lucius, EthikMed).

Böhm, Reglindis: Gedanken zu einer Neuregelung des Kindschaftsrechts, Zeitschrift für Rechtspolitik 1992, S. 334-337 (Zit.: Böhm, ZRP).

Börgers, Michael: Die Europäische Menschenrechtskonvention als Rechtsquelle des deutschen Familienrechts, Familie und Recht 1990, S. 141-145 (Zit.: Börger, FuR).

Bosch, Friedrich Wilhelm: Zum Streit um die Vaterschaftsfeststellungsklage des unehelichen Kindes, Neue Juristische Wochenschrift 1950, S. 767-770 (Zit.: Bosch, NJW).

- Anmerkung, BGH, Beschluß v. 4. November 1992, Zeitschrift für das gesamte Familienrecht 1993, S. 308-309 (Zit.: Bosch, FamRZ).
- Entwicklungslinien des Familienrechts in den Jahren 1947 bis 1987, Neue Juristische Wochenschrift 1987, S. 2617-2630 (Zit.: Bosch, NJW).

Brandner, Hans Erich: Das allgemeine Persönlichkeitsrecht in der Entwicklung durch die Rechtsprechung, Juristenzeitung 1983, S. 689-696 (Zit.: Brandner, JZ).

Brohm, Winfried: Humanbioethik, Eigentum und Menschenwürde, Juristische Schulung 1998, S. 197-205 (Zit.: Brohm, JuS).

Brox, Hans: Allgemeiner Teil des Bürgerlichen Gesetzbuchs, 27. Auflage, Münster 2003 (Zit.: Brox, BGB-AT).

Büttner, Helmut: Änderungen in Familienverfahrensrecht durch das Kindschaftsrechtsreformgesetz, Zeitschrift für das gesamte Familienrecht 1998, S. 585-594 (Zit.: Büttner, FamRZ).

Busse, Bartold: Das Recht des Kindes auf Kenntnis seiner Abstammung bei heterologer künstlicher Befruchtung (Samenspende, Eispende, Embryospende), Dissertation, Münster 1988 (Zit.: Busse, Abstammung bei heterologer künstlicher Befruchtung).

Coester, Michael: 15 Jahre Beistand und Rücksicht im deutschen Kindschaftsrecht, in Festgabe der Rechtswissenschaftlichen Fakultät der Universität Freiburg für Bernhard Schnyder, hrsg. von Gauch, Freiburg 1995, S. 101–120 (Zit.: Coester, in FG Schnyder).

Coester-Waltjen, Dagmar: Zum Recht des Kindes auf Kenntnis der eigenen Abstammung – BVerfG v. 31.1.1989, Jura 1989, S. 520-523 (Zit.: Coester-Waltjen, Jura).
- Rechtliche Probleme der für andere übernommenen Mutterschaft, Neue Juristische Wochenschrift 1982, S. 2528-2534 (Zit.: Coester-Waltjen, NJW).

Conen, Gabriele: Veränderte Lebenswirklichkeiten von Kindern und Familien – Wurzeln der Kindschaftsrechtsreform, Familie und Recht 1996, S. 171-177 (Zit.: Conen, FuR).

Damm, Reinhard: Persönlichkeitsrechtsschutz und medizinische Entwicklung – Auf dem Weg in die Persönlichkeitsrechtliche Moderne, Juristenzeitung 1998, S. 926- 938 (Zit.: Damm, JZ).

Degenhart, Christoph: Das allgemeine Persönlichkeitsrecht – Art. 2 I i.V. mit Art. 1 I GG, Juristische Schulung 1992, S. 361-368 (Zit.: Degenhart, JuS).

Deichfuß, Hermann: Abstammungsrecht und Biologie, Dissertation, Mannheim 1991 (Zit.: Deichfuß, Abstammungsrecht und Biologie).
- Recht des Kindes auf Kenntnis seiner blutsmäßigen (genetischen) Abstammung? – Zur Diskussion um die Zulässigkeit der heterologen Insemination, Neue Juristische Wochenschrift 1988, S. 113-117 (Zit.: Deichfuß, NJW).

Dethloff, Nina: Reform des Kindschaftsrechts, Neue Juristische Wochenschrift 1992, S. 2200-2208 (Zit.: Dethloff, NJW).

Deutsch, Erwin: Artifizielle Wege menschlicher Reproduktion: Rechtsgrundsätze – Konservierung von Sperma, Eiern und Embryonen, künstliche Insemination und außerkörperliche Fertilisation, Embryotransfer, Monatsschrift für Deutsches Recht 1985, S. 177-183 (Zit.: Deutsch, MDR).

Di Fabio, Udo: Der Schutz von Ehe und Familie: Verfassungsentscheidung für die vitale Gesellschaft, Neue Juristische Wochenschrift 2003, 993-998 (Zit.: Di Fabio, NJW).

Diederichsen, Uwe: Die Reform des Kindschafts- und Beistandsrechts, Neue Juristische Wochenschrift 1998, S. 1977-1991 (Zit.: Diederichsen, NJW).

Dölle, Hans: Die künstliche Samenübertragung, in Festschrift für Ernst Rabel, Band 1, hrsg. von Dölle/Rheinstein/Zweigert, Tübingen 1954, S. 187-250 (Zit.: Dölle, in FS Rabel).

Donhauser, Thomas: Das Recht des Kindes auf Kenntnis der genetischen Abstammung, Dissertation, Regensburg 1996 (Zit.: Donhauser, Recht des Kindes auf Kenntnis der genetischen Abstammung).

Dreier, Horst: Grundgesetz Kommentar, Band 1, Art. 1 bis 19 GG, Tübingen 1996 (Zit.: Dreier-Bearbeiter, GG-Kommentar).

Dürig, Günter: Der Grundrechtssatz von der Menschenwürde, Archiv des öffentlichen Rechts, Band 81 (1956), S. 119-157 (Zit.: Dürig, AöR).
- Nochmals zur Problematik von Art. 2 Abs. 1 GG, Neue Juristische Wochenschrift 1954, S. 1394-1395 (Zit.: Dürig, NJW).
- Die Menschenauffassung des Grundgesetzes, Juristische Rundschau 1952, S. 259-263 (Zit.: Dürig, JR).

Edenfeld, Stefan: Das neue Abstammungsrecht der Bundesrepublik Deutschland im nationalen und internationalen Vergleich, Familie und Recht 1996, S. 190-196 (Zit.: Edenfeld, FuR).

Eidenmüller, Horst: Der Auskunftsanspruch des Kindes gegen seine Mutter auf Benennung des leiblichen Vaters, Juristische Schulung 1998, S. 789-795 (Zit.: Eidenmüller, JuS).

Enders, Christoph: Das Recht auf Kenntnis der eigenen Abstammung, Neue Juristische Wochenschrift 1989, S. 881-884 (Zit.: Enders, NJW).

Enneccerus, Ludwig/Nipperdey, Hans Karl: Allgemeiner Teil des Bürgerlichen Rechts, 15. Auflage, Tübingen 1959 (Zit.: Ennerccerus/Nipperdey, BGB-AT).

Fabricius, Hans-Ake: Die humangenetische Abstammungsbegutachtung, Familie, Partnerschaft, Recht 2002, S. 376-380 (Zit.: Fabricius, FPR).

Fechner, Erich: Menschenwürde und generative Forschung und Technik, Juristenzeitung 1986, S. 653-664 (Zit.: Fechner, JZ).

Finger, Peter: Die Anfechtung der Ehelichkeit eines Kindes durch seine Mutter, Neue Juristische Wochenschrift 1984, S. 846-849 (Zit.: Finger, NJW).

Fischer, Paul: Anmerkung v. Scheurl „Die Feststellung der blutsmäßigen Abstammung", Juristische Wochenschrift 1936, S. 237-239 (Zit.: Fischer, JW).

Frank, Rainer: Gedanken zu einer isolierten Abstammungsfeststellungsklage, in Gedächtnisschrift für Peter Arens, hrsg. von Leipold, München 1993, S. 65–87 (Zit.: Frank, in GS Arens).
- Recht auf Kenntnis der genetischen Abstammung?, Zeitschrift für das gesamte Familienrecht 1988, S. 113-123 (Zit.: Frank, FamRZ).
- Grundzüge und Einzelprobleme des Abstammungsrechts, Das Standesamt 2003, S. 129-136 (Zit.: Frank, StAZ).

Frank, Rainer/Helms, Tobias: Der Anspruch des nichtehelichen Kindes gegen seine Mutter auf Nennung des leiblichen Vaters – Zugleich Besprechung der Entscheidung des BVerfG v. 6. Mai 1997, Zeitschrift für das gesamte Familienrecht 1997, S. 1258-1263 (Zit.: Frank/Helms, FamRZ).
- Rechtliche Aspekte der anonymen Kindesabgabe in Deutschland und Frankreich, Zeitschrift für das gesamte Familienrecht 2001, S. 1340-1348 (Zit.: Frank/Helms, FamRZ).

Gaul, Hans Friedhelm: Die Neuregelung des Abstammungsrechts durch das Kindschaftsrechtsreformgesetz, Zeitschrift für das gesamte Familienrecht 1997, S. 1141-1166 (Zit.: Gaul, FamRZ).

Geiger, Jutta/v. Lampe, Claudia: Das zweite Urteil des Bundesverfassungsgerichts zum Schwangerschaftsabbruch, Jura 1994, S. 20-30 (Zit.: Geiger/v. Lampe, Jura).

Geiss-Wittmann, Maria: Die ganzheitliche Hilfe des Moses-Projektes, Familie, Partnerschaft, Recht 2001, S. 374-376 (Zit.: Geiss-Wittmann, FPR).

Gernhuber, Joachim: Kindeswohl und Elternwille, Zeitschrift für das gesamte Familienrecht 1973, S. 229-244 (Zit.: Gernhuber, FamRZ).
- Eltern und Kinder sind einander Beistand und Rücksicht schuldig – Ein Beitrag zu § 1618a BGB, in Festschrift für Wolfram Müller-Freienfels, hrsg. von Dieckmann/Frank/Hanisch/Simitis, Baden-Baden 1986, S. 159-191 (Zit.: Gernhuber, in FS Müller-Freienfels).

Gernhuber, Joachim/Coester-Waltjen, Dagmar: Lehrbuch des Familienrechts, 4. Auflage, München 1994 (Zit.: Gernhuber/Coester-Waltjen, Familienrecht).

Geserick, Gunther: Richtlinien für die Erstattung von Abstammungsgutachten, Familie, Partnerschaft, Recht 2002, S. 380-382 (Zit.: Geserick, FPR).

Giesen, Dieter: Die künstliche Insemination als ethisches und rechtliches Problem, Dissertation, Bonn 1962 (Zit.: Giesen, Künstliche Insemination als ethisches und rechtliches Problem).
- Zur Strafwürdigkeit der Delikte gegen Familie und Sittlichkeit, Zeitschrift für das gesamte Familienrecht 1965, S. 248-256 (Zit.: Giesen, FamRZ).
- Genetische Abstammung und Recht, Juristenzeitung 1989, S. 364-377 (Zit.: Giesen, JZ).

Gola, Peter: Zur Entwicklung des Datenschutzrechts im Jahre 1986, Neue Juristische Wochenschrift 1987, S. 1675-1682 (Zit.: Gola, NJW).

Goldmann: Hat das uneheliche Kind einen Rechtsanspruch auf Nennung seines Vaters?, Deutsche Juristen-Zeitung 1903, S. 472- 473 (Zit.: Goldmann, DJZ).

Goldschmidt, James: Lehrbuch des Zivilprozessrechtes, Berlin 1929 (Zit.: Goldschmidt, Zivilprozessrecht).

Gottwald, Peter: Recht auf Kenntnis der biologischen Abstammung, in Festschrift für Heinrich Hubmann, hrsg. von Forkel/Kraft, Frankfurt a.M. 1985, S. 111–125 (Zit.: Gottwald, in FS Hubmann).

Grabenwarter, Christoph: Europäische Menschenrechtskonvention, München 2003 (Zit.: Grabenwarter, Europäische Menschenrechtskonvention).

Guckelberger, Annette: Die Drittwirkung der Grundrechte, Juristische Schulung 2003, S. 1151-1157 (Zit.: Guckelberger, JuS).

Guggumos, Michael: Die Abstammungsklage des unehelichen Kindes, Neue Juristische Wochenschrift 1047/48, S. 59–60 (Zit.: Guggumos, NJW).

Günther, Hermann: Die Feststellungsklage wegen Abstammung und die Familienrechtsnovelle, Juristische Wochenschrift 1938, S. 1699-1701 (Zit.: Günther, JW).

Habermas, Rebekka: Susanna Brandt, Gretchen und Goethe: Ein Kindsmord im Frankfurt des ausgehenden 18. Jahrhunderts, Neue Juristische Wochenschrift 1999, S. 1936-1939 (Zit.: Habermas, NJW).

Häberle, Peter: Die Menschenwürde als Grundlage der staatlichen Gemeinschaft, in Isensee/Kirchhhof, Handbuch des Staatsrechts der Bundesrepublik Deutschland, Band I, § 20, S. 816-861, Heidelberg 1987 (Zit.: Häberle, in Isensee/Kirchhof, HbStR I).

Harder, Manfred: Wer sind Vater und Mutter? – Familienrechtliche Probleme der Fortpflanzungsmedizin, Juristische Schulung 1986, S. 505-512 (Zit.: Harder, JuS).

Hassenstein, B.: Der Wert der Kenntnis der eigenen genetischen Abstammung, Zeitschrift für das gesamte Familienrecht 1988, S. 120-123 (Zit.: Hassenstein, FamRZ).

Helms, Tobias: Die Feststellung der biologischen Abstammung – Eine rechtsvergleichende Untersuchung zum deutschen und französischen Recht, Dissertation, Freiburg 1998 (Zit.: Helms, Feststellung der biologischen Abstammung).
- Reform des deutschen Abstammungsrechts – Zum Entwurf des Kindschaftsrechtsreformgesetzes aus rechtsvergleichender Perspektive, Familie und Recht 1996, S. 178-189 (Zit.: Helms, FuR).
- Vaterschaftsanfechtung durch den Erzeuger des Kindes, Zeitschrift für das gesamte Familienrecht 1997, S. 913-918 (Zit.: Helms, FamRZ).

Henrich, Dieter: Anmerkung, EGMR, Urteil v. 13.2.2003, Zeitschrift für das gesamte Familienrecht 2003, S. 1370 (Zit.: Henrich, FamRZ).

Hepting, Reinhard: Babyklappe und anonyme Geburt, Zeitschrift für das gesamte Familienrecht 2001, S. 1573-1585 (Zit.: Hepting, FamRZ).

Hepting, Reinhard/Gaaz, Berthold: Personenstandsrecht – Kommentar, Band 1, Loseblattsammlung, Stand 2001 (Zit.: Hepting/Gaaz, PStG-Kommentar).

Herdegen, Matthias: Europarecht, 4. Auflage, München 2002 (Zit.: Herdegen, Europarecht).

Heyers, Johannes: Zivilrechtliche Institutionalisierung anonymer Geburten, Juristische Rundschau 2003, S. 45-51 (Zit.: Heyers, JR).

Hilger, Norbert: Anmerkung, AG Passau, Urteil v. 15. Juli 1987, Zeitschrift für das gesamte Familienrecht 1988, S. 764-765 (Zit.: Hilger, FamRZ).

Hörnle, Tatjana: Die wichtigsten Änderungen des Besonderen Teils des StGB durch das 6. Gesetz zur Reform des Strafrechts, Jura 1998, S. 169-182 (Zit.: Hörnle, Jura).

Hoerster, Norbert: Zur Bedeutung des Prinzips der Menschenwürde, Juristische Schulung 1983, S. 93-96 (Zit.: Hoerster, JuS).

Hofmann, Paul: Kommentar zum Bürgerlichen Gesetzbuch mit Einführungsgesetz und Nebengesetzen, Neue Juristische Wochenschrift 1999, S. 2578-2579 (Zit.: Hofmann, NJW).

Hohloch, Gerhard: Familienrecht, Stuttgart 2002 (Zit.: Hohloch, Familienrecht).

Holzhauer, Heinz: Gentechnik und künstliche Fortpflanzung, Zeitschrift für das gesamte Familienrecht 1986, S. 1162-1166 (Zit.: Holzhauer, FamRZ).

Huber, Bertold: Europäische Menschenrechtskonvention und Familiennachzug, Neue Juristische Wochenschrift 1985, S. 1247-1251 (Zit.: Huber, NJW).

Huber, Christian: Anmerkung, BVerfG, Beschluss v. 9. April 2003, Zeitschrift für das gesamte Familienrecht 2003, S. 825-826 (Zit.: Huber, FamRZ).

Hubmann, Heinrich: Das Persönlichkeitsrecht, 2. Auflage, Köln 1967 (Zit.: Hubmann, Persönlichkeitsrecht).

Hummel, Konrad: Das Blutgruppengutachten – seine Bedeutung vor Gericht, Neue Juristische Wochenschrift 1981, S. 605-610 (Zit.: Hummel, NJW).
- Zum Umfang der Beweisaufnahme bei gerichtlicher Vaterschaftsfeststellung, Neue Juristische Wochenschrift 1991, S. 2929-2932 (Zit.: Hummel, NJW).

Institut für Familienrecht der Wissenschaftlichen Vereinigung für Familienrecht e.V.: Richtlinien für die Erstattung von Abstammungsgutachten, Zeitschrift für das gesamte Familienrecht, S. 2002, S. 1159-1161 (Zit.: Richtlinien für Erstattung von Abstammungsgutachten, FamRZ).

Ipsen, Jörn: Staatsrecht II (Grundrechte), 6. Auflage, Neuwied, Kriftel 2003 (Zit.: Ipsen, Staatsrecht II).

Jarass, Hans D.: Das allgemeine Persönlichkeitsrecht im Grundgesetz, Neue Juristische Wochenschrift 1989, S. 857-862 (Zit.: Jarass, NJW).

Jarass, Hans D./Pieroth, Bodo: Grundgesetz für die Bundesrepublik Deutschland – Kommentar, 6. Auflage, München 2002 (Zit.: Bearbeiter, in Jarass/Pieroth, GG-Kommentar).

Jauernig, Othmar: Bürgerliches Gesetzbuch – Kommentar, 10. Auflage, München 2003 (Zit.: Bearbeiter, in Jauernig, BGB-Kommentar).

Johannsen, Kurt H.: Vaterschaftsfeststellung bei nichtehelicher Abstammung, in Festschrift für Friedrich Wilhelm Bosch, hrsg. von Habscheid/Gaul/Mikat, München 1976, S. 469–492 (Zit.: Johannsen, in FS Bosch).

Karst, Michael: Zum Auskunftsanspruch des Scheinvaters gegen die Kindesmutter auf Benennung des Erzeugers, Juristische Schulung 1993, S. 633-637 (Zit.: Karst, JuS).

Katzenmeier, Christian: Rechtsfragen der „Babyklappe“ und der medizinisch assistierten „anonyme Geburt“, Zeitschrift für das gesamte Familienrecht 2005, S. 1134-1139 (Zit.: Katzenmeier, FamRZ).

Kingreen, Thorsten: Das Grundrecht von Ehe und Familie (Art. 6 I GG), Jura 1997, S. 401-408 (Zit.: Kingreen, Jura).

Kirchmeier, Karl-Heinz: Zivilrechtliche Folgen der homologen und heterologen Insemination de lege lata et ferenda, Zeitschrift für das gesamte Familienrecht 1998, S. 1281-1287 (Zit.: Kirchmeier, FamRZ).
- Einführung in das Vaterschaftsfeststellungsverfahren, Familie, Partnerschaft, Recht 2002, S. 370-376 (Zit.: Kirchmeier, FPR).

Kleineke, Wilhelm: Das Recht auf Kenntnis der eigenen Abstammung, Dissertation, Göttingen 1976 (Zit.: Kleineke, Recht auf Kenntnis der eigenen Abstammung).

Knittel, Bernhard: Reform des Kindschaftsrechts vor dem Ziel, Zentralblatt für Jugendrecht 1997, S. 355-361 (Zit.: Knittel, ZfJ).

Knöpfel, Gottfried: Faktische Elternschaft, Bedeutung und Grenzen, Zeitschrift für das gesamte Familienrecht 1983, S. 317-331 (Zit.: Knöpfel, FamRZ).
- Beistand und Rücksicht zwischen Eltern und Kindern (§ 1618a BGB), Zeitschrift für das gesamte Familienrecht 1985, S. 554-565 (Zit.: Knöpfel, FamRZ).

Koch, Elisabeth: Der Anspruch der Deszendenten auf Klärung der genetischen Abstammung – ein Paradigmawechsel im Abstammungsrecht, Zeitschrift für das gesamte Familienrecht 1990, S. 569–574 (Zit.: Koch, FamRZ).

Kollhosser, Helmut: Rechtsprobleme bei medizinischen Zeugungshilfen, Juristische Arbeitsblätter 1985, S. 553-562 (Zit.: Kollhosser, JA).

Krause, Peter: Das Recht auf informationelle Selbstbestimmung, Juristische Schulung 1984, S. 268-275 (Zit.: Krause, JuS).

Krüger, Hildegard: Das Ehelichkeitsanfechtungsrecht der Mutter, Neue Juristische Wochenschrift 1954, S. 1509-1512 (Zit.: Krüger, NJW).
- Anmerkung, BGH, Urteil v. 20. Oktober 1958, Die Öffentliche Verwaltung 1959, S. 948-949 (Zit.: Krüger, DÖV).

Lackner, Karl/Kühl, Kristian: Strafgesetzbuch mit Erläuterungen, 24. Auflage, München 2001 (Zit.: Lackner/Kühl, StGB-Kommentar).

Lange, Heinrich: Kritisches zur Anfechtung der Ehelichkeit, Neue Juristische Wochenschrift 1962, S. 1697-1703 (Zit.: Lange, NJW).

Laufs, Adolf: Die künstliche Befruchtung beim Menschen – Zulässigkeit und zivilrechtliche Folgen, Juristenzeitung 1986, S. 769-777 (Zit.: Laufs, JZ).

Lenze, Anne: Kriterien für eine Rechtsgüterabwägung zwischen dem Recht des Kindes auf Kenntnis der eigenen Abstammung und dem Schutz der Intimsphäre der Mutter, Zentralblatt für Jugendrecht 1998, S. 101-108 (Zit.: Lenze, ZfJ).

Limbach, Jutta: Das Bundesverfassungsgericht und der Grundrechtsschutz in Europa, Neue Juristische Wochenschrift 2001, S. 2913-1919 (Zit.: Limbach, NJW).

Lorenz, Stephan: Auskunftsansprüche im Bürgerlichen Recht, Juristische Schulung 1995, S. 569-575 (Zit.: Lorenz, JuS).

Lüderitz, Alexander: Familienrecht, 27. Auflage, München 1999 (Zit.: Lüderitz, Familienrecht).

Lux-Wesener, Christina: Anonyme Geburt mit EMRK vereinbar: der Fall Odièvre, Europäische Grundrechte-Zeischrift 2003, 555-561 (Zit.: Lux-Wesener, EuGRZ).

Maier, Ralf: Internationaler und Europäischer Schutz der Menschenrechte, Neue Juristische Wochenschrift 2000, S. 1166-1169 (Zit.: Maier, NJW).

v. Mangolt, Hermann/Klein, Friedrich/Starck, Christian: Das Bonner Grundgesetz, Band 1, Art. 1 bis 19 GG, 4. Auflage, München 1999 (Bearbeiter, in v. Mangolt/Klein/Starck, Bonner GG).

Manseen, Gerrit: Staatsrecht II – Grundrechte, 2. Auflage, München 2002 (Zit.: Manseen, Staatsrecht II).

Mansees, Norbert: Jeder Mensch hat ein Recht auf Kenntnis seiner genetischen Herkunft, Neue Juristische Wochenschrift 1988, S. 2984-2987 (Mansees, NJW).

Maunz, Theodor/Dürig, Günter: Grundgesetz-Kommentar, Band I, Art. 1 bis 11 GG, Loseblattsammlung, 42. Lieferung, Stand Februar 2003 (Zit.: Bearbeiter, in Maunz/Dürig, GG-Kommentar).

Mittenzwei, Ingo: Das Modellprojekt „Moses" – Rechtsfragen der anonymen Abgabe neugeborener Kinder, in Festschrift für Andreas Wacke, hrsg. von Knothe/Kohler, München 2001, S. 327-344 (Zit.: Mittenzwei, in FS Wacke).
- „Aktion Moses" – Rechtsfragen der anonymen Abgabe neu geborener Kinder, Zeitschrift für Lebensrecht 2000, S. 37-45 (Zit.: Mittenzwei, ZfL).

Mittenzwei, Ingo/Benöhr, Susanne/ Muth, Iris A.: Babyklappe und anonyme Geburt, Zeitschrift für Rechtspolitik 2002, S. 452 (Zit.: Mittenzwei/Benöhr/Muth, ZRP).

Moritz, Heinz Peter: Auskunftsanspruch des nichtehelichen Kindes gegen seine Mutter auf Nennung des Namens seines leiblichen Vaters, Jura 1990, S. 134-140 (Zit.: Moritz, Jura).

Motive zu dem Entwurfe eines Bürgerlichen Gesetzbuches für das Deutsche Reich, Band IV, Familienrecht, Berlin 1888 (Zit.: Motive, Bd. IV).

Müller, Kurt: Zeugnispflicht bei heterologer Fertilisation, Zeitschrift für das gesamte Familienrecht 1986, S. 635-637 (Zit.: Müller, FamRZ).

Müller-Magdeburg, Thomas: Recht auf Leben – Die anonyme Geburt, Familie, Partnerschaft, Recht 2003, S. 109-112 (Zit.: Müller-Magdeburg, FPR).

v. Münch, Ingo: Grundrechtsschutz gegen sich selbst?, in Festschrift für Hans Peter Ipsen, hrsg. von Stödter/Thieme, Tübingen 1977, S. 113–128 (Zit.: v. Münch, in FS Ipsen).

v. Münch, Ingo/Kunig, Philip: GG-Kommentar, 5. Auflage, München 2000 (Zit.: Bearbeiter, in v. Münch/Kunig, GG-Kommentar).

Münchener Kommentar zum BGB: Band 8, Familienrecht II (§§1589-1921), 4. Auflage, München 2002 (Zit.: MünchKomm/Bearbeiter).

Münder, Johannes: Anmerkung, BVerfG, Urteil v. 31. Januar 1989, Recht der Jugend und des Bildungswesens 1989, S. 459-463 (Zit.: Münder, RdJB).

Münning, Matthias: Das Gesetz zu dem UN-Übereinkommen über die Rechte des Kindes, Zentralblatt für Jugendrecht 1992, S. 553-557 (Zit.: Münning, ZfJ).

Muscheler, Karlheinz/Beisenherz, Thorn: Das neue Abstammungsrecht, Juristische Rundschau 1999, S. 356-361 und S. 407-412 (Zit.: Muscheler, JR).

Muscheler, Karlheinz/Bloch, Anke: Das Recht auf Kenntnis der genetischen Abstammung und der Anspruch des Kindes gegen die Mutter auf Nennung des leiblichen Vaters, Familie, Partnerschaft, Recht 2002, S. 339-352 (Zit.: Muscheler/Bloch, FPR).

Mutschler, Dietrich: Interessenausgleich im Abstammungsrecht – Teilaspekte der Kindschaftsrechtsreform, Zeitschrift für das gesamte Familienrecht 1996, S. 1381-1387 (Zit.: Mutschler, FamRZ).
- Emanzipation und Verantwortung – Zur Neuorientierung des Abstammungsrechts, Zeitschrift für das gesamte Familienrecht 1994, S. 65-71 (Zit.: Mutschler, FamRZ).
- Können Richtlinien für die Abstammungsbegutachtung die Wahrheitsfindung im gerichtlichen Verfahren, insbesondere in Kindschaftssachen, erleichtern?, Zeitschrift für das gesamte Familienrecht 1995, S. 841-845 (Zit.: Mutschler, FamRZ).

Nathan, Hans: Zur Anwendbarkeit der Vorschriften über den Abstammungsbeweis, Neue Juristische Wochenschrift 1950, S. 12-14 (Zit.: Nathan, NJW).

Natter, Eberhard: Uneheliche Vaterschaft - insbesondere Klagen auf Feststellung des Bestehens oder Nichtbestehens der unehelichen Vaterschaft, Archiv für Civilistische Praxis, Band 95 (1904), S. 123-148 (Zit.: Natter, AcP).

Neuheuser, Stefan: Babyklappe und anonyme Geburt, Zeitschrift für Rechtspolitik 2003, S. 216-217 (Zit.: Neuheuser, ZRP).
- Anmerkung, LG Köln, Beschluss v. 9.11.2001, Juristische Rundschau 2002, S. 172-173 (Zit.: Neuheuser, JR).
- Babyklappenkonzepte – Guter Wille wider Rechtsordnung, Zeitschrift für Lebensrecht 2002, S. 10-13 (Zit.: Neuheuser, ZfL).
- Begründet die Weggabe eines Neugeborenen in eine Babyklappe den Anfangsverdacht einer Straftat?, Neue Zeitschrift für Strafrecht 2001, S. 175-178 (Zit.: Neuheuser, NStZ).

Neumann-Duesberg, Horst: Die Abstammungs-Feststellungsklage, Neue Juristische Wochenschrift 1950, S. 14-17 (Zit.: Neumann-Duesberg, NJW).
- Abgrenzbarkeit des allgemeinen Persönlichkeitsrechts und sein Schutz nach § 823 Abs. 1 BGB, Neue Juristische Wochenschrift 1957, S. 1341-1344 (Zit.: Neumann-Duesberg, NJW).
- Anmerkung, BGH, Urteil v. 5. Juni 1952, Monatsschrift für Deutsches Recht 1952, S. 486-487 (Zit.: Neumann-Duesberg, MDR).

Niemeyer, Gisela: Anspruch des nichtehelichen Kindes gegen die Mutter auf Auskunft über seinen Vater, Familie und Recht 1998, S. 41-42 (Zit.: Niemeyer, FuR).

Niepmann, Birgit: Die Reform des Kindschaftsrechts, Monatsschrift für Deutsches Recht 1998, S. 565-570 (Zit.: Niepmann, MDR).

v. Olshausen, Henning: Menschenwürde im Grundgesetz: Wertabsolutismus oder Selbstbestimmung, Neue Juristische Wochenschrift 1982, S. 2221-2224 (Zit.: v. Olshausen, NJW).

Ostendorf, Heribert: Experimente mit dem „Retortenbaby" auf dem rechtlichen Prüfstand, Juristenzeitung 1984, S. 595-600 (Zit.: Ostendorf, JZ).

Ott, Sieghart: Die Begriffe „Ehe und Familie" in Art. 6 I GG, Neue Juristische Wochenschrift 1998, S. 117-119 (Zit.: Ott, NJW).

Palandt, Otto: Bürgerliches Gesetzbuch – Kommentar, 62. Auflage, München 2003 (Zit.: Palandt-Bearbeiter).

Papier, Hans-Jürgen: Ehe und Familie in der neueren Rechtsprechung des BVerfG, Neue Juristische Wochenschrift 2002, S. 2129-2133 (Zit.: Papier, NJW).

Pasquay, Jürgen: Die künstliche Insemination – Zugleich ein Beitrag zur Bestimmung der Grenzen staatlicher Strafbefugnis, Dissertation, Freiburg 1968 (Zit.: Pasquay, Künstliche Insemination).

Pawlowski, Hans Martin: Zum Verhältnis von Kindesrechten und Vertretung, in Festschrift für Walfram Henckel, hrsg. von Gerhardt/Diederichsen/Rimmelspacher/Costede, Berlin 1995, S. 633-654 (Zit.: Pawlowski, in FS Henckel).

Pieroth, Bodo/Schlink, Bernhard: Grundrechte - Staatsrecht II, 19. Auflage, Heidelberg 2003 (Zit.: Pieroth/Schlink, Grundrechte).

Planck, Gottlieb: Die Vorlagen der Redaktoren für die erste Kommission zur Ausarbeitung des Entwurfs eines Bürgerlichen Gesetzbuches, Familienrecht Bd. 1 und 2, hrsg. von Schubert, Berlin usw. 1983 (Zit.: Planck, Vorentwürfe Familienrecht 1 und 2).

Quantius, Markus: Die Elternschaftsanfechtung durch künstlich gezeugtes Kind, Zeitschrift für das gesamte Familienrecht 1998, S. 1145-1152 (Zit.: Quantius, FamRZ).

Rakete-Dombek, Ingeborg: Anmerkung, BVerfG, Urteil v. 9.4.2003, Familie, Partnerschaft, Recht 2003, S. 478-479 (Zit.: Rakete-Dombek, FPR).

Ramm, Thilo: Ehelichkeitsanfechtung und Bundesverfassungsgericht, Neue Juristische Wochenschrift 1989, S. 1594-1597 (Zit.: Ramm, NJW).
- Die Fortpflanzung – ein Freiheitsrecht?, Juristenzeitung 1989, S. 861-874 (Zit.: Ramm, JZ).

Rauscher, Thomas: Familienrecht, Heidelberg 2001 (Zit.: Rauscher, Familienrecht).
- Vaterschaft auf Grund Ehe mit der Mutter, Familie, Partnerschaft, Recht 2002, S. 352-359 (Zit.: Rauscher, FPR).
- Vaterschaft auf Grund Anerkennung, Familie, Partnerschaft, Recht 2002, S. 359-369 (Zit.: Rauscher, FPR).

Reinke, Birgit: Das Recht des Kindes auf Kenntnis seiner genetischen Herkunft, Dissertation, Bayreuth 1991 (Zit.: Reinke, Recht des Kindes auf Kenntnis seiner genetischen Herkunft).

Revöhl, Hans: Anmerkung, OLG Kiel, Urteil v. 8. Dezember 1938, Deutsches Recht 1939, S. 668 (Zit.: Revöhl, DR).

Richter, Gerhard: Soll die gesetzliche Amtspflegeschaft abgeschafft werden?, Zeitschrift für das gesamte Familienrecht 1994, S. 5-9 (Zit.: Richter, FamRZ).

Rittner, Christian: Unerlaubte DNA-Gutachten zur Feststellung der Abstammung – Eine rechtliche Grauzone, Neue Juristische Wochenschrift 2002, S. 1745-1753 (Zit.: Rittner, NJW).

Rixe, Georg: Anmerkung, EGMR, Urteil v. 27. Oktober 1994, Zeitschrift für das gesamte Familienrecht 2003, S. 815 (Zit.: Rixe, FamRZ).

Roquette, Hermann: Abstammung und Abstammungsbeweis, Juristische Wochenschrift 1935, S. 1385–1389 (Zit.: Roquette, JW).
- Anmerkung, Reichsgericht, Urteil v. 14. Oktober 1937, Juristische Wochenschrift 1938, S. 247–248 (Zit.: Roquette, JW).
- Anmerkung, Beitrag v. Vollhardt „Ist § 644 ZPO heute noch anwendbar"?, Juristische Wochenschrift 1935, S. 2476-2478 (Zit.: Roquette, JW).

Roth, Andreas: Das Kinderrechteverbesserungsgesetz, Juristenzeitung 2002, S. 651-655 (Zit.: Roth, JZ).

Roth, Wolfgang: Vaterschaftsanfechtung durch den biologischen Vater, Neue Juristische Wochenschrift 2003, S. 3153-3160 (Zit.: Roth, NJW).

Rüthers, Bernd: Recht als Waffe des Unrechts – Juristische Instrumente im Dienst des NS-Rassenwahns, Neue Juristische Wochenschrift 1988, S. 2825-2836 (Zit.: Rüthers, NJW).

Sachs, Michael: Grundgesetz-Kommentar, 3. Auflage, München 2003 (Zit.: Bearbeiter, in Sachs, GG-Kommentar).
- Verfassungsrecht II – Grundrechte, 2. Auflage, Köln 2003 (Zit.: Sachs, Verfassungsrecht II).

- Anmerkung, BVerwG, Urteil v. 27. April 1989, Juristische Schulung 1990, S. 405-406 (Zit.: Sachs, JuS).
- Anmerkung, BVerfG, Beschluss v. 6. Mai 1997, Juristische Schulung 1998, S. 262-263 (Zit.: Sachs, JuS).

v. Sachsen Gessaphe, Karl August: Nachbesserungen im Familienrecht – eine unendliche Geschichte, Neue Juristische Wochenschrift 2002, S. 1853-1855 (Zit.: v. Sachsen Gessaphe, NJW).

Scheiwe, Kirstin: Babyklappe und anonyme Geburt – wohin mit Mütterrechten, Väterrechten, Kinderrechten?, Zeitschrift für Rechtspolitik 2001, S. 368-374 (Zit.: Scheiwe, ZRP).

v. Scheurl, Albrecht: Die Feststellung der blutsmäßigen Abstammung, Juristische Wochenschrift 1936, S. 235-237 (Zit.: v. Scheurl, JW).

Schlegel, Thomas: Zur Wirksamkeit von Ersatzmutterschaftsverträgen und deren Rechtsfolgen für das Kind, Familie und Recht 1996, S. 116-118 (Zit.: Schlegel, FuR).

Schlüter, Wilfried: BGB – Familienrecht, 11. Auflage, Heidelberg 2003 (Zit.: Schlüter, Familienrecht).

Schmidt-Bleibtreu, Bruno/Klein, Franz: Kommentar zum Grundgesetz, 9. Auflage, Neuwied, Kriftel 1999 (Zit.: Bearbeiter, in Schmidt-Bleibtreu/Klein, GG-Kommentar)

Schmidt-Didczuhn, Andrea: (Verfassungs-)Recht auf Kenntnis der eigenen Abstammung?, Juristische Rundschau 1989, S. 228-232 (Zit.: Schmidt-Didczuhn, JR).

Schneider, Egon: Rechtliches Gehör, Monatsschrift für Deutsches Recht 1990, S. 596-599 (Zit.: Schneider, MDR).

Schneider, Klaus: Das neue Kindschaftsrecht, Neue Juristische Wochenschrift 2001, S. 277-278 (Zit.: Schneider, NJW).

Schnitzerling, Manfred: Das Recht des nichtehelichen Kindes ab 1.7.1970 – Nach dem Gesetz über die rechtliche Stellung nichtehelicher Kinder vom 19.8.1969, Neuwied, Berlin 1970 (Zit.: Schnitzerling, Recht des nichtehelichen Kindes ab 1970).

Schnorr, Stefan: Nun doch anonyme Geburten?, Zeitschrift für Rechtspolitik 2003, S. 182-183 (Zit.: Schnorr, ZRP).

Schreiber, Hans-Ludwig: Das Recht auf den eigenen Tod – zur gesetzlichen Neuregelung der Sterbehilfe, Neue Zeitschrift für Strafrecht 1986, S. 337-346 (Zit.: Schreiber, NStZ).

Schütz, Wolfgang: 125 Jahre Personenstandsgesetz – 125 Jahre Standesbeamte in Deutschland, Das Standesamt 2001, S. 4-11 (Zit.: Schütz, StAZ).

Schultz, Günther: Rundschau - Kurze Beiträge, Monatsschrift für Deutsches Recht 1974, 196-198 (Zit.: Schultz, MDR).

Schulze, Reiner: Bürgerliches Gesetzbuch – Handkommentar, 2. Auflage, Baden-Baden 2002 (Zit.: Hk-BGB/Bearbeiter).

Schumacher, Klaus: Fortpflanzungsmedizin und Zivilrecht, Zeitschrift für das gesamte Familienrecht 1987, S. 313-324 (Zit.: Schumacher, FamRZ).

Schumann, Eva: Erfüllt das neue Kindschaftsrecht die verfassungsrechtlichen Anforderungen an die Ausgestaltung des nichtehelichen Vater-Kind-Verhältnisses?, Zeitschrift für das gesamte Familienrecht 2000, S. 389-396 (Zit.: Schumann, FamRZ).
- Sorgerecht nicht miteinander verheirateter Eltern, Familie und Recht 2002, S. 59-62 (Schumann, FuR).

Schuschke, Winfried/Walker, Wolf-Dietrich: Vollstreckung und vorläufiger Rechtsschutz – Kommentar zum Achten Buch der Zivilprozessordnung, Band I, §§ 704-915h ZPO, 2. Auflage, Köln 1997 (Zit.: Bearbeiter, in Schuschke/Walker, ZPO-Kommentar).

Schwab, Dieter: Familienrecht, 11. Auflage, München 2001 (Zit.: Schwab, Familienrecht).
- Gesetzgebung als Verwirrspiel, Zeitschrift für das gesamte Familienrecht 1997, S. 406-407 (Zit.: Schwab, FamRZ).
- Familiäre Solidarität, Zeitschrift für das gesamte Familienrecht 1997, S. 521-528 (Zit.: Schwab, FamRZ).

Schwab, Dieter/Wagenitz, Thomas: Einführung in das neue Kindschaftsrecht, Zeitschrift für das gesamte Familienrecht 1997, S. 1377-1383 (Zit.: Schwab/Wagenitz, FamRZ).

Schwab, Karl Heinz: Die neueste Rechtsprechung des Bundesgerichtshofs zur Abstammungsklage, Neue Juristische Wochenschrift 1956, S. 649-652 (Zit.: Schwab, NJW).

Schwarz, Kyrill-A.: Rechtliche Aspekte von Babyklappe und anonymer Geburt, Das Standesamt 2003, S. 33-39 (Zit.: Schwarz, StAZ).

Schwenzer, Ingeborg: Ehelichkeitsvermutung und Ehelichkeitsanfechtung, Zeitschrift für das gesamte Familienrecht 1985, S. 1-9 (Zit.: Schwenzer, FamRZ).

Seidl, Helmut: Anfechtung bei der homologen und heterologen Insemination, Familie, Partnerschaft, Recht 2002, S. 402-406 (Zit.: Seidl, FPR).

Seifarth: Hat das uneheliche Kind einen klagbaren Anspruch gegen seine Mutter auf Namhaftmachung seines Erzeugers, Das Recht 1904, S. 571-572 (Zit.: Seifarth, DR).

Seifert, Karl-Heinz/Hömig, Dieter: Grundgesetz für die Bundesrepublik Deutschland, 7. Auflage, Baden-Baden 2003 (Zit.: Bearbeiter, in Seifert/Hömig, GG-Kommentar).

v. Sethe, Henning: Die Durchsetzbarkeit des Rechts auf Kenntnis der eigenen Abstammung aus der Sicht des Kindes – Eine Analyse des geltenden Rechts und Vorschläge für eine künftige Rechtsgestaltung, Dissertation, Münster 1994 (Zit.: v. Sethe, Durchsetzbarkeit des Rechts auf Kenntnis der eigenen Abstammung).

Smid, Stefan: Recht auf Kenntnis der eigenen blutsmäßigen Abstammung? – Zu den Folgen des Urteils des 1. Senats des BVerfG vom 31.1.1989, Juristische Rundschau 1990, S. 221-226 (Zit.: Smid, JR).

Soergel, Hans Theodor: Bürgerliches Gesetzbuch mit Einführungsgesetz und Nebengesetzen, Band 8, Familienrecht II, §§ 1589-1921, 12. Auflage, Stuttgart, Berlin, Köln 1987 (Zit.: Soergel-Bearbeiter).

Staebe, Erik: Die Europäische Menschenrechtskonvention und ihre Bedeutung für die Rechtsordnung der Bundesrepublik Deutschland, Juristische Arbeitsblätter 1996, S. 75-81 (Zit.: Staebe, JA).

Starck, Christin: Anmerkung, BVerG, Urteil v. 31. Januar 1989, Juristenzeitung 1989, S. 338-339 (Zit.: Starck, JZ).
- Anmerkung, BVerfG, Beschluss v. 6. Mai 1997, Juristenzeitung 1997, S. 779-780 (Zit.: Starck, JZ).
- Der verfassungsrechtliche Schutz des ungeborenen menschlichen Lebens, Juristenzeitung 1993, S. 816-822 (Zit.: Starck, JZ).

v. Staudinger, J.: Kommentar zum Bürgerlichen Gesetzbuch mit Einführungsgesetz und Nebengesetzen, Viertes Buch – Familienrecht §§ 1363-1563, 14. Neubearbeitung, Berlin 2000 (Zit.: Staudinger-Bearbeiter).
- Viertes Buch – Familienrecht §§ 1589-1600e, 14. Neubearbeitung, Berlin 2000 (Zit.: Staudinger-Bearbeiter).
- Viertes Buch – Familienrecht §§ 1616-1625, 13. Neubearbeitung, Berlin 2000 (Zit.: Staudinger-Bearbeiter).
- Viertes Buch – Familienrecht §§ 1741-1772, 13. Neubearbeitung, Berlin 2001(Zit.: Staudinger-Bearbeiter).

Stein-Hilbers, Marlene: Biologie und Gefühl – Geschlechterbeziehungen im neuen Kindschaftsrecht, Zeitschrift für Rechtspolitik 1993, S. 256-261 (Zit.: Stein-Hilbers, ZRP).
- Männer und Kinder – Reale, ideologische und rechtliche Umstrukturierungen von Geschlechter- und Elternbeziehungen, Familie und Recht 1991, 198-205 (Zit.: Stein-Hilbers, FuR).

Stern, Klaus: Staatsrecht I, 2. Auflage, Köln 1983 (Zit.: Stern, Staatsrecht I).
- Das Staatsrecht der Bundesrepublik Deutschland, Band III/1, München 1988 (Zit.: Stern, Staatsrecht der BRD, Bd. III/1).

Stöcker, Hans A.: Die UNO-Kinderkonvention und das deutsche Familienrecht, Zeitschrift für das gesamte Familienrecht 1992, S. 245-252 (Zit.: Stöcker, FamRZ).

Sturm, Richard: Das Vierte Gesetz zur Reform des Strafrechts, Juristenzeitung 1974, S. 1-7 (Zit.: Sturm, JZ).

Swientek, Christine: Warum anonym – und nicht nur diskret?, Familie, Partnerschaft, Recht 2001, S. 353-357 (Zit.: Swientek, FPR).
- Die Wiederentdeckung der Schande – Babyklappen und anonyme Geburt, Freiburg 2001, (Zit.: Swientek, Wiederentdeckung der Schande).
- Wer sagt mir, wessen Kind ich bin?, Bielefeld 1993 (Zit.: Swientek, Wer sagt mir, wessen Kind ich bin).

Textor, Martin: Die unbekannten Eltern, Zentralblatt für Jugendrecht 1990, S. 10-14 (Zit.: Textor, ZfJ).

Tröndle, Herbert/Fischer, Thomas: Strafgesetzbuch und Nebengesetze, 51. Auflage, München 2003 (Zit.: Tröndle/Fischer, StGB-Kommentar).
- Das Schwangeren- und Familienhilfeänderungsgesetz, Neue Juristische Wochenschrift 1995, S. 3009-3019 (Zit.: Tröndle, NJW).

Uhlenbruck, Wilhelm: Recht auf den eigenen Tod?, Zeitschrift für Rechtspolitik 1986, S. 209-217 (Zit.: Uhlenbruck, ZRP).

Ullmann, Christian: Diskussion: Die UNO-Kinderrechtskonvention und das innerstaatliche Recht, Zeitschrift für das gesamte Familienrecht 1992, S. 892-896 (Zit.: Ullmann, FamRZ).

Vitzthum, Wolfgang Graf: Die Menschenwürde als Verfassungsbegriff, Juristenzeitung 1985, S. 201-209 (Zit.: Vitzthum, JZ).
- Gentechnologie und Menschenwürdeargument, Zeitschrift für Rechtspolitik 1987, S. 33-37 (Zit.: Vitzthum, ZRP).

Vollhardt, Kurt: Ist § 644 ZPO heute noch anwendbar?, Juristische Wochenschrift 1935, S. 2475–2476 (Zit.: Vollhardt, JW).

Wagner, Christian: Babyklappe und anonyme Geburt, Zeitschrift für Rechtspolitik 2002, S. 529 (Zit.: Wagner, ZRP).

Walker, Wolf-Dietrich: Anmerkung, OLG Bremen, Beschluss v. 21.7.1999, Juristenzeitung 2000, S. 316-317 (Zit.: Walker, JZ).

Walter, Ute: Das Kindschaftsrechtsreformgesetz, Zeitschrift für das gesamte Familienrecht 1995, S. 1538-1545 (Zit.: Walter, FamRZ).

Wanitzek, Ulrike: Ergänzungen des Abstammungsrechts durch das Kinderrechteverbesserungsgesetz, Zeitschrift für das gesamte Familienrecht 2003, S. 730-736 (Zit.: Wanitzek, FamRZ).
- Vaterschaftsanfechtung, Familie, Partnerschaft, Recht 2002, S. 390-402 (Zit.: Wanitzek, FPR).

Weber, Albrecht: Die Entwicklung des Familienrechts seit Mitte 1997, Neue Juristische Wochenschrift 1998, S. 3083-3093 (Zit.: Weber, NJW).
- Die Entwicklung des Familienrechts 2000/2001, Neue Juristische Wochenschrift 2002, S. 1308-1318 (Zit.: Weber, NJW).

Weber, Ralph: Der Auskunftsanspruch des Kindes und/oder des Scheinvaters auf namentliche Benennung des leiblichen Vaters gegen die Kindesmutter, Zeitschrift für das gesamte Familienrecht 1996, S. 1254-1262 (Zit.: Weber, FamRZ).

Weinmann, Artur: Kurzes Lehrbuch des Zivilprozessrechtes, Marburg 1931 (Zit.: Weinmann, Zivilprozessrecht).

Weinreich, Gerd/Klein, Michael: Kompaktkommentar Familienrecht, Neuwied, Kriftel 2002 (Zit.: Bearbeiter, in Weinreich/Klein, FamR-Kommentar).

Weismann, Jakob: Lehrbuch des Deutschen Zivilprozessrechtes, Band I, Stuttgart 1903 (Zit.: Weismann, Zivilprozessrecht I).

Wellenhofer-Klein, Marina: Das Vaterschaftsanfechtungsrecht des leiblichen Vaters – Vorschlag zur Änderung von § 1600 BGB, Zeitschrift für das gesamte Familienrecht 2003, 1889-1894 (Zit.: Wellenhofer-Klein, FamRZ).

Wente, Jürgen: Informationelles Selbstbestimmungsrecht und absolute Drittwirkung der Grundrechte, Neue Juristische Wochenschrift 1984, S. 1446-1447 (Zit.: Wente, NJW).

Wichmann, Klaus: Die Reform des Kindschaftsrechts in der Diskussion, Familie und Recht 1996, S. 161-171 (Zit.: Wichmann, FuR).

Wieser, Eberhard: Zur Anfechtung der Vaterschaft nach neuem Recht, Zeitschrift für das gesamte Familienrecht 1998, S. 1004-1007 (Zit.: Wieser, FamRZ).
- Zur Feststellung der nichtehelichen Vaterschaft nach neuem Recht, Neue Juristische Wochenschrift 1998, S. 2023-2025 (Zit.: Wieser, NJW).

Wilmes, Annette: Auf den Prüfstand gestellt – Babyklappe und anonyme Geburt, Kindschaftsrechtliche Praxis 2003, S. 97-99 (Zit.: Wilmes, KindPrax).

Wittinger, Michaela: Anonyme Geburt – endlich Klarheit?, Neue Juristische Wochenschrift 2003, S. 2138-2140 (Zit.: Wittinger, NJW).

Wohn, Annette: Medizinische Reproduktionstechniken und das neue Abstammungsrecht, Dissertation, Bielefeld 2001 (Zit.: Wohn, Medizinische Reproduktionstechniken).

Wolf, Alfred: Babyklappe und anonyme Geburt – Fragen zu einer neuen Entwicklung, Familie, Partnerschaft, Recht 2001, S. 345-353 (Zit.: Wolf, FPR).
- Über Konsequenzen aus den gescheiterten Versuchen, Babyklappen und anonyme Geburten durch Gesetz zu legalisieren, Familie, Partnerschaft, Recht 2003, S. 112-120 (Zit.: Wolf, FPR).

Ziegler, Jürgen: Doppelte Vaterschaft? – Eine Erwiderung auf die Schrift von Kempf, Zeitschrift für das gesamte Familienrecht 1959, S. 342-347 (Zit.: Ziegler, FamRZ).

Zimmermann, Andreas: Neuere Entwicklungen zum Verhältnis zwischen dem UN-Abkommen über die Rechte des Kindes und nationalem Familienrecht, Praxis des Internationalen Privat- und Verfahrensrechts 1996, S. 167-174 (Zit.: Zimmermann, IPRax).

Zimmermann, Jan: Geschichte der Klage auf Feststellung der Abstammung, Dissertation, Bremen 1990 (Zit.: Zimmermann, Geschichte der Abstammungsfeststellungsklage).

Anmerkung

Nach Abschluss dieser Arbeit im Januar 2004 legten der federführende Rechtsausschuss und der Ausschuss für Innere Angelegenheiten in der Sitzung vom 24. September 2004 dem Bundesrat den „Entwurf eines Gesetzes zur Regelung der anonymen Geburt“ vor, mit der Empfehlung, diesen beim Deutschen Bundestag einzubringen[860]. Dieser Entwurf auf Antrag des Landes Baden-Württemberg ist die jüngste Gesetzesinitiative.

Die vorgeschlagene Regelung sieht ein Stufenmodell vor, das die geheime Geburt und im extremen Konfliktfall die gänzlich anonyme Geburt ermöglicht. Eine psychosoziale Beratung der Frau ist im Interesse von Mutter und Kind dabei Grundvoraussetzung. Die Beratungsstelle prüft die Not- und Konfliktlage der Frau, nimmt die Personenstandsdaten der Mutter auf und übermittelt sie in einem verschlossenen Umschlag dem Standesamt (geheime Geburt). Das Kind erhält mit Vollendung des 16. Lebensjahres ein Einsichtsrecht. Hiergegen steht der Mutter ein Vetorecht zu, das sie ab Vollendung des 15. Lebensjahres des Kindes ausüben kann, indem sie eine schwerwiegende Beeinträchtigung glaubhaft macht.

Stellt die Beratungsstelle eine extreme Konfliktsituation mit Gefahr für Leib und Leben der Mutter oder des Kindes fest, wird auf eine Aufnahme der Personenstandsdaten verzichtet (anonyme Geburt).

Unterzieht man diesen aktuellen Entwurf einer kritischen Prüfung, so ist zu begrüßen, dass die nunmehr vorgeschlagene Regelung wesentlich ausgereifter ist als die vorangegangenen[861]. Dieses Stufenmodell strebt nach einem Interessenausgleich gemäß dem Grundsatz praktischer Konkordanz. Den kollidierenden Rechtspositionen werden jeweils Grenzen gezogen, um beiden zu größtmöglicher Geltung zu verhelfen. Nur im Extremfall muss das Recht des Kindes auf Kenntnis seiner genetischen Abstammung weichen. Es bleibt die Frage, ob eine so eingeschränkte Anonymität für eine Mutter in der Konfliktsituation noch Anreiz genug bietet, diesen Weg zu wählen. Die geforderte praktische Konkordanz erlaubt dem Gesetzgeber aber keine offenere Lösung[862].

Einem grundsätzlichen Einwand bleibt jedoch auch der aktuelle Entwurf ausgesetzt. Die Verfasser gehen – entsprechend der in der Öffentlichkeit verbreiteten Vorstellung – selbstverständlich davon aus, Babyklappe und anonyme Geburt seien geeignete Mittel, Leben zu retten.

---

860 BR-Drucksache 682/04 vom 13.09.2004.

861 So auch Katzenmeier, FamRZ 2005, 1134 (1137).

862 Katzenmeier, FamRZ 2005, 1134 (1139).

FSC
www.fsc.org
MIX
Papier | Fördert
gute Waldnutzung
FSC® C083411

Kolibri 360 GmbH
Ferdinand-Jühlke-Straße 7
99095 Erfurt, Deutschland
produktsicherheit@kolibri360.de

Druck:
CPI Druckdienstleistungen GmbH
im Auftrag der
Kolibri 360 GmbH
Ferdinand-Jühlke-Str. 7
99095 Erfurt